JN049946

Gakken

きめる! KIMERU SERIES

ER

[きめる! 共通テスト]

英語リーディング 改訂版

English Reading

著＝肘井 学（スタディサプリ）

はじめに

センター試験から共通テストに名称が変わるとともに、テストの形式も大きく変化がありました。リーディングの試験では、すべて読解問題が出題されることになり、時間配分が厳しくなり、問題の難易度も高くなりました。

もはや、センター試験のような簡単な問題には分類されないでしょう。特に第6問の難易度や時間配分の厳しさは、難関大学の問題と何ら変わらないレベルであると言えると思います。

この変化に戸惑う受験生が多いのも当然と言えるでしょう。これを乗り越えるために必要なのは、まず、**正確性を備えたうえで速く解く訓練**です。これをかなえるために、本書では**解答の最短ルート**をすべての問題に提示してあります。大問の最初の解説では、ヴィジュアルでわかりやすく番号と矢印を付けて紹介していますので、それに沿って短時間で問題を解くコツをつかんでください。

さらに、共通テストで高得点を取るのに必要なのは、**消去法で選択肢を絞り込んでいき、正解に到達する力**です。これには、単語力、英文解釈の力、文の意味を正確につかむ力などが必要ですが、設問にはたいてい**間違いやすい選択肢**が存在します。共通テストで高得点を取るには、この**間違いやすい選択肢をしっかりと根拠をもって正解の候補から外す力が必要**になります。

よって、本書では設問の中の**間違いやすい選択肢**を指摘して、**なぜ間違いなのかをしっかりと説明**しています。ともすれば、正解の根拠だけに終始してしまいがちな共通テストの過去問の解説を、本書ではあえて踏み込んで、**間違いやすい選択肢を指摘したうえで、なぜ間違いなのかをはっきりと説明**しました。

受験生の多くが陥るだろう思考の罠を修正し、誤りの選択肢を排除して正解に行きつく力を、本書を通して身につけてください。こうして身につけた判断力、思考力は必ずや共通テスト本番であなたを高得点に導いてくれることでしょう。そして、従来までの共通テストの対策に加えて、**大学入試センターが発表した令和7年度の試作問題も、解説と対策を説明した**ので、今後の共通テスト対策の指針にしてください。

肘井　学

本書の特長

1 解答の最短ルートをすべての問題に掲載

共通テストリーディングの最大の関門になる「時間不足」を解消するために、本書では**すべての問題に解答の最短ルートを掲載**しました。大問の最初の解説では、矢印と番号を使ってヴィジュアルで詳細に解説しています。後続の問題では、解説の冒頭に**解答の最短ルート**を提示するので、自分の解き方と合っているかを照らし合わせてください。

2 間違いやすい選択肢とその理由を徹底的に解説

簡単な問題では、正解の根拠さえつかめば問題ありませんが、**共通テストリーディングの難易度の高い問題では、最後に2択に絞って、なぜ片方が不正解なのかを見抜く力が不可欠**です。すなわち、**自分が誤った選択肢を選んだ際の思考の罠を修正する必要**があります。これが類書との最大の違いになりますが、**本書では間違いやすい選択肢を指摘して、なぜ間違いなのかを徹底的に解説しました**。このような思考の罠は多くの受験生が陥るものであり、本書でそれを修正することで、必ず本番のテストでも力を発揮できることでしょう。

3 全ページオールカラーの仕様

本書は、全ページオールカラーの仕様となっています。単に色を多く使ったのではなくて、正解の根拠となる箇所はピンクでマーカーしています。一方で、間違いやすい問題では、不正解の根拠を水色でマーカーしています。この色の使い分けにより、素早く正解の根拠と不正解の根拠を把握できるようになっています。最も重要なのは正解の根拠ですが、難易度の高い共通テストのリーディングでは、不正解の根拠をしっかりと持つことも、高得点を取るのに欠かせないので、おさえておきましょう。

❹ 効率性を重視して問題数を精選

共通テスト対策書は、ともすれば問題数が多くなり、ページ数がいたずらに多くなりがちですが、本書ではあえて問題数を限定して、ページ数をおさえました。これにより、**多くの受験生が挫折することなく短期間で本書を仕上げることができる**ようになります。受験生は英語以外にも多くの教科に取り組むのが通常なので、**効率を重視して、最低限の問題で最大の力が身につく構成**にしました。

❺ 得点力アップにつながる23のPOINTを紹介

共通テストリーディングの**得点力アップにつながる23のPOINT**を掲載しました。共通テストリーディングでは、本文を言い換えて正解の選択肢を作りますが、そのパターンも掲載してあります。**言葉を言い換えるパラフレーズ**、**長い表現を短くまとめる抽象化**などで選択肢は作られているので、そのパターンを知ることで、本番では自信をもって正解することができるようになります。

❻ 現実的な時間配分の提案

共通テストリーディングは、時間制限が非常に厳しい試験になりますが、それを乗り越えるために、本書では**現実的な時間配分を提案**しています。例えば、ある共通テストリーディングの対策書で提示されている第6問Bの時間配分は、プロの目から見て非現実的に映ります。本書では、**受験生が最も力を発揮できる現実的な時間配分を提案**しています。

❼ 令和7年度の試作問題の解説と対策

試作問題とは、大学入試センターが令和4年11月に、ホームページ上で公表した問題です。その**試作問題**の解説と対策を説明しました。

本書の使い方

❶ 「全体像をつかむ」で、各大問の特徴や時間配分をつかむ

第1～第6問までのすべての大問に、「**全体像をつかむ**」というページで特徴を紹介しています。各問題の配点、特徴に加えて、**時間配分**も解説しています。

❷ 解答の最短ルートで、解き方をインプットする

共通テストリーディングの最大の難関は厳しい時間制限になります。本書に掲載した**解答の最短ルート**で、「時短」を念頭に置いた問題の解き方をインプットしてください。

❸ 時間を計って問題演習をする

時間配分の目安を掲載しているので、しっかりと時間を計って問題演習をしてください。

❹ 解説を読んで、間違えた選択肢の思考の罠を修正する

答え合わせをする際は、正解した問題よりも、**間違えた問題とその理由をしっかりと理解すること**が大切です。不正解の選択肢を選んでしまった場合、不正解の根拠がていねいに示された本書の解説を読み、正解にたどりつく力を身につけましょう。

❺ 間違えた問題に限定して、解き直す

最初に確信をもって正解した問題は、何度も解き直す必要はありません。しかし、間違えた問題はそのままにすると、もう一度間違えてしまうものです。必ず、解き直して、復習するようにしてください。

もくじ

第3問 ヴィジュアル英文読解

第4問 マルチパッセージ問題

第5問　物語・伝記文問題

第6問　評論文問題

試作問題 A　内容整理・要約問題 B　論理把握・文章校正問題

共通テスト 特徴と対策はこれだ！

Q1 まずは、共通テストの英語について、詳しく教えてください！

共通テストの英語は、**リーディング**と**リスニング**に分かれます。**リーディング**とは、**読解問題**と思ってください。**広告や掲示、ウェブサイトの読み取り**から、**長めの長文読解問題**まで出題されます。**リスニング**は、英語の音声を聞き取り、内容を理解して、設問に答える形式です。最初は**1人の人間の発話からスタートして、2人の人間の対話、4人の人間の会話**と、徐々に難易度が上がっていきます。

Q2 リーディングとリスニングの配点と難易度を教えてください。

配点は、リーディングが100点、リスニングが100点で、英語全体で200点満点です。通常、リスニングが苦手な受験生が多いのですが、**共通テストでは、リーディングの難易度がとても高くなります**。最近のリーディング、リスニング本試験の平均点を以下に示します。

	令和3年度	令和4年度	令和5年度
リーディング	58.80	61.80	53.81
リスニング	56.16	59.45	62.35

年度によって、平均点の上下はありますが、令和５年度では、**リーディングの平均点が前年に比べて約８点下がり、リスニングの平均点が前年に比べて約３点上がりました**。今後も難易度は上下するでしょうが、リーディングの難易度は特に注目すべきでしょう。

Q3 共通テスト英語リーディングは、何がそんなに難しいですか？

まずは**制限時間内に解き終わるのが、大変難しい問題になります**。それから、後ろに行くにしたがって、**長文と設問の難易度が上がってきます**。長文は、内容の抽象度が高くなり、理解するのが難しくなります。そして、語彙レベルも高くなり、知らない単語が出てくることが多くなります。１文の構造把握も難しい文が登場します。それに加えて、設問に解答するのも難しくなります。具体的には、正解の選択肢と紛らわしい選択肢が用意されているので、それぞれの選択肢について、正解、不正解と判断するのが難しくなります。

Q4 共通テスト英語リーディングを時間内に解くには、どうしたらよいですか？

まずは、**時間内に解くのが大変厳しい試験**であることを自覚しましょう。そのうえで、**大問ごとの時間配分**を明確化し、**一定の時間が来たら、そのときにできる最善の判断をして、先に進みます**。また、**設問の先読み、正解の確信度の高い問題は、他の選択肢を見ずに次の問題に進む**などの工夫をしましょう。

Q5 それでは、全体の時間配分を教えてください。

あくまで目安ですが、以下がおおよその時間配分になります。前後

2、3分の時間は、年度によって変わるものと思ってください。**これを目安にして、自分に最適な時間配分に調整してください。**第6問Bが難問なので、そこにできる限りの時間をかけた構成になっています。

大問	目安の時間配分
第1問A	3分
第1問B	5分
第2問A	7分
第2問B	6分
第3問A	4分
第3問B	6分
第4問	10分
第5問	12分
第6問A	12分
第6問B	15分

Q6 共通テスト英語リーディングの大問ごとの特徴を教えてください。

各大問ごとに、簡単な特徴がわかるように、名称を付けてみたので、以下の表をご覧ください。

大問	名称
第1問A・B	広告・掲示問題
第2問A・B	広告・掲示・レポート・記事問題
第3問A・B	ヴィジュアル英文読解
第4問	マルチパッセージ問題
第5問	物語・伝記文問題
第6問A・B	評論文問題

Q7 第1問と第2問は、広告・掲示問題と似たような表現ですが、具体的にどういう違いがありますか？

第1問AB、第2問Aまでは、広告・掲示・ウェブサイトなどの読み取りが出題されます。**第2問Bから、いよいよ長文と言えるようなレポートや記事の読み取りが出題**されます。特に、第2問から共通テスト英語リーディング特有の問題である、**fact-opinion問題**が出題されるので、本書で解き方をマスターしましょう。

Q8 第3問のヴィジュアル英文読解は、どんな問題ですか？

長文読解に、イラストや図が加わった問題です。もっとも、難易度はそれほど高くはなく、英文の読み取りに加えて、イラストや図がヒントになっていると前向きにとらえるとよいでしょう。第3問Bでは、**時系列把握問題**といって、物事が起こった順番を問う問題が出題されます。これも、本編で解き方やコツを紹介します。

Q9 第4問のマルチパッセージ問題についても教えてください。

マルチパッセージ問題とは、複数の長文を基に解答するパターンの問題で、第3問に比べると難易度が上がりますが、とはいっても、そんなに身構えるものではありません。今まで解答の根拠を1つの長文から見つけていたものを、複数の長文から見つければよいのです。

Q10 第5問の物語・伝記文問題はどういう問題ですか？

個人の物語や伝記などを読んで、解答する問題です。難易度が高い理由として、長文と設問以外に、**Your notesのような要約文に空所があること**です。**選択肢、notes、長文の3か所を行き来して解答します**。特に最後に出題されることのある推測問題は、消去法を使い、本文の表現を基に推測していく難易度の高い問題です。

Q11 第6問の評論文問題はどういう問題ですか？

第5問と違い、**より客観的な説明文を読み解く問題**です。第5問と同様に、**Your notesなどの要約文に空所があります。設問の選択肢、notes、長文の3か所を行き来して解答します。**特に最後に出題されることのある推測問題は、消去法を使い、本文の表現を基に推測していく難易度の高い問題です。

Q12 共通テストの英語リーディングで、一番難しい大問を教えてください。

第6問が突出して難しいと言えます。まずは、**時間の制限がとても厳しくなること**です。前半でいかに時間を稼いで、第6問に時間を残せるかが重要です。それに加えて、**長文の抽象度、語彙レベル、設問の難解さと、難しい要素のすべてがそろっています。**

Q13 共通テスト英語リーディングでは、どんな力が必要とされますか？

全体を通して、設問を解く情報がどこに書かれているかを探す**情報検索能力**、そして、本文と選択肢の言い換えを見抜く**パラフレーズの知識**が求められます。**fact-opinion問題、NOT問題、時系列把握問題などに対する解答力**も重要です。後ろに行くほど、**設問の先読み、選択肢を処理する際の消去法、最後の2つの選択肢の比較などの解答力**も必要です。もっとも、**一番重要なのは読解力**で、**筆者の主張を見抜く力**になります。

Q14 共通テスト英語リーディングで高得点を取るには、どうすればよいですか？

速く読む力と同様に、**速く解く力が重要**です。速く読む力をつけるには、日ごろから、英語の長文を音読することをおすすめします。単語・熟語を暗記して、構文を把握し、意味を取ったうえで、**同じ文章を10回音読する**とよいでしょう。1回目の音読ではたどたどしかったものが、10回目の音読になると、驚くほどすらすら読めるようになっており、この状態がいわゆる速読と言われる状態になります。

速く解くには、**共通テストの過去問や問題集で、訓練をする**とよいでしょう。同一形式の問題であれば、解き方も同じなので、本番に向けて、解答の精度を高めることができます。**設問から見て、必要な情報を意識して読む、そして制限時間を意識しながら解くこと**で、徐々に速く解けるようになります。同時に、本書で解説する**正解の根拠と、不正解の根拠も判断できるようになると、正答率を上げる**ことができます。

共通テスト 英語リーディングのまとめ

- 共通テストの英語は、リーディングとリスニングに分かれる。
- リーディングが100点、リスニングが100点で、合計で200点満点。
- リーディングの難易度が非常に高く、対策をして臨む必要がある。
- リーディングの制限時間がとても厳しいので、**大問ごとの時間配分**を必ず用意しておく。
- 第１問～第６問にわたって、**fact-opinion問題、時系列把握問題、Your notesなどの要約文に空所がある形式**など、共通テスト特有の問題形式に慣れることが重要。
- 第６問が特に難しく、時間配分も厳しいので、前半戦で時間を稼いで、後半戦に時間をとっておくのが理想。
- リーディングには、**情報検索能力**、**パラフレーズの知識**、**解答力**が必要で、**筆者の主張を見抜く読解力**が最も重要。
- 時間内に問題を解くには、**大問ごとの時間配分**、**設問の先読み**、**正解の確信度の高い問題は他の選択肢を読まずに先に進む**などの工夫が重要。
- 高得点を取るには、**正解の根拠を理解すること**、**紛らわしい選択肢の不正解の根拠も理解すること**が重要。

第1問

広告・掲示問題

A問題 ここで決める！

- 設問からキーワードを拾い、本文から解答の根拠を探したあとに選択肢に戻って正解を選ぶのが最短のルート！！
- Which is true ～？型の問題は消去法で解く！！

B問題 ここで決める！

- 広告・掲示の一番下の表現に注意する！！

第1問の全体像をつかむ

ここが問われる！ 広告・掲示問題が出題される！！

ここできめる！

- 設問からキーワードを拾い、本文から解答の根拠を探したあとに選択肢に戻って正解を選ぶのが最短のルート‼
- Which is true ～？型の問題は消去法で解く‼
- 広告・掲示の一番下の表現に注意する‼

第1問はどんな問題が出ますか？

テキストメッセージ、イベントの掲示、広告などの身近で実用的な英文の理解が試される問題が出題されます。全体で見ると、比較的簡単な問題が多いので、**いかに時間をかけずに正解をするかが重要**になります。

第1問の配点と時間配分を教えてください。

第1問はAとBからなり、それぞれ2問、3問ずつの合計5問です。**配点は、リーディング全体の100点中の10点分**になります。

第1問のAは3分、Bは5分の計8分で解くとよいでしょう。もっとも、試験中に時間を気にしすぎると、かえって時間を無駄にするので、**第1問の終了時点で、自分の時計を見て、8分で解き終わっているかどうかを確認**しましょう。**8分が経過している場合は、そのときに選べる最善の選択肢をマークして、先に進みましょう。**

第1問を最短で解くには、どうしたらよいですか？

まずは、**設問のキーワードからチェック**します。続いて、本文を最初から読んでいき、**キーワードにぶつかったら、問題を解きます**。選択肢に戻って、正解を選択します。このとき、序文は軽く目を通す程度にして、**設問のキーワード**の周辺を重点的に読みます。次で**解答の最短ルート**を示すので、自分でも同じように解いてみてください。

設問のキーワードとは、どんなものがありますか？

問題を解く根拠にあたる箇所を特定できる英語表現です。例えば、theなどは、英文中のいろいろな箇所で使われるので、これをチェックしても根拠が書いてある場所を特定することはできません。

一方で、**固有名詞、具体的な数字や年代**などは、解答の根拠がある場所を探し出すヒントになります。それから、**登場頻度が低い単語**なども、解答の根拠を探し出す格好の手がかりになるので、必ずチェックしましょう。この設問のチェック方法は、リーディングの第1問～第6問すべてに当てはまる法則なので、必ずマスターしましょう。**本書で扱う問題には、すべての設問についてどのキーワードをチェックするべきか、解答の最短ルートで紹介します**。自分でチェックした箇所と同じかどうかを確認しながら、少しずつ精度を高めていきましょう。

第1問のまとめ

- 第1問では、いわゆる情報検索能力とパラフレーズ（言い換え）の知識が重要になる。
- 第1問は、テキストメッセージ、掲示、広告など、身近な英文の問題が出題される。
- 配点はリーディング全体の100点中10点。**解答時間は8分**が目安。
- 第1問を最短で解くには、**設問のキーワードからチェック**して、本文を最初から読んでいき、**キーワードにぶつかったら、問題を解く**。「1問解いたら、次の設問に移って、キーワードを拾って、また本文に戻る」の繰り返し。**解答の最短ルート**で具体的に見ていく。

A問題 広告・掲示問題

STEP 1 解答の最短ルートを知る

② ①のキーワードにぶつかるまで本文をチェックしながら読む。

第１問 (配点 10)

A You are studying in the US, and as an afternoon activity you need to choose one of two performances to go and see. Your teacher gives you this handout.

Performances for Friday

Palace Theater	**Grand Theater**
Together Wherever	***The Guitar Queen***
A romantic play that will make you laugh and cry	A rock musical featuring colorful costumes
▸ From 2:00 p.m. (no breaks and a running time of one hour and 45 minutes) ▸ Actors available to talk in the lobby after the performance ▸ No food or drinks available ▸ Free T-shirts for five lucky people	▸ Starts at 1:00 p.m. (three hours long including two 15-minute breaks) ▸ Opportunity to greet the cast in their costumes before the show starts ▸ Light refreshments (snacks & drinks), original T-shirts, and other goods sold in the lobby

Instructions: Which performance would you like to attend? Fill in the form below and hand it in to your teacher today.

✂- -

Choose (✔) one: *Together Wherever* ☐ *The Guitar Queen* ☐
Name: ______________________

③ キーワードを見つけたら、選択肢に戻って解答する。

＊番号の順に矢印(　)に沿ってチェックしましょう。

①②③＝問1の最短ルート　④＝問2の最短ルート

① 設問のキーワードを丸で囲む。

問 1　What are you told to do after reading the handout?　1

① Complete and hand in the bottom part.
② Find out more about the performances.
③ Talk to your teacher about your decision.
④ Write your name and explain your choice.

問 2　Which is true about both performances?　2

① No drinks can be purchased before the show.
② Some T-shirts will be given as gifts.
③ They will finish at the same time.
④ You can meet performers at the theaters.

(令和5年度　本試験)

④ 問2のキーワードを丸で囲む。Which is true～？の問題は、選択肢を1つずつ本文と照らし合わせて解答する。①のキーワードをチェックして、本文で確認。②のキーワードをチェックして、本文で確認と、この手順で④まで終わらせて正解を選ぶ。

＊それでは、次のページから実際に問題を解いてみましょう！

STEP 2 問題を解く

制限時間 3分

第1問 (配点 10)

A You are studying in the US, and as an afternoon activity you need to choose one of two performances to go and see. Your teacher gives you this handout.

Performances for Friday

Palace Theater	**Grand Theater**
Together Wherever	***The Guitar Queen***
A romantic play that will make you laugh and cry	A rock musical featuring colorful costumes
▸ From 2:00 p.m. (no breaks and a running time of one hour and 45 minutes) ▸ Actors available to talk in the lobby after the performance ▸ No food or drinks available ▸ Free T-shirts for five lucky people	▸ Starts at 1:00 p.m. (three hours long including two 15-minute breaks) ▸ Opportunity to greet the cast in their costumes before the show starts ▸ Light refreshments (snacks & drinks), original T-shirts, and other goods sold in the lobby

Instructions: Which performance would you like to attend? Fill in the form below and hand it in to your teacher today.

✂- -

Choose (✔) one: *Together Wherever* ☐ *The Guitar Queen* ☐

Name: ______________________________

問 1 What are you told to do after reading the handout? [1]

① Complete and hand in the bottom part.
② Find out more about the performances.
③ Talk to your teacher about your decision.
④ Write your name and explain your choice.

問 2 Which is true about both performances? [2]

① No drinks can be purchased before the show.
② Some T-shirts will be given as gifts.
③ They will finish at the same time.
④ You can meet performers at the theaters.

（令和５年度　本試験）

STEP 3 解答のプロセスを理解する

解答　問1　①　　問2　④

解説

問1　プリントを読んだあとに、あなたは何をするように言われているか。

| 1 |

標

① **一番下の部分に記入して提出する**

② その公演についてもっと多くのことを知る

③ あなたの決定に関して先生と話す

④ あなたの名前を書いてあなたの選択の理由を説明する

設問は、「プリントを読んだあとに、何をするように言われているか。」なので、**プリントを読んだあとに取る行動について書かれている箇所**を探します。そこで2つの劇場の説明の下にある、Instructions「指示」という箇所に着目します。**この箇所はプリントの終わりにあることから**、問1の「**プリントを読んだあとに**、何をするように～」の該当箇所と気づきます。「どちらの公演にあなたは参加したいか？　**下のフォーム**に**記入して、今日、担当の先生に提出しなさい。**」と**書かれていることから、①「一番下の部分に記入して提出する」が正解**と判断します。**本文のFill in「記入する」が選択肢の①ではComplete「記入する」に、本文のthe form below「下のフォーム」が①のthe bottom part「一番下の部分」に言い換えられている**のに注意しましょう。

誤りの選択肢を見ていくと、②「その公演についてもっと多くのことを知る」は本文には書かれていないので、正解にはなりません。③は「あなたの決定に関して先生と**話す**」は、Instructionsの所で、**「下のフォームに記入して、今日担当の先生に提出しなさい。」**と書かれていることに矛盾します。④は「あなたの名前を書いてその選択の理由を説明する」という内容です。名前を記入する欄は、一番下の箇所にありますが、**その選択の理由を説明するとは書かれてい**

ないので、正解にはなりません。

得点力アップの POINT 1

2語熟語のパラフレーズ

共通テストのリーディングで、第1問～第6問までのすべてにおいて重要な力が**パラフレーズ**（言い換え）に気づく力です。本文の表現をそのまま選択肢にすると誰しも正解するので、選択肢では本文の表現を言い換えていることが多いです。本問のfill in = completeのような**2語の熟語を別の表現に置き換えるパラフレーズの表現**を紹介するので、おさえておきましょう。

2語の熟語	意味	同義語
fill in	記入する	complete ／ fill out
hand in	提出する	submit
turn down	拒絶する	reject ／ refuse
participate in	参加する	join ／ take part in
look into	調査する	investigate
get over	克服する	overcome

問2　両方の公演について当てはまるのはどれか。 2 　易

① 劇の前に、飲み物を購入することができない。
② 何着かのTシャツがプレゼントでもらえるだろう。
③ それらは同時に終わるだろう。
④ **あなたは劇場で俳優と会うことができる。**

「両方の公演について当てはまるのはどれか。」という問いですが、Which is true～?のタイプの設問は、1問ずつ本文と照らし合わせて、正誤を判断する必要があります。①は「劇の前に**飲み物を購入することができない**」という内容です。Palace Theaterでは、3つ目の▶で、「飲食物は売っていない」とあるのに対して、Grand Theaterでは、3つ目の▶で、Light refreshments (snacks & **drinks**) ～ soldとあることから、正解にはなりません。**refreshments**は「軽い飲食物」のことで、**snacks**「お菓子」、

drinks「飲み物」とパラフレーズされることがあるので、おさえておきましょう。

続いて、②は「Tシャツがプレゼントでもらえる」という内容です。Palace Theaterの4つ目の▶では、「5人の幸運な人にTシャツを無料でプレゼント」と書いていますが、Grand Theaterの3つ目の▶で、**original T-shirts 〜 sold** in the lobbyとあるので、両方の公演では当てはまらず、正解にはなりません。

③は「両方の公演が同時に終わる」という内容です。Palace Theaterの1つ目の▶で、午後2時に始まり、1時間45分の上演時間とあることから、**午後3時45分に終了**と判断します。一方で、Grand Theaterでは、1つ目の▶で、午後の1時に始まり、2度の15分休憩を含めて3時間の上演とあることから、**午後4時に終了**と判断して、③は正解にはなりません。

④は「劇場で俳優と会うことができる」という内容です。Palace Theaterの2つ目の▶で、「劇が終わったら**俳優とロビーで話ができる**」とあります。この表現はavailableからperformanceまでがActorsを説明しており、「俳優が劇のあとに、ロビーで話すのに都合がつく」＝「**俳優と、劇のあとにロビーで話すことができる**」という意味になります。一方で、Grand Theaterの2つ目の▶で、「劇が始まる前に衣装を着た**キャストにあいさつする機会あり」とあるので、両方の劇場で俳優と会えることから、④が正解**と判断します。**本文のactors、castが選択肢の④ではperformersに言い換えられている**のに注意しましょう。

それでは、本文の訳、語彙リストを掲載するので、わからない単語は必ず覚えて、先に進みましょう。

本文の訳

A　あなたはアメリカで勉強しており、午後の活動として、2つの公演のうち1つを選んで、観に行く必要がある。先生からこのプリントをもらった。

金曜日の公演

パレス劇場 **『どこまでも一緒に』**	**グランド劇場** **『ギター・クイーン』**
笑って涙する恋愛劇 ▶午後2時開演（休憩なしで1時間45分の上演） ▶劇が終わったら俳優とロビーで話ができる ▶飲食物は売っていない ▶5人の幸運な人にTシャツを無料でプレゼント	色鮮やかな衣装が目玉のロック・ミュージカル ▶午後1時開演（2回の15分休憩を含めて3時間の上演） ▶劇が始まる前に衣装を着たキャストにあいさつする機会あり ▶軽食（お菓子と飲み物）、オリジナルTシャツ、他のグッズをロビーで販売中

指示：どちらの公演にあなたは参加したいか？　下のフォームに記入して、今日、担当の先生に提出しなさい。

✂ --

1つを選択（✓）：『どこまでも一緒に』 □　『ギター・クイーン』 □

名前：＿＿＿＿＿＿＿＿＿＿＿＿＿＿＿＿＿＿＿＿

語彙リスト

序文

□ performance「公演」　□ handout「プリント」

プリント

□ romantic「恋愛の」　□ play「劇」　□ break「休憩」
□ run「上演する」　□ available「都合がつく」　□ free「無料の」
□ featuring「～を特徴とした」　□ colorful「色鮮やかな」
□ costume「衣装」　□ including「～を含んで」　□ opportunity「機会」
□ greet「あいさつする」　□ cast「キャスト」　□ refreshments「飲食物」
□ snack「お菓子」　□ instruction「指示」　□ attend「出席する」
□ fill in「～に記入する」　□ below「下の」　□ hand in「～を提出する」

設問と選択肢

□ complete「記入する」　□ bottom「一番下の」　□ find out「～を知る」
□ decision「決定」　□ choice「選択」　□ purchase「購入する」
□ gift「贈り物」　□ performer「俳優」

＊次も第1問のA対策になりますが、解答の最短ルートは、解答・解説の中に掲載してあります。まずは、自分の手を動かして問題を解いてみてください。まず設問のキーワードをチェックして、本文を読み進めていきましょう。

過去問にチャレンジ 1

制限時間 3分

第1問 (配点 10)

A You are waiting in line for a walking tour of a castle and are asked to test a new device. You receive the following instructions from the staff.

Audio Guide Testing
for the Westville Castle Walking Tour

Thank you for helping us test our new audio guide. We hope you will enjoy your experience here at Westville Castle.

How to use

When you put the device on your ear, it will turn on. As you walk around the castle, detailed explanations will automatically play as you enter each room. If you want to pause an explanation, tap the button on the earpiece once. The device is programmed to answer questions about the rooms. If you want to ask a question, tap the button twice and whisper. The microphone will pick up your voice and you will hear the answer.

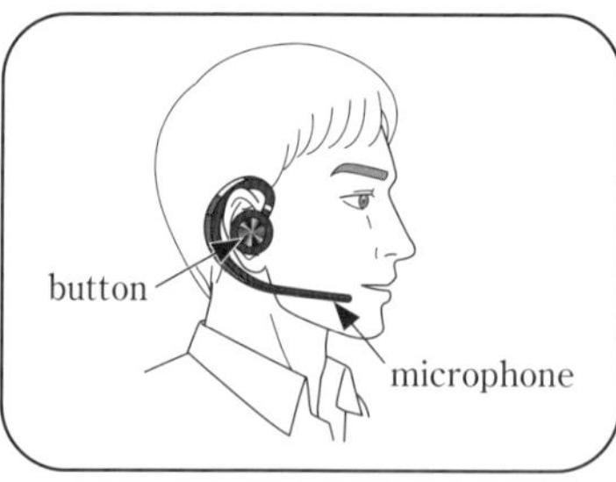

Before you leave

Drop the device off at the collection desk to the left of the exit, then fill in a brief questionnaire, and hand it to the staff. In return, you will receive a discount coupon to use at the castle's souvenir shop.

問 1 The device is most likely to be able to answer questions about the [1].

① interiors of the castle
② length of the walking tour
③ mechanism of the device
④ prices at the souvenir shop

問 2 To get the coupon, you must [2].

① ask the staff a question about the device
② give some feedback about the device
③ leave through the exit on the left
④ submit your completed audio guide test

（令和5年度　追・再試験）

解答・解説 1

解説

問1 その機器は[1]に関する質問に答えられる可能性が最も高い。

① 城の内部 易

② ウォーキングツアーの時間の長さ

③ その機器の仕組み

④ 土産物店にあるものの値段

解答の最短ルート

❶ 設問のdevice、answer questionsをチェックして、「**その機器が何に答えられるか**」を本文から探します。

❷ 本文に戻って、❶でチェックしたキーワードにぶつかるまで、本文を読んでいきます。キーワード周辺の情報を読み取ったら、選択肢に戻って、正解を選びます。正解を選んだら、問2のキーワードに進みましょう。

設問は「その機器が質問に答えられるのは～に関することだ」という内容なので、**機器がどの質問に答えられるか**を探します。How to useの段落の第4文「その機器は、**各部屋に関する質問に答える**ようにプログラムされています。」に着目します。How to useの段落の第2文「**城内を歩きながら」から、第4文の部屋とは城の中の部屋を指していると理解します。よって、①「城の内部」が正解**になります。**本文のthe roomsが選択肢でinteriors「内部」にパラフレーズされている**ことを理解しましょう。

誤りの選択肢を見ていくと、②「ウォーキングツアーの時間の長さ」、③「その機器の仕組み」、④「土産物店にあるものの値段」は本文に記述がありません。

問2 クーポンを手に入れるのに、あなたは[2]なければならない。 標

① スタッフにその機器に関して質問をし

② その機器に関して感想を伝え

③ 左側の出口から出

*④ あなたの記入した音声ガイドテストを提出し 間違いやすい選択肢！

解答の 最短ルート

❶ 設問のget the coupon、mustをチェックして、「**クーポンを手に入れるためにしなければいけないこと**」を本文から探します。

❷ 問1のキーワードを見つけた続きから読み始めて、キーワードの周辺情報を拾ったら、選択肢に戻って、正解を選びます。

Before you leaveの段落の最終文「お礼に、城内の土産物店で使える**割引クーポンをお渡しします。**」に着目します。返礼の対象となる行為は、前文の「**簡単なアンケートに記入して、スタッフに渡す**」なので、**②「その機器に関して感想を伝える」が正解**になります。**簡単なアンケート**とは、序文の第1文「**新しい機器をテストするように求められている**」から、**音声ガイドの機器に関するアンケートと判断**します。よって、②の「**その機器に関する感想**」と同じ意味とわかるので、正解と判断できます。**本文のfill in a brief questionnaire, and hand it to the staffが選択肢の②でgive some feedbackにまとめられている（抽象化されている）**ことに注意しましょう。

得点力アップの POINT 2 **表現の抽象化に気づく！**

これまで紹介してきた**パラフレーズ**は、本文の単語を言い換えて選択肢を作る手法でした。他に本文を言い換える手法に、**抽象化**と言われる技術が存在します。簡単に言うと、**長い表現を短くまとめる手法**ですが、**これに気づくことで、正解を確実に選ぶことができる**ので、おさえておきましょう。

誤りの選択肢を見ていくと、①「スタッフにその機器に関して質問をする」は、Before you leaveの段落の第1文では「**簡単なアンケートに記入して、スタッフに渡してください**」とあるだけで、スタッフに質問をするとは書いていないので正解にはなりません。③「**左側の出口から出る**」は、Before you leaveの第1文で「**出口の左側の回収デスクに、その機器を置いてから**」とあるだけで、**指定の出口から出ることがクーポンを入手する条件ではない**ので正解とはなりません。

④「あなたの記入した**音声ガイドテスト**を提出する」は紛らわしい選択肢ですが、Before you leaveの第1文では「**簡単なアンケートに記入して、スタッフに渡す」とあるだけで、音声ガイドテストを提出とは書かれていない**ので、正解にはなりません。

広告・掲示問題では、独特の単語が使われることがあるので、まとめていきます。

得点力アップの POINT 3　広告・掲示問題の英語表現

▶▶「広告・掲示」関連

advertisement「広告」／ *flyer（flier）「チラシ」
notice「掲示」／ note「メモ」／ handout「プリント」
website「ウェブサイト」／ post「投稿する」

*その昔、セスナのような小型機でチラシをまいていたことから、fly「飛ばす」＋-er「〜するもの」＝「飛ばすもの」＝「チラシ」の意味になりました。

▶▶「申し込み」関連

application form「申込用紙・フォーム」／ enrollment「登録」
register「登録する」／ sign up for「〜の登録をする」
lottery「抽選」／ finalist「最終選考に残った者」
participant「参加者」

*on a first-come, first-served basis「先着順で」
fill in ／ fill out ／ complete「記入する」
hand in ／ submit「提出する」

*on a～basis「～な基準で」にfirst-come, first-served「最初に来た者が最初にサービスを受ける」が合わさって「最初に来た者が最初にサービスを受けられるという基準で」＝「先着順で」になりました。

▶▶「締め切り」関連

valid「(切符などが) 有効な」／ expiration date「有効期限」
due date「締め切り」／ deadline「締め切り」

▶▶「お金」関連

admission fee「入場料」／ membership fee「会費」
tuition fee「授業料」

▶▶「情報」関連

for more information「詳細につきましては」
details「詳細」／ in advance「前もって」

▶▶「その他」

hands-on experience「実地体験」
*round-trip ticket「往復切符」

*round「一周の」という意味からround-trip「一周移動する」＝「往復の」という意味になります。

解答

問1 ①　　問2 ②

本文の訳

A　あなたは城のウォーキングツアーの列に並んで待っているところで、新しい機器をテストするように求められている。スタッフから次の説明書を受け取る。

ウエストビル城のウォーキングツアーの
音声ガイドテスト

私たちの新しい音声ガイドのテストにご協力いただき、ありがとうございます。ここウエストビル城での体験をどうぞお楽しみください。

使用方法

この機器を耳に付けると、作動します。城内を歩きながら、あなたが各部屋に入ったとき、詳細な説明が自動的に流れます。もし説明を停止したいなら、イヤフォンにあるボタンを1度押してください。この機器は、各部屋に関する質問に答えるようにプログラムされています。質問をしたい場合は、ボタンを2回押して、小声で話してください。マイクがあなたの声を拾って、答えを聞くことができるでしょう。

お帰りの前に

出口の左側の回収デスクに、この機器を置いてから、簡単なアンケートに記入して、スタッフに渡してください。お礼に、城内の土産物店で使える割引クーポンをお渡しします。

語彙リスト

序文

- □ in line「列になって」 □ castle「城」
- □ be asked to do「～するように求められる」 □ test「テストする」
- □ device「機器」 □ receive「受け取る」 □ following「次の」
- □ instructions「説明書」

説明書

- □ audio guide「音声ガイド」
- □ thank A for B「AにBで感謝する」
- □ help O do「Oが～するのを助ける」

使用方法

- □ turn on「作動する」 □ detailed「詳細な」 □ explanation「説明」
- □ automatically「自動的に」 □ pause「停止させる」
- □ tap「たたく」 □ earpiece「イヤフォン」
- □ be programmed to do「～するようにプログラムされている」
- □ whisper「ささやく」 □ microphone「マイク」 □ pick up「～を拾う」
- □ voice「声」

お帰りの前に

- □ drop ～ off「～を置いていく」 □ collection「回収」
- □ exit「出口」 □ fill in「～に記入する」 □ brief「簡単な」
- □ questionnaire「アンケート」
- □ hand A to B「AをBに手渡す」 □ in return「お返しに」
- □ discount「割引」 □ souvenir「お土産」

設問と選択肢

- □ be likely to do「～しそうだ」 □ interior「内部」
- □ length「長さ」 □ mechanism「仕組み」 □ feedback「感想」
- □ submit「提出する」 □ complete「記入する」

過去問にチャレンジ 2

制限時間 3 分

第1問 (配点 10)

A You are studying at a senior high school in Alberta, Canada. Your classmate Bob is sending you messages about the after-school activities for this term.

Hey! How are you doing?

Hi Bob. I'm great!

Did you hear about this? We've got to choose our after-school activities for this term.

Yes! I'm going to join the volunteer program and tutor at an elementary school.

What are you going to tutor?

They need tutors for different grades and subjects. I want to help elementary school kids learn Japanese. How about you? Are you going to sign up for this program?

Yes, I'm really interested in the volunteer program, too.

You are good at geography and history. Why don't you tutor the first-year senior high school students?

I don't want to tutor at a senior high school. I was thinking of volunteering at an elementary school or a kindergarten, but not many students have volunteered at junior high schools. So, I think I'll tutor there.

Really? Tutoring at a junior high school sounds difficult. What would you want to teach there?

When I was in junior high school, math was really hard for me. I'd like to tutor math because I think it's difficult for students.

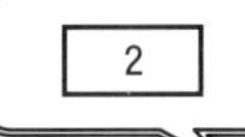

問 1 Where does Bob plan to help as a volunteer? [1]

① At a junior high school
② At a kindergarten
③ At a senior high school
④ At an elementary school

問 2 What is the most appropriate response to Bob's last message? [2]

① My favorite subject was math, too.
② We will tutor at the same school then.
③ Wow, that's a great idea!
④ Wow, you really love Japanese!

（令和4年度　追・再試験）

解答・解説 2

解説

問1 ボブはどこでボランティアとして手伝うつもりか。 1 易

① **中学校で**
② 幼稚園で
③ 高校で
④ 小学校で

解答の最短ルート

❶ 設問のWhere、Bob、volunteerをチェックして、「**ボブがどこでボランティアするつもりか。**」を本文から探します。
❷ 序文と最初の返答からBobの発言を理解して、キーワードにぶつかるまで本文を読み進めます。
❸ キーワードの周辺情報を理解したら、選択肢に戻って、正解を選びます。
❹ 正解を選んだら、問2のキーワードのチェックに移ります。

Aの序文と、2つ目のテキストメッセージの「こんにちは、ボブ。」から、一重枠のテキストメッセージが、ボブと特定して読み進めます。ボブの第5発言の後半で「**中学校でボランティア活動する生徒は多くはいない。だから、そこで個人指導をしようと思う。**」から、**①「中学校で」が正解**と判断します。

誤りの選択肢を見ていくと、②「幼稚園で」と④「小学校で」は、ボブの第5発言第2文「**小学校か幼稚園でボランティア活動しようと考えていた**けれど、中学校でボランティア活動する生徒は多くはいない。だから、そこで個人指導をしようと思うよ。」から、かつて考えていたことなので、正解にはなりません。**I was thinking of ～, but ....**で、「**過去には～と考えていたが、今は…**」という

時の**対比**が使われていることに注意しましょう。③はボブの第5発言第1文で「高校では個人指導をしたいと思っていない」とあるので、正解にはなりません。

学校関連の表現は、それに関する表現を知っておくと、解答の精度が上がるので、ここで整理します。

得点力アップの POINT 4 学校関連の英語表現

保育園	nursery school
幼稚園	kindergarten
小学校	elementary school（アメリカ英語） primary school（イギリス英語）
中学校	junior high school
高校	senior high school
大学	単科大学 college ／ 総合大学 university 大学院 graduate school
学期 term ／ 科目 subject ／ 成績 grade ／ 学年 grade 児童 pupil ／ 教授 professor ⇒ 教授陣 faculty ／ 校長 principal 個人指導（家庭教師）をする tutor	

問2 最後のボブのメッセージに対して、最も適切な返事はどれか。 2

① 私の1番好きな科目も数学だった。

② それなら、私たちは同じ学校で個人指導をするだろう。

③ **ああ、それは素敵な考えだね！**

④ ああ、あなたは本当に日本語が好きなんだね！

解答の最短ルート

❶ 設問のappropriate response、Bob's last messageをチェックして、「**ボブの最後のメッセージに適切な返答**」を選ぶ問題と判断します。

❷ Bobの最後のメッセージを理解して、選択肢に戻って、正解を選びます。

ボブの最後のメッセージは、「中学時代に数学がとても苦手で、生徒には難しいので、教えようと思う」という発言であることを理解します。①「私の1番好きな科目も数学だった」はこの発言に矛盾します。②「それなら、私たちは同じ学校で個人指導をするだろう」は、ボブの話し相手の第3発言の第2文で「小学生が日本語を学ぶ手伝いをしたい」から、ボブは中学校を希望、相手は小学校を希望という内容と矛盾します。**③は thatがボブの最後の発言を指して、「素晴らしい」と言っているので、おそらく正解と推測**します。④「ああ、あなたは本当に日本語が好きなんだね！」は、ボブが数学を教えたいという内容に合わないので、正解にはなりません。よって、**③を正解と判断**します。

解答

問1 ①　**問2** ③

本文の訳

A　あなたはカナダのアルバータ州の高校で勉強している。あなたのクラスメイトのボブが、今学期の放課後の活動に関して、あなたにメッセージを送っているところだ。

やあ！　元気？

こんにちは、ボブ。元気だよ！

この話聞いた？　今学期の放課後の活動を僕たちは選択しなければならないね。

うん！　私はボランティア活動に参加して、小学校で個人指導をする予定だよ。

何を教えるつもり？

彼らはさまざまな学年、科目の個人教師を必要としているの。私は、小学生が日本語を学ぶ手伝いをしたいと思っているよ。あなたはどう？　このプログラムに登録するつもり？

うん。僕もボランティア活動にとても興味があるんだ。

あなたは地理や歴史が得意だもんね。高校1年生を個人指導してみたら？

僕は高校では個人指導をしたいと思っていないんだ。小学校か幼稚園でボランティア活動しようと考えていたけれど、中学校でボランティア活動する生徒は多くはいない。だから、そこで個人指導をしようと思うよ。

本当？　中学校で個人指導するのは難しそうだね。そこで何を教えたいの？

中学生のころ、数学が本当に難しかった。生徒には難しいだろうから、数学を教えたいんだ。

ああ、それは素敵な考えだね！

語彙リスト

序文

□ senior high school「高校」　□ term「学期」

テキストメッセージ

□ have got to do「～しなければならない」

□ tutor「個人指導をする、個別指導教師」

□ elementary school「小学校」　□ grade「学年」

□ subject「科目」　□ sign up for「～に登録する」

□ geography「地理」　□ kindergarten「幼稚園」

□ junior high school「中学校」

設問と選択肢

□ appropriate「適切な」　□ response「返事」

＊続いて、第1問B対策に移ります。まずは、解答の最短ルートをおさえて、問題演習へと進みましょう。

B問題

広告・掲示問題

STEP 1 解答の最短ルートを知る

❷ ❶の条件をすべて満たすまで本文をチェックしながら読む。

B You are a senior high school student interested in improving your English during the summer vacation. You find a website for an intensive English summer camp run by an international school.

Galley International School (GIS) has provided intensive English summer camps for senior high school students in Japan since 1989. Spend two weeks in an all-English environment!

Dates: August 1-14, 2023

Location: Lake Kawaguchi Youth Lodge, Yamanashi Prefecture

Cost: 120,000 yen, including food and accommodation (additional fees for optional activities such as kayaking and canoeing)

❺ 問2の根拠になる箇所を4か所から特定して解答する。

Courses Offered

◆**FOREST**: You'll master basic grammar structures, make short speeches on simple topics, and get pronunciation tips. Your instructors have taught English for over 20 years in several countries. On the final day of the camp, you'll take part in a speech contest while all the other campers listen.

◆**MOUNTAIN**: You'll work in a group to write and perform a skit in English. Instructors for this course have worked at theater schools in New York City, London, and Sydney. You'll perform your skit for all the campers to enjoy on August 14.

◆**SKY**: You'll learn debating skills and critical thinking in this course. Your instructors have been to many countries to coach debate teams and some have published best-selling textbooks on the subject. You'll do a short debate in front of all the other campers on the last day. (Note: Only those with an advanced level of English will be accepted.)

❸ ❶の条件を満たしたら、選択肢に戻って解答する。

＊番号の順に矢印（　　　　）に沿ってチェックしましょう。

1 2 3 ＝問1の最短ルート　4 5 ＝問2の最短ルート　6 7 ＝問3の最短ルート

7 問3の根拠になる箇所を特定する。

▲**Application**

Step 1: Fill in the online application **HERE** by May 20, 2023.

Step 2: We'll contact you to set up an interview to assess your English ability and ask about your course preference.

Step 3: You'll be assigned to a course.

問 1　All GIS instructors have [3].

1 設問のキーワードを丸で囲む。

① been in Japan since 1989
② won international competitions
③ worked in other countries
④ written some popular books

4 問2のキーワードを丸で囲む。

問 2　On the last day of the camp, campers will [4].

① assess each other's performances
② compete to receive the best prize
③ make presentations about the future
④ show what they learned at the camp

6 問3のキーワードを丸で囲む。

問 3　What will happen after submitting your camp application? [5]

① You will call the English instructors.
② You will take a written English test.
③ Your English level will be checked.
④ Your English speech topic will be sent.

（令和5年度　本試験）

＊それでは、次のページから実際に問題を解いてみましょう！

B You are a senior high school student interested in improving your English during the summer vacation. You find a website for an intensive English summer camp run by an international school.

GIS

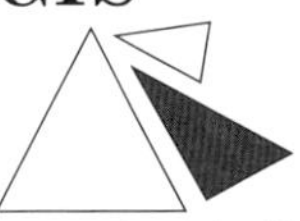

Intensive English Summer Camp

Galley International School (GIS) has provided intensive English summer camps for senior high school students in Japan since 1989. Spend two weeks in an all-English environment!

Dates: August 1-14, 2023

Location: Lake Kawaguchi Youth Lodge, Yamanashi Prefecture

Cost: 120,000 yen, including food and accommodation (additional fees for optional activities such as kayaking and canoeing)

Courses Offered

◆**FOREST**: You'll master basic grammar structures, make short speeches on simple topics, and get pronunciation tips. Your instructors have taught English for over 20 years in several countries. On the final day of the camp, you'll take part in a speech contest while all the other campers listen.

◆**MOUNTAIN**: You'll work in a group to write and perform a skit in English. Instructors for this course have worked at theater schools in New York City, London, and Sydney. You'll perform your skit for all the campers to enjoy on August 14.

◆**SKY**: You'll learn debating skills and critical thinking in this course. Your instructors have been to many countries to coach debate teams and some have published best-selling textbooks on the subject. You'll do a short debate in front of all the other campers on the last day. (Note: Only those with an advanced level of English will be accepted.)

▲Application

Step 1: Fill in the online application **HERE** by May 20, 2023.

Step 2: We'll contact you to set up an interview to assess your English ability and ask about your course preference.

Step 3: You'll be assigned to a course.

問 1 All GIS instructors have [3].

① been in Japan since 1989
② won international competitions
③ worked in other countries
④ written some popular books

問 2 On the last day of the camp, campers will [4].

① assess each other's performances
② compete to receive the best prize
③ make presentations about the future
④ show what they learned at the camp

問 3 What will happen after submitting your camp application? [5]

① You will call the English instructors.
② You will take a written English test.
③ Your English level will be checked.
④ Your English speech topic will be sent.

（令和5年度　本試験）

STEP 3 解答のプロセスを理解する

解答 問1 ③ 問2 ④ 問3 ③

解説

問1 GISの指導者は全員が [3]。 易

① 1989年から日本にいる
② 国際大会で優勝したことがある
③ **他の国で働いたことがある**
④ 人気の本を執筆したことがある

設問が**GISの指導者全員の共通点**を求めているので、FOREST、MOUNTAIN、SKYにある指導者の説明を把握します。FORESTでは、第2文「指導者は、**複数の国で20年以上英語を教えています**。」、MOUNTAINでは、第2文「このコースの指導者は、**ニューヨーク、ロンドン、シドニーのシアタースクールで働いたことがあります**。」、SKYでは、第2文「指導者は、**ディベートチームの指導をしに、多くの国に行ったことがあり**、中にはその科目のベストセラー参考書を出版している人もいます。」と説明されています。3つの共通点は、**「数か国で勤務の経験がある」ことから、③が正解**と判断します。

誤りの選択肢を見ていくと、①は、一番上のGISの説明で、「**ギャレーインターナショナルスクール**（GIS）は1989年から、日本の高校生のための短期集中英語サマーキャンプを主催しています。」とあるだけで、GISの指導者は全員が「1989年から日本にいる」わけではないので、正解にはなりません。②の「国際大会で優勝したことがある」は、本文に記述がありません。④「人気の本を執筆したことがある。」は、SKYの一部の指導者だけに当てはまるので、正解にはなりません。

問2 キャンプの最終日に、キャンプの参加者は［ 4 ］だろう。 

① お互いの実演を評価する
② 最優秀賞を取るために競争する
*③ 将来についてプレゼンテーションする　間違いやすい選択肢！
④ キャンプで学んだことを示す

キャンプ最終日の活動についても、FOREST、MOUNTAIN、SKYで異なるので、それぞれの説明を把握します。FORESTでは、第3文「キャンプ最終日に、他のキャンプ参加者全員が聞いている状況で、**スピーチコンテストに参加します**」とあります。MOUNTAINでは、第3文のAugust 14が、DatesのAugust 1-14, 2023から、キャンプ最終日にあたり、「8月14日に、キャンプ参加者全員が楽しめる**寸劇を実演する**予定です」とあります。SKYでは、第3文「最終日に、他のキャンプ参加者全員の前で、**短いディベートをする**予定です」とあります。

3つの共通点は「**キャンプ参加者の前で何かをしてみせる**」ことだとわかるので、③と④に正解の候補を絞ります。**③の「将来について」という表現は本文中にはありません**。一方で、④の「**キャンプで学んだことを示す」は、FORESTでは第1文で「短いスピーチの練習」、MOUNTAINでは第1文で「英語の寸劇を演じる」、SKYでは第1文で「ディベートの技術を学ぶ」とあるので、④が正解**と判断します。p.033 得点力アップのPOINT 2 で紹介した**表現の抽象化**が使われていることを理解しましょう。

問3 キャンプの申し込みを提出したら、何が起こるか。［ 5 ］  

① あなたは英語の指導者に電話をするだろう。
② あなたは英語の筆記テストを受けるだろう。
③ あなたの英語レベルが確認されるだろう。
④ あなたの英語スピーチのトピックが送られてくるだろう。

「キャンプの申し込みの提出」はApplicationのStep 1にあることを確認します。Step 2に「私たちから連絡して、**英語能力を評価し**、コースの希望について尋ねる面接を設定させていただきます」とあるので、**③が正解**になります。**本文のassess your English abilityが、選択肢の③でYour English level will be checked.にパラフレーズされていること**を理解しましょう。

得点力アップの POINT 5

能動態から受動態へのパラフレーズ

本文の英語表現をパラフレーズして、選択肢に作り替える技術ですが、問3のように、assessとcheck、abilityとlevelといった語句レベルでのパラフレーズだけに留まりません。能動態の文が受動態の文にパラフレーズされることもあります。その際には、能動態から受動態への書き換えパターンの基本をおさえておけば、パラフレーズに気づけるようになるでしょう。

（能動態）SVO ⇒（受動態）O' be p.p. (by S').

受動態でのby以下は省略されることが多いので、おさえておきましょう。

本文の訳

B　あなたは、夏休みに英語力を高めることに興味のある高校生だ。あなたはインターナショナルスクールが運営する短期集中英語サマーキャンプのウェブサイトを見つける。

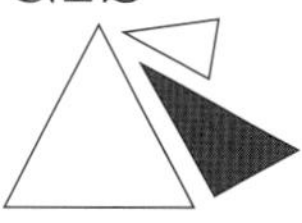

ギャレーインターナショナルスクール（GIS）は1989年から、日本の高校生のための短期集中英語サマーキャンプを主催しています。2週間、英語だけの環境で過ごしましょう！

日程：2023年の8月1日～14日
場所：山梨県、河口湖ユースロッジ
費用：食費、宿泊代込みで12万円（カヤックやカヌーのようなオプションの活動には追加料金あり）

提供コース

◆**森**：基本的な文法構造を身につけて、簡単なトピックについて短いスピーチができて、発音のコツを習得できます。指導者は、複数の国で20年以上英語を教えています。キャンプの最終日に、他のキャンプ参加者全員が聞いている状況で、スピーチコンテストに参加します。

◆**山**：グループで作業して、英語で寸劇を書いて、実演します。このコースの指導者は、ニューヨーク、ロンドン、シドニーのシアタースクールで働いていたことがあります。8月14日に、キャンプ参加者全員が楽しめる寸劇を実演する予定です。

◆**空**：このコースでは、ディベートの技術とクリティカルシンキングを学びます。指導者は、ディベートチームの指導をしに、多くの国に行ったことがあり、中にはその科目のベストセラー参考書を出版している人もいます。最終日に、他のキャンプ参加者全員の前で、短いディベートをする予定です。（注意：英語の上級レベルの人だけが受講可能です。）

▲申し込み
ステップ1：2023年5月20日までに、**この**オンライン申し込みに記入します。
ステップ2：私たちから連絡して、英語能力を評価し、コースの希望について尋ねる面接を設定させていただきます。
ステップ3：コースが割り当てられます。

語彙リスト

序文

□ senior high school「高校」　□ website「ウェブサイト」
□ intensive「集中的な」　□ international「国際的な」

ウェブサイト

□ provide「提供する」　□ environment「環境」
□ date「日付」　□ location「場所」　□ lodge「小屋」
□ prefecture「県」　□ cost「費用」　□ including「～を含んで」
□ accommodation「宿泊」　□ additional「追加の」　□ fee「料金」
□ optional「選択制の」　□ activity「活動」　□ kayak「カヤックをする」
□ canoe「カヌーに乗る」　□ offer「提供する」

◆ 森

□ master「習得する」　□ grammar「文法」　□ structure「構造」
□ topic「話題」　□ pronunciation「発音」　□ tip「コツ」
□ instructor「指導者」　□ several「複数の」
□ take part in「～に参加する」

◆ 山

□ perform「演じる」　□ skit「寸劇」

◆ 空

□ critical「批判的な」　□ coach「指導する」　□ publish「出版する」
□ subject「科目」　□ in front of「～の前で」　□ advanced「上級の」
□ accept「受け入れる」

▲ 申し込み

□ application「申し込み」　□ fill in「～に記入する」　□ contact「連絡する」
□ set up「～を設定する」　□ interview「面接」　□ assess「評価する」
□ preference「好み」　□ be assigned to「～に割り当てられる」

設問と選択肢

□ competition「競技会」　□ performance「実演」　□ compete「競争する」
□ receive「受け取る」　□ prize「賞」　□ submit「提出する」
□ check「確認する」

＊次も第1問のB対策になりますが、解答の最短ルートは、解答・解説の中に掲載してあります。まずは、自分の手を動かして問題を解いてみてください。設問のキーワードからチェックして、本文を読み進めていきましょう。

過去問にチャレンジ 1

B Your English teacher has given you a flyer for an international short film festival in your city. You want to attend the festival.

Star International Short Film Festival 2023

February 10 (Fri.) -12 (Sun.)

We are pleased to present a total of 50 short films to celebrate the first decade of the festival. Below are the four films that were nominated for the Grand Prize. Enjoy a special talk by the film's director following the first screening of each finalist film.

Grand Prize Finalist Films

My Pet Pigs, USA (27 min.) This drama tells a heart-warming story about a family and their pets.	*Chase to the Tower*, France (28 min.) A police chase ends with thrilling action at the Eiffel Tower.
▸ Fri. 7 p.m. and Sat. 2 p.m. ▸ At Cinema Paradise, Screen 2	▸ Fri. 5 p.m. and Sun. 7 p.m. ▸ At Cinema Paradise, Screen 1
Gold Medal Girl, China (25 min.) This documentary highlights the life of an amazing athlete.	*Inside the Cave*, Iran (18 min.) A group of hikers has a scary adventure in this horror film.
▸ Sat. and Sun. 3 p.m. ▸ At Movie House, Main Screen	▸ Fri. 3 p.m. and Sat. 8 p.m. ▸ At Movie House, Screen 1

Festival Passes	
Type	Price (yen)
3-day	4,000
2-day	3,000
1-day	2,000

- Festival Passes are available from each theater. The theaters will also sell single tickets for 500 yen before each screening.
- Festival Pass holders are invited to attend the special reception in the lobby of Cinema Paradise on February 12 (Sun.) at 8 p.m.

For the complete schedule of the short films showing during the festival, please visit our website.

問 1 If you are free on Sunday evening, which finalist film can you see? [3]

① *Chase to the Tower*
② *Gold Medal Girl*
③ *Inside the Cave*
④ *My Pet Pigs*

問 2 What will happen at Cinema Paradise on the last night of the festival? [4]

① An event to celebrate the festival will take place.
② Nominations will be made for the Grand Prize.
③ One of the directors will talk about *Chase to the Tower*.
④ The movie *My Pet Pigs* will be screened.

問 3 What is true about the short film festival? [5]

① Four talks by film directors will be held.
② Passes can be bought through the website.
③ Reservations are necessary for single tickets.
④ The finalist films can be seen on the same day.

（令和5年度　追・再試験）

第1問 広告・掲示問題

解答・解説 1

解説

問1 もしあなたが日曜日の夕方に時間があるなら、どの最終候補の映画を見ることができるか。［ 3 ］ やや難

① **『塔への追跡』**

*② 『金メダルの少女』 間違いやすい選択肢！

③ 『洞窟の中』

④ 『私のペットの豚』

解答の最短ルート

❶ 問1のfree、Sunday evening、which finalist filmをチェックして「**日曜日の夕方に見られる最終候補の映画**」を選びます。
❷ 問1の条件に合う作品を見つけて、選択肢から正解を選びます。
❸ 正解を選んだら、問2のキーワードをチェックします。

日曜日の夕方に時間があるという条件なので、その時間帯に上映されている映画を探します。**日曜日に上映されているのは、『塔への追跡』と『金メダルの少女』なので、①、②に正解の候補を絞ります**。かつ、**夕方という指定なので、日曜日の午後7時に上映されている『塔への追跡』が当てはまるので、①が正解**になります。②**の『金メダルの少女』は、日曜日の午後3時で、evening「夕方」ではない**ので、正解にはなりません。afternoon「午後」と混同しがちなので、英語の朝、午前中、午後、夕方、夜の具体的な時間と合わせて整理します。

得点力アップの POINT 6

英語の時間帯の具体的な時間

時間帯	意味	具体的な時間
morning	朝 ／ 午前中	日の出から正午までの時間帯
afternoon	午後	正午から日没あたりまでの時間帯
evening	夕方 ／ 晩	**日没から就寝時くらいまで**の時間帯
night	夜	日没から日の出までの時間帯

問1で問題にされたように、eveningは「夕方」という訳から、夜の手前をイメージしがちですが、実際には**寝るまでの時間帯なので、nightと一部重なっていること**をおさえておきましょう。厳密には、「**晩**」という訳が正しいと言えるでしょう。

問2 映画祭の最終日の夜に、シネマパラダイスで何が起こるか。 4

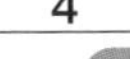

① **映画祭を祝うイベントが開催されるだろう。**
② 最優秀賞のノミネート作品が発表されるだろう。
③ 監督の1人が『塔への追跡』について話をするだろう。
④『私のペットの豚』という映画が上映されるだろう。

解答の最短ルート

❶ 問2のCinema Paradise、the last nightをチェックして、「**最後の夜にシネマパラダイスで何が起こるか。**」を本文から探します。
❷ 本文に戻って、キーワードの関連情報を拾ったら、選択肢から正解を選びます。
❸ 正解を選んだら、問3のキーワードを拾います。

映画祭の最終日の**シネマパラダイス**で何が起こるかは、表の最後の▶で、「映画祭パスの携帯者は、**2月12日（日）**の午後8時に**シネマパラダイス**のロビーで開催される**特別レセプションにご参加いただけます**。」とあることを確認します。チラシの一番上のStar International～の下の欄に、2月10日（金）～**2月12日（日）**と映画祭の開催日程があるので、**最終日が2月12日**だとわかります。よって、**「特別レセプション」に相当する内容が書かれている①が正解**になります。**本文のthe special reception「特別レセプション」が、選択肢の①ではAn event to celebrate the festivalにパラフレーズされている**ことを理解しましょう。

問3 短編映画祭について正しいのはどれか。 5 標

① **映画監督による４つのトークが行われるだろう。**

② ウェブサイトを通じてパスを購入できる。

③ 1回券には予約が必要だ。

④ 最終候補の映画を同じ日に観られる。

解答の最短ルート

❶ 問3の問題を見ると、What is true～？の形式なので、消去法で正誤を判断します。

❷ まず①のFour talks、film directors、be heldをチェックして、本文を根拠に正誤を判断します。正解に行きつくまで、各選択肢についてこの作業を繰り返します。

チラシのWe are pleased toから始まる第1段落の最終文で「**最終選考に残った各映画の初回上映後にある、監督のスペシャルトーク**をお楽しみください。」とあるので、**①が正解**と判断します。**本文のa special talk by the film's directorが、選択肢の①でFour talks by film directorsにパラフレーズされている**ことを理解しましょう。**映画は4作品なので、4回話がある**と理解しましょう。

誤りの選択肢を見ていくと、②は、Festival Passesの右にある▶の1つ目で「映画祭パスは各劇場で手に入ります」に矛盾します。③は、同じく▶の1つ目の第2文で「劇場では、各上映前に1回券も500円で販売しています」とあり、予約をせずとも上映前に購

入できると判断できます。④は、『私のペットの豚』、『塔への追跡』、『洞窟の中』の上映日が金曜日、『私のペットの豚』、『金メダルの少女』、『洞窟の中』の上映日が土曜日で、同じ日にすべての最終候補の映画を観ることはできないので、正解にはなりません。

解答

問1 ①　問2 ①　問3 ①

本文の訳

B　あなたの英語の先生は、あなたの街で開かれる国際短編映画祭のチラシをくれた。あなたはその映画祭に行きたい。

スター国際短編映画祭　2023

2月10日（金）～12日（日）

映画祭の10周年を記念して、合計で50の短編映画を上映します。以下にあるのが最優秀賞にノミネートされた4つの映画です。最終選考に残った各映画の初回上映後にある、監督のスペシャルトークをお楽しみください。

最優秀賞の最終候補の映画

 『私のペットの豚』、アメリカ（27分） このドラマは、ある家族とそのペットにまつわる心温まる物語です。	 『塔への追跡』、フランス（28分） 警察の追跡が、エッフェル塔でのスリル満点のアクションで結末を迎えます。
▸ 金曜日の午後7時と土曜日の午後2時 ▸ シネマパラダイスのスクリーン2	▸ 金曜日の午後5時と日曜日の午後7時 ▸ シネマパラダイスのスクリーン1

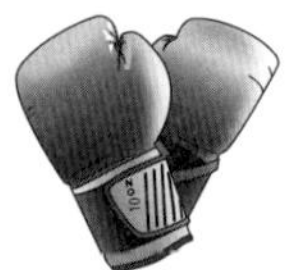 『金メダルの少女』、中国（25分） このドキュメンタリーは素晴らしいアスリートの一生にスポットを当てます。	 『洞窟の中』、イラン（18分） このホラー映画では、ハイキングの集団が恐ろしい冒険をします。
▸ 土曜日と日曜日の午後3時 ▸ ムービーハウスのメインスクリーン	▸ 金曜日の午後3時と土曜日の午後8時 ▸ ムービーハウスのスクリーン1

映画祭パス	
種類	金額(円)
3日間	4,000
2日間	3,000
1日間	2,000

▸ 映画祭パスは各劇場で手に入ります。劇場では、各上映前に1回券も500円で販売しています。
▸ 映画祭パスをお持ちの方は、2月12日（日）の午後8時にシネマパラダイスのロビーで開催される特別レセプションにご参加いただけます。

この映画祭で上映される短編映画の全スケジュールを知りたい方は、私たちのウェブサイトをご覧ください。

語彙リスト

序文

- flyer「チラシ」
- festival「祭典」
- attend「参加する」

チラシ

- present「上演する」
- a total of「合計で～」
- celebrate「祝う」
- decade「10年」
- below「下に」
- nominate「ノミネートする」
- the Grand Prize「最優秀賞」
- director「監督」
- following「～に続く」
- screening「上映」
- finalist「最終選考に残った作品」
- drama「ドラマ作品」
- heart-warming「心温まる」
- chase「追跡」
- end with「～で終わる」
- thrilling「スリルのある」
- documentary「ドキュメンタリー(記録映画)」
- highlight「光を当てる」
- amazing「見事な」
- athlete「アスリート」
- scary「恐ろしい」
- adventure「冒険」
- pass「パス」
- available「手に入る」
- reception「祝賀会」
- complete「完全な」

設問と選択肢

- event「イベント」
- take place「開催される」
- reservation「予約」
- necessary「必要な」

B You are looking at the website for the City Zoo in Toronto, Canada and you find an interesting contest announcement. You are thinking about entering the contest.

Contest!
Name a Baby Giraffe

Let's welcome our newest animal to the City Zoo!

A healthy baby giraffe was born on May 26 at the City Zoo.
He's already walking and running around!
He weighs 66 kg and is 180 cm tall.
Your mission is to help his parents, Billy and Noelle, pick a name for their baby.

How to Enter

- ◆ Click on the link here to submit your idea for his name and follow the directions. → **Enter Here**
- ◆ Names are accepted starting at 12:00 a.m. on June 1 until 11:59 p.m. on June 7.
- ◆ Watch the baby giraffe on the live web camera to help you get ideas. → **Live Web Camera**
- ◆ Each submission is $5. All money will go towards feeding the growing baby giraffe.

Contest Schedule

June 8	The zoo staff will choose five finalists from all the entries. These names will be posted on the zoo's website by 5:00 p.m.
June 9	How will the parents decide on the winning name? Click on the live stream link between 11:00 a.m. and 12:00 p.m. to find out! → **Live Stream** Check our website for the winning name after 12:00 p.m.

Prizes

All five contest finalists will receive free one-day zoo passes valid until the end of July.
The one who submitted the winning name will also get a special photo of the baby giraffe with his family, as well as a private Night Safari Tour!

問 1 You can enter this contest between [3].

① May 26 and May 31
② June 1 and June 7
③ June 8 and June 9
④ June 10 and July 31

問 2 When submitting your idea for the baby giraffe's name, you must [4].

① buy a day pass
② pay the submission fee
③ spend five dollars at the City Zoo
④ watch the giraffe through the website

問 3 If the name you submitted is included among the five finalists, you will [5].

① get free entry to the zoo for a day
② have free access to the live website
③ meet and feed the baby giraffe
④ take a picture with the giraffe's family

（令和4年度　本試験）

解答・解説 2

解説

問1　あなたがこのコンテストに参加できるのは［ 3 ］の間だ。　易

① 5月26日から5月31日
② **6月1日から6月7日**
③ 6月8日から6月9日
④ 6月10日から7月31日

解答の最短ルート

❶ 問1のenter、contest、betweenをチェックして、「**コンテストの申し込みがいつからいつまでか**」を本文から探します。
❷ ❶の根拠となる箇所まで本文を読み進めます。
❸ 解答の根拠を見つけたら選択肢に戻って正解を選びます。
❹ 正解を選んだら、問2に進みます。

設問はキリンの赤ちゃんに**名前を付けるコンテストの参加期間**を尋ねているので、How to Enterの2つ目の◆の情報を解答の根拠にします。「名前のエントリーは、**6月1日の午前12時から6月7日の午後11時59分まで受け付けます。**」とあることから、②**が正解**になります。**本文のHow to Enter「参加方法」、Names are accepted「名前のエントリーは受け付けられる」が、設問のenter this contest「コンテストに参加する」にまとめられている**ことをおさえておきましょう。

問2 キリンの赤ちゃんの名前のアイデアを提出する際に、あなたは **4** 必要がある。 易

① 1日入園券を購入する
② **エントリー代を払う**
③ 市立動物園で5ドル使う
④ ウェブサイトでキリンを観察する

解答の最短ルート

❶ 問2のsubmitting、idea、baby giraffe's name、mustをチェックして「**キリンの赤ちゃんの名前のアイデアを提出するのにしなければいけないこと**」を本文から探します。
❷ 本文で解答の根拠を見つけたら、選択肢に戻って正解を選びます。
❸ 正解を選んだら、問3に進みます。

設問は「キリンの赤ちゃんの名前を提出する際にする必要のあること」なので、How to Enterの4つ目の◆を確認します。「**エントリー1回につき5ドルかかります**。全額を成長しているキリンの赤ちゃんのえさに使います」から、**②「エントリー代を払う」が正解**と判断します。

誤りの選択肢を見ていくと、①は最下部にあるPrizesの第1文「5人のコンテストの最終候補者全員に、7月末まで有効の動物園の1日無料入場券を差し上げます」とあるだけで、名前を提出する際にしなければいけないことではないので、正解にはなりません。③はHow to Enterの4つ目の◆から、「動物園で5ドル使う」のではなく、エントリー代として払うとわかるので、正解にはなりません。④の「ウェブサイトでキリンを観察する」はHow to Enterの3つ目の◆で「ウェブカメラでキリンの赤ちゃんを見てアイデアのヒントにしてください」とあるだけで、提出に必要な条件とは書かれていないので、正解にはなりません。

問3 もしあなたが提出した名前が5つの最終候補に含まれるなら、あなたは [5] だろう。 易

① **動物園の１日無料入場券を手にする**
② ウェブサイトのライブ中継に無料アクセスする
③ キリンの赤ちゃんに会ってえさを与える
*④ キリンの家族と写真を撮る 間違いやすい選択肢！

解答の最短ルート

❶ 問3のfive finalistsをチェックし、「5つの最終候補が受けられる特典」を本文から探します。
❷ 告知の下の方から、解答の根拠を見つけたら、選択肢に戻って正解を選びます。

設問は「あなたの提出した名前が**5つの最終候補**に含まれるならどうなるか」なので、この広告の最下部にあるPrizesの第1文**All five contest finalists** will **receive free one-day zoo passes valid until the end of July.**「5人のコンテスト最終候補者全員に、7月末まで有効の**動物園の1日無料入場券**を差し上げます。」に着目します。「動物園の1日無料入場券」から、①が正解と判断します。**本文のreceive free one-day zoo passesが、選択肢の①ではget free entry to the zoo for a dayにパラフレーズされている**ことをおさえておきましょう。特に**receiveがget**に、**one-day zoo passesがentry to the zoo for a dayに言い換えられている**ことを理解しましょう。

誤りの選択肢を見ていくと、②の「ウェブサイトのライブ中継に無料アクセスする」は、Contest ScheduleのJune 9に記載されているだけで、5人の最終候補者が手にできる特典とは関係ありません。③の「キリンの赤ちゃんに会ってえさを与える」は、広告の最下部のPrizesの第2文で「キリンの赤ちゃんとその家族の特別写真をプレゼントします」と書かれていても、「えさを与える」記述は

ないので、正解にはなりません。同様に④も「**キリンの家族と写真を撮る**」ではなくて、あくまで**Prizes**の第2文は「**キリンの赤ちゃんとその家族の特別写真をプレゼントします」とあるだけ**なので、正解にはなりません。

get「手にする」と**receive**「受け取る」のような基本動詞のパラフレーズは頻出なので、ここで主要なものを整理しておきます。

得点力アップの POINT 7 **基本動詞のパラフレーズをおさえる**

基本動詞	意味	パラフレーズ
get	手にする	receive ／ obtain ／ acquire
buy	買う	purchase ／ get
run	経営する	manage ／ own ／ have
answer	返事する	respond to ／ reply to
teach	教える	instruct
think	考える	consider
join	参加する	take part in ／ participate in
understand	理解する	grasp ／ make out
fix	修理する	repair ／ mend
keep	維持する	maintain ／ preserve ／ sustain ／ retain
try	試みる	attempt

解答

問1 ②　問2 ②　問3 ①

本文の訳

B　あなたはカナダのトロントの市立動物園のウェブサイトを見ていて、面白いコンテストの告知を見つける。あなたはコンテストに参加することを考えている。

コンテスト！

キリンの赤ちゃんに名前を付けよう

市立動物園に新しく加わった動物を歓迎しよう！

元気なキリンの赤ちゃんが市立動物園で5月26日に生まれました。

すでに歩き回り、走り回っています！

体重は66キロで、身長は180センチ。

あなたの任務は、親であるビリーとノエルが赤ちゃんの名前を決めるのを助けることです。

参加方法

◆　ここのリンクをクリックして、名前のアイデアを提出して、指示に従ってください。　→ **ここから入る**

◆　名前のエントリーは6月1日の午前12時から6月7日の午後11時59分まで受け付けます。

◆　ライブ中継のウェブカメラでキリンの赤ちゃんを見てアイデアのヒントにしてください。　→ **ライブウェブカメラ**

◆　エントリー1回につき5ドルかかります。全額を成長しているキリンの赤ちゃんのえさ代に使います。

コンテストの日程

6月8日	動物園のスタッフはすべてのエントリーから5つの最終候補を選びます。これらの名前は午後5時までに動物園のウェブサイトに掲示されます。
6月9日	親がどのように最優秀賞の名前を決めるのでしょうか？ 午前11時から午後12時の間にライブ配信のリンクをクリックして確かめましょう！　→ **ライブ配信** 午後12時以降、最優秀賞の名前を、ウェブサイトで確認してください。

賞品

5人のコンテスト最終候補者全員に、7月末まで有効の動物園の1日無料入場券を差し上げます。

最優秀賞の名前を提出した人には、キリンの赤ちゃんとその家族の特別写真に加えて、貸し切りのナイトサファリツアーもプレゼントします！

語彙リスト

序文

□ contest「コンテスト」 □ announcement「告知」 □ enter「参加する」

ウェブサイト

□ name「名付ける」 □ giraffe「キリン」 □ welcome「歓迎する」
□ healthy「健康的な」 □ run around「走り回る」 □ weigh「～の体重がある」
□ mission「任務」 □ submit「提出する」 □ follow「従う」
□ direction「指示」 □ accept「受け付ける」 □ submission「提出」
□ feed「えさを与える」 □ entry「申し込み」 □ post「掲示する」
□ decide on「～に決める」 □ live stream「ライブ配信」
□ prize「賞品」 □ pass「無料入場券」 □ valid「有効な」
□ B as well as A「AばかりではなくBも」 □ private「専有の」

設問と選択肢

□ fee「手数料」 □ include「含んでいる」
□ have access to「～にアクセスする」

第2問

広告・掲示・レポート・記事問題

A問題 ここで決める！

● fact-opinion 問題は、fact が客観、opinion が主観で区別する！！

B問題 ここで決める！

● NOT 問題は消去法で解く！！

第2問の全体像をつかむ

ここが問われる! fact-opinion問題が登場！

ここできめる!

- fact-opinion 問題は、fact が客観、opinion が主観で区別する !!
- NOT 問題は消去法で解く !!

第2問はどんな問題が出ますか？

第2問はＡとＢに分かれています。Ａでは、第1問と同様に**イベントの掲示、広告などの身近で実用的な英文の理解が試される問題**が出題されます。Ｂは、**少し英文が長くなって、レポート、記事**などから出題されます。ＡとＢ両方を合わせると、文量が多くなるので、**時間の管理が重要**になります。

第2問の配点と時間配分を教えてください。

ＡとＢそれぞれ5問ずつの合計で10問です。**配点は、リーディング全体100点分のうちの5分の1を占める20点**になります。

Ａは7分、Ｂは6分の計13分で解くとよいでしょう。もっとも、試験中に時間を気にしすぎると、かえって時間を無駄にするので、**第2問の終了時点で、自分の時計を見て、スタートから21分で解き終わっているかどうかを確認**しましょう。**21分が経過している場合は、そのときに選べる最善の選択肢をマークして、先に進みましょう。**

第2問を最短で解くには、どうしたらよいですか？

第2問でも、**設問のキーワードからチェック**、本文を最初から読んでいき、**キーワードにぶつかったら、問題を解きます**。選択肢に戻って、どれが正解かを選択します。このときに、序文は軽く目を通す程度にして、**設問のキーワード**の周辺を重点的に読みます。具体的に、次で**解答の最短ルート**を示すので、自分でも同じように解いてみてください。

第2問が得意になるには、どうしたらよいですか？

第2問では、**fact-opinion問題**が出題されます。これは他の大学入試の英語長文ではあまり見られない出題形式なので、**共通テストの過去問で慣れることが重要**になります。もっとも、**簡単なコツ**があるので、それをおさえたうえで演習を積み重ねれば問題ありません。**簡単なコツ**とは、**factが客観**、**opinionが主観**という判断基準になります。

第2問のまとめ

- 第2問では、いわゆる情報検索能力とパラフレーズ（言い換え）の知識に加えて、fact-opinion問題の解法が重要になる。
- 第2問は、Aは第1問と似た問題で、Bは少し長い文が出題される。
- 配点はリーディング全体の100点中の20点で、**解答時間は13分**を目安にする。
- 第2問を最短で解くには、**設問のキーワードからチェック**して、本文を最初から読んでいき、**キーワードにぶつかったら、問題を解く**。「1問解いたら、次の設問に移って、キーワードを拾って、また本文に戻る」の繰り返し。**解答の最短ルート**で具体的に見ていく。

広告・掲示・レポート・記事問題

STEP 1 解答の最短ルートを知る

② ❶の解答の根拠となる場所まで読み進める。

第 2 問 (配点 20)

A You want to buy a good pair of shoes as you walk a long way to school and often get sore feet. You are searching on a UK website and find this advertisement.

Navi 55 presents the new *Smart Support* shoe line

Smart Support shoes are strong, long-lasting, and reasonably priced. They are available in three colours and styles.

Special Features

shoes have a nano-chip which analyses the shape of your feet d to the *iSupport* application. Download the app onto your , tablet, and/or smartwatch. Then, while wearing the shoes, llect the data about your feet. The inside of the shoe will djust to give correct, personalised foot support. As with other Navi 55 products, the shoes have our popular Route Memory function.

③ ❶の解答の根拠を発見したら、選択肢に戻って解答する。

Advantages

Better Balance: Adjusting how you stand, the personalised support helps keep feet, legs, and back free from pain.

Promotes Exercise: As they are so comfortable, you will be willing to walk regularly.

Route Memory: The chip records your daily route, distance, and pace as you walk.

Route Options: View your live location on your device, have the directions play automatically in your earphones, or use your smartwatch to read directions.

＊番号の順に矢印(　　　)に沿ってチェックしましょう。

①②③＝問1の最短ルート　④＝問2の最短ルート　⑤⑥＝問3の最短ルート

⑦＝問4の最短ルート　⑧＝問5の最短ルート

⑥ 問3の選択肢と行き来して、正解を選ぶ。

Customers' Comments

- I like the choices for getting directions, and prefer using audio guidance to visual guidance.
- I lost 2 kg in a month!
- I love my pair now, but it took me several days to get used to them.
- As they don't slip in the rain, I wear mine all year round.
- They are so light and comfortable I even wear them when cycling.
- Easy to get around! I don't need to worry about getting lost.
- They look great. The app's basic features are easy to use, but I wouldn't pay for the optional advanced ones.

① 設問のキーワードを丸で囲む。

問 1 According to the maker's statements, which best describes the new shoes? 6

① Cheap summer shoes
② High-tech everyday shoes
③ Light comfortable sports shoes
④ Stylish colourful cycling shoes

④ 問2のキーワードをチェックする。本文から解答の根拠を探して、選択肢に戻って正解を選ぶ。

問 2 Which benefit offered by the shoes is most likely to appeal to you? 7

① Getting more regular exercise
② Having personalised foot support
③ Knowing how fast you walk
④ Looking cool wearing them

5 問3のキーワードをチェックする。選択肢からopinionを探して、本文と照らし合わせる。p.075の 6 へ進む。

問 3 One **opinion** stated by a customer is that [8].

① the app encourages fast walking
② the app's free functions are user-friendly
③ the shoes are good value for money
④ the shoes increase your cycling speed

7 問4のキーワードをチェックする。本文から解答の根拠を探して、選択肢に戻って正解を選ぶ。

問 4 One customer's comment mentions using audio devices. Which benefit is this comment based on? [9]

① Better Balance
② Promotes Exercise
③ Route Memory
④ Route Options

8 問5のキーワードをチェックする。本文から解答の根拠を探して、選択肢に戻って正解を選ぶ。

問 5 According to one customer's opinion, [10] is recommended.

① allowing time to get accustomed to wearing the shoes
② buying a watch to help you lose weight
③ connecting to the app before putting the shoes on
④ paying for the *iSupport* advanced features

（令和5年度　本試験）

＊それでは、次のページから実際に問題を解いてみましょう！

第2問 (配点 20)

A You want to buy a good pair of shoes as you walk a long way to school and often get sore feet. You are searching on a UK website and find this advertisement.

Navi 55 presents the new *Smart Support* shoe line

Smart Support shoes are strong, long-lasting, and reasonably priced. They are available in three colours and styles.

Special Features

Smart Support shoes have a nano-chip which analyses the shape of your feet when connected to the *iSupport* application. Download the app onto your smartphone, PC, tablet, and/or smartwatch. Then, while wearing the shoes, let the chip collect the data about your feet. The inside of the shoe will automatically adjust to give correct, personalised foot support. As with other Navi 55 products, the shoes have our popular Route Memory function.

Advantages

Better Balance: Adjusting how you stand, the personalised support helps keep feet, legs, and back free from pain.

Promotes Exercise: As they are so comfortable, you will be willing to walk regularly.

Route Memory: The chip records your daily route, distance, and pace as you walk.

Route Options: View your live location on your device, have the directions play automatically in your earphones, or use your smartwatch to read directions.

Customers' Comments

- I like the choices for getting directions, and prefer using audio guidance to visual guidance.
- I lost 2 kg in a month!
- I love my pair now, but it took me several days to get used to them.
- As they don't slip in the rain, I wear mine all year round.
- They are so light and comfortable I even wear them when cycling.
- Easy to get around! I don't need to worry about getting lost.
- They look great. The app's basic features are easy to use, but I wouldn't pay for the optional advanced ones.

問 1 According to the maker's statements, which best describes the new shoes? [6]

① Cheap summer shoes
② High-tech everyday shoes
③ Light comfortable sports shoes
④ Stylish colourful cycling shoes

問 2 Which benefit offered by the shoes is most likely to appeal to you? [7]

① Getting more regular exercise
② Having personalised foot support
③ Knowing how fast you walk
④ Looking cool wearing them

問 3　One **opinion** stated by a customer is that [8].

① the app encourages fast walking
② the app's free functions are user-friendly
③ the shoes are good value for money
④ the shoes increase your cycling speed

問 4　One customer's comment mentions using audio devices. Which benefit is this comment based on? [9]

① Better Balance
② Promotes Exercise
③ Route Memory
④ Route Options

問 5　According to one customer's opinion, [10] is recommended.

① allowing time to get accustomed to wearing the shoes
② buying a watch to help you lose weight
③ connecting to the app before putting the shoes on
④ paying for the *iSupport* advanced features

（令和５年度　本試験）

STEP 3 解答のプロセスを理解する

解答 問1 ② 問2 ② 問3 ② 問4 ④ 問5 ①

解説

問1 メーカーの説明によると、その新しい靴を最もよく説明しているのはどれか。 6 易

① 安いサマーシューズ
② **ハイテクの普段使いの靴**
③ 軽くて快適なスポーツシューズ
④ おしゃれでカラフルなサイクリングシューズ

設問は、「その新しい靴の最も適切な説明」ということなので、選択肢と**新しい靴の特徴が書かれている箇所**を照らし合わせていきます。①は、第1文の*Smart Support* shoes are ~, and reasonably priced.「『スマートサポート』シューズは、~値段が手ごろだ」からCheapという表現は正しいと判断できます。一方で、summer shoesという表現はどこにもないので、正解にはなりません。

得点力アップの POINT 8 **一部合致・一部間違いの選択肢に注意する！**

間違いの選択肢を作る際に、**一部は合っているけれど、一部が間違っているという選択肢の作り方**があります。これは、簡単な問題から難しい問題にまで使われる技術なので、**一部が正しいからと言って、安易にその選択肢を正解に選ばない**ようにしましょう。その意識があるだけで、誤りの選択肢にギリギリで気づき、正解の選択肢を選べることがあります。

②は、Special Featuresの第1文***Smart Support*** **shoes have a nano-chip which analyses the shape of your feet when connected to the *iSupport* application.**「『スマートサポート』シューズは、『アイサポート』アプリにつなげると、あなたの足の形を分析するナノチップを内蔵しています。」から、**High-tech**は

正しいと判断できます。Advantagesの3つ目のRoute MemoryでThe chip **records your daily route, distance, and pace as you walk.**「そのチップは、あなたが歩くときに**毎日のルート、距離、ペースを記録します」とあることから、普段使いの靴だとわかるので、②が正解**と判断します。

③は、Customers' Commentsの5つ目の●で、They are so light and comfortable「その靴はとても軽くて快適だ」とあるので、Light comfortableの表現は正しいと判断できます。一方でsports shoesの表現はどこにもないので、正解にはなりません。④は、説明文の第2文They are available in three colours and styles.「3色と3つの型がある」から、Stylish colourfulまでは正しいと判断できますが、cycling shoesという表現はないので、正解にはなりません。③、④ともに、得点力アップのPOINT 8で説明したように、**一部合致・一部間違いの選択肢**なので、不正解になります。colourやcolourfulのスペリングに違和感を覚えた方もいると思うので、説明します。

得点力アップのPOINT 9

アメリカ英語とイギリス英語のスペリングの違い

アメリカ英語	意味	イギリス英語
color(colorful)	色（色彩豊かな）	colour(colourful)
favor(favorite)	好意(大好きな)	favour(favourite)
theater	劇場	theatre
center	中心	centre
realize	気づく	realise
recognize	認識する	recognise
analyze	分析する	analyse
traveled	旅行した	travelled
program	プログラム	programme

共通テストでは、現在国際的に広く使用されているアメリカ英語以外に、イギリス英語が使用されることもあります。よって、イギリス

英語の知識もおさえておく必要があります。

例えば、アメリカ英語で-orになるものが、イギリス英語では-ourとなる単語に、color／**colour**やfavor(favorite)／**favour(favourite)**などがあります。

続いて、アメリカ英語では-er、イギリス英語では-reとなる「劇場」を意味するtheater／**theatre**やcenter／**centre**などがあります。そして、アメリカ英語では-ize(yze)、イギリス英語では-ise(yse)となる単語として、「気づく」を意味するrealize／**realise**や「認識する」のrecognize／**recognise**や「分析する」を意味するanalyze／**analyse**などがあります。

最後に、lやmが1つや2つになる単語があります。アメリカ英語ではtraveled、イギリス英語では**travelled**で、アメリカ英語ではprogram、イギリス英語では**programme**になります。

問2 その靴が提供する利点で、あなたに最も魅力的でありそうなものはどれか。 7 易

① もっと定期的な運動ができること

② **個人に合わせた足の支えが得られること**

③ 歩く速さがわかること

④ それを履くと格好よく見えること

序文の第1文You want to buy a good pair of shoes as **you walk a long way to school and often get sore feet.**「あなたは学校までの**長い距離を歩いて、足が痛くなることが多い**ので、よい靴を買いたい」とあります。そこから、**長距離を歩くことができて、かつ履いても痛くない靴が欲しい**と推測できます。①の定期的な運動ができることは、上記の条件に関係ありません。

②の個人に合わせた足の支えは、AdvantagesのBetter Balanceに具体化されているので、見ていきます。Adjusting how you stand, **the personalised support helps keep feet, legs, and back free from pain.**「立ち方を調整して、**個別のサポート機能が、足、脚、そして背中の痛みがない状態を保つ手助けをします。**」から、

足にフィットして痛くならないと推測できるので、②が正解と判断します。③の速さや、④の格好よさも、上記の条件とは関係ないので、正解にはなりません。

問3 客が述べている1つの**意見**は[8]ということだ。 標

① そのアプリは早歩きを促してくれる

② **そのアプリの無料機能は使いやすい**

③ その靴は値段の割に価値が高い

④ その靴はあなたのサイクリングの速度を上げてくれる

この設問は**fact-opinion**問題なので、解法を確認します。

得点力アップの POINT 10 **fact-opinion問題の解き方**

❶ **選択肢をfactかopinionかで分ける**

factとは「**客観的事実**」なので、**客観的表現か否か**で判断します。opinionは「**主観的意見**」なので、その表現が**主観的表現か否か**で判断します。**特にopinionは形容詞が使われるのが多いこと**に注目します。**判断がつかない場合は、一時的に保留**します。

❷ **該当する選択肢の正誤を本文で判断する**

問3は、①が客観的事実なのでopinionではありません。②は**user-friendlyと形容詞が使われていることからも、主観的意見なのでopinion**。③も**「値段の割によい価値」と形容詞のgoodが使われていて主観的意見**なのでopinion。④は客観的事実なのでopinionではありません。よって、②と③に正解の候補を絞ります。

Customers' Commentsの7つ目の●でThe app's basic features are **easy to use**「そのアプリの基本機能は**使いやすい**」とあることから、**②が正解**と判断できます。**本文のThe app's basic featuresが選択肢②のthe app's free functions**に、**本文のeasy to useが選択肢②のuser-friendlyにパラフレーズされている**ことを理解しましょう。

問4　1人の客のコメントで、オーディオ機器の使用に言及している。このコメントは、どの利点に基づいているか。[9]　易

①より優れたバランス
②運動の促進
③ルート記憶
④**ルート表示方法**

オーディオ機器とは耳で音を楽しむ機器のことで、コメントの1つ目のI like **the choices for getting directions**, and prefer using **audio guidance** to visual guidance.「私は**道順指示が選べる**のが気に入っていて、目で見る案内よりも**音声案内**の方が好きだ」に着目します。**the choices for getting directions「道順指示の選択肢」から、Route Options**の説明で**have the directions play** automatically **in your earphones**「自動的に**イヤフォンで道順を流す**」**とあるので、④が正解**と判断します。③の「ルート記憶」は、コメントのthe choices for getting directionsと関係がないので、正解にはなりません。①、②もこのコメントとは無関係なので、正解にはなりません。

問5　1人の客のコメントによると、[10]がすすめられている。

①**その靴を履くのに慣れる時間の余裕を見ておくこと**
②減量の助けとなる腕時計を買うこと
③靴を履く前にアプリに接続すること
④「アイサポート」の高度な機能にお金を払うこと

設問で「すすめられている」程度の表現しかないので、選択肢をひとつひとつ見ていきます。①はto getが不定詞の形容詞的用法でtimeを説明する表現ですが、「**その靴を履くのに慣れる時間を許容すること**」という意味です。コメントの3つ目でI love my pair now, but **it took me several days to get used to them.**「今はその靴を気に入っているけど、**慣れるのに数日かかった**」とあることから、**①を正解**と判断できます。**本文のit took me several** daysが、選択肢①のallowing timeに、本文のget used to themが、①のget accustomed to wearing the shoesにパラフレーズされていることをおさえておきましょう。

②の減量に関する記述は、コメントの2つ目にI lost 2 kg in a month!「1か月で2キロ減量した！」とあるだけで、腕時計を買うことはすすめられていないので、正解にはなりません。③の「靴を履く前にアプリに接続すること」は、コメントの欄に記述がないので正解にはなりません。④は、最後のコメントの、~, but I wouldn't pay for the optional advanced ones.「~だが、私はオプションの高度な機能にはお金を払いたくない。」に矛盾するので、正解にはなりません。

本文の訳

A あなたは学校までの長い距離を歩いて、足が痛くなることが多いので、よい靴を買いたい。イギリスのウェブサイトで探して、この広告を見つける。

ナビ55が新しい「スマートサポート」シューズのラインナップを提供する

「スマートサポート」シューズは、頑丈で、長持ちして、値段が手ごろだ。3色と3つの型がある。

特別な機能

「スマートサポート」シューズは、「アイサポート」アプリにつなげると、あなたの足の形を分析するナノチップを内蔵しています。アプリを、スマートフォン、パソコン、タブレットかスマートウォッチにダウンロードしてください。そして、靴を履いている間に、ナノチップにあなたの足に関するデータを収集させます。靴の内側は、正しく個人に合わせた足の支えになるように、自動的に調整されます。他のナビ55の製品と同様に、このシューズも、当社の人気のルート記憶機能を備えています。

長所

より優れたバランス：立ち方を調整して、個別のサポート機能が、足、脚、そして背中の痛みがない状態を保つ手助けをします。

運動の促進：その靴はとても快適なので、定期的に歩きたくなるでしょう。

ルート記憶：そのチップは、あなたが歩くときに毎日のルート、距離、ペースを記録します。

ルート表示方法：あなたの機器で現在地を見ることも、自動的にイヤフォンで道順を流すことも、スマートウォッチを使って道順を確認することもできます。

お客様のコメント

- 私は道順指示が選べるのが気に入っていて、目で見る案内よりも音声案内の方が好きだ。
- 1か月で2キロ減量した！
- 今はその靴を気に入っているけど、慣れるのに数日かかった。
- その靴は雨でも滑らないので、私は1年中履いている。
- その靴はとても軽くて快適なので、サイクリングの間ですら履いている。
- 移動しやすい！　道に迷うのを心配しなくてもよい。
- その靴はとても見た目がよい。アプリの基本機能は使いやすいが、私はオプションの高度な機能にはお金を払いたくない。

語彙リスト

序文

- □a pair of shoes「靴（一足）」
- □sore「痛い」
- □feet「足（foot）の複数形」
- □search「検索する」
- □advertisement「広告」

ウェブサイト

- □present「提供する」
- □long-lasting「長持ちする」
- □reasonably priced「手ごろな値段の」
- □available「入手できる」
- □feature「機能」
- □nano-chip「ナノチップ」
- □analyse「分析する」
- □shape「形」
- □be connected to「～に接続されている」
- □application「アプリ」
- □download「ダウンロードする」
- □collect「収集する」
- □inside「内側」
- □automatically「自動で」

□ adjust「調整する」 □ personalised「個人に合わせた」
□ as with「～と同様に」 □ product「製品」 □ function「機能」
□ advantage「利点」 □ help do「～するのに役立つ」
□ back「背中」 □ free from「～がない」 □ pain「痛み」
□ promote「促す」 □ exercise「運動」 □ comfortable「快適な」
□ be willing to do「すすんで～する」 □ regularly「定期的に」
□ record「記録する」 □ daily「毎日の」 □ distance「距離」
□ pace「ペース」 □ option「選択肢」 □ view「見る」
□ live「現在の」 □ location「場所」 □ device「機器」
□ directions「道順」 □ earphone「イヤフォン」 □ customer「客」
□ comment「コメント」 □ prefer A to B「BよりAが好きだ」
□ audio「音声の」 □ guidance「案内」 □ visual「視覚の」
□ get used to「～に慣れる」 □ slip「滑る」 □ all year round「1年中」
□ light「軽い」 □ get around「移動する」
□ worry about「～を心配する」 □ get lost「道に迷う」
□ pay for「～のお金を払う」 □ optional「オプションの」 □ advanced「高度な」

設問と選択肢

□ according to「～によると」 □ statement「説明」
□ describe「説明する」 □ cheap「安い」 □ high-tech「ハイテクの」
□ stylish「おしゃれな」 □ benefit「利点」 □ offer「提供する」
□ appeal to「～に魅力で訴える」 □ encourage「助長する」
□ user-friendly「使い勝手がよい」 □ mention「言及する」
□ be based on「～に基づいている」 □ recommend「すすめる」
□ get accustomed to「～に慣れる」 □ put～on「～を履く」

＊次も第2問のA対策になりますが、解答の最短ルートは、解答・解説の中に掲載してあります。まずは、自分の手を動かして問題を解いてみてください。設問のキーワードからチェックして、本文を読み進めていきましょう。

決めろ! KIMERU SERIES

過去問にチャレンジ 1

制限時間 7 分

第 2 問 (配点 20)

A You are on a *Future Leader* summer programme, which is taking place on a university campus in the UK. You are reading the information about the library so that you can do your coursework.

Abermouth University Library

Open from 8 am to 9 pm

2022 Handout

Library Card: Your student ID card is also your library card and photocopy card. It is in your welcome pack.

Borrowing Books

You can borrow a maximum of eight books at one time for seven days. To check books out, go to the Information Desk, which is on the first floor. If books are not returned by the due date, you will not be allowed to borrow library books again for three days from the day the books are returned.

Using Computers

Computers with Internet connections are in the Computer Workstations by the main entrance on the first floor. Students may bring their own laptop computers and tablets into the library, but may use them only in the Study Area on the second floor. Students are asked to work quietly, and also not to reserve seats for friends.

Library Orientations

On Tuesdays at 10 am, 20-minute library orientations are held in the Reading Room on the third floor. Talk to the Information Desk staff for details.

Comments from Past Students

- The library orientation was really good. The materials were great, too!
- The Study Area can get really crowded. Get there as early as possible to get a seat!
- The Wi-Fi inside the library is quite slow, but the one at the coffee shop next door is good. By the way, you cannot bring any drinks into the library.
- The staff at the Information Desk answered all my questions. Go there if you need any help!
- On the ground floor there are some TVs for watching the library's videos. When watching videos, you need to use your own earphones or headphones. Next to the TVs there are photocopiers.

問 1 [6] are two things you can do at the library.

A：bring in coffee from the coffee shop

B：save seats for others in the Study Area

C：use the photocopiers on the second floor

D：use your ID to make photocopies

E：use your laptop in the Study Area

① A and B
② A and C
③ B and E
④ C and D
⑤ D and E

問 2 You are at the main entrance of the library and want to go to the orientation. You need to [7].

① go down one floor
② go up one floor
③ go up two floors
④ stay on the same floor

問 3 [8] near the main entrance to the library.

① The Computer Workstations are
② The Reading Room is
③ The Study Area is
④ The TVs are

問 4 If you borrowed three books on 2 August and returned them on 10 August, you could [9].

① borrow eight more books on 10 August
② borrow seven more books on 10 August
③ not borrow any more books before 13 August
④ not borrow any more books before 17 August

問 5 One **fact** stated by a previous student is that [10].

① headphones or earphones are necessary when watching videos
② the library is open until 9 pm
③ the library orientation handouts are wonderful
④ the Study Area is often empty

（令和4年度　本試験）

解答・解説 1

解説

問1　[6] が図書館で行える2つのことだ。　標

A：コーヒーショップからコーヒーを持ち込む
B：学習エリアで他の人の席をとっておく
C：3階でコピー機を使う
D：コピーするのに身分証を使う
E：学習エリアで自分のノートパソコンを使う

① AとB　② AとC　③ BとE　④ CとD　⑤ **DとE**

解答の最短ルート

❶ two things、library をチェックして、「**図書館で行えること**」を念頭に、本文を読み始めます。
❷ 1段落読み終えるごとに、該当する選択肢があるかどうかをチェックします。
❸ すべて解き終えたら、問2のキーワードを拾いに行きます。

本文で登場する順番に選択肢を見ていきます。Dは、このinformationの上から2段目のLibrary Cardで **Your student ID card is also your library card and photocopy card.**「あなたの学生IDカードは、図書館カード、コピー機を使用するカードを兼ねています」から、**正解と判断**できます。

Eは、Using Computersの第2文Students may bring **their own laptop computers** and tablets into the library, but **may use them only in the Study Area** on the second floor.「学生は自分のノートパソコンやタブレットを図書館に持ち込んでもいいですが、3階の学習エリアでしかそれらの使用は認められません。」から、**正解**と判断できます。正解の確信度が高いので、試験本番で

は次の問題に進んでもいいですが、本書では残りの選択肢も解説していきます。ちなみに、ground floorは、イギリス英語で「1階」を意味しますが、**アメリカ英語とイギリス英語で「階」のとらえ方**が違うので、紹介します。

得点力アップの POINT 11

アメリカ英語とイギリス英語の「階」の違い

アメリカ英語	意味	イギリス英語
first floor	1階	ground floor
second floor	2階	first floor
third floor	3階	second floor

アメリカ英語が、一般的なfirst floor「1階」、second floor「2階」、third floor「3階」の発想になります。一方で、イギリス英語がイレギュラーで、**ground floorが「1階」で、「2階」がfirst floor、「3階」がsecond floor**になります。イギリスでエレベーターに乗ると、Gというマークがありますが、これはGround floorで「1階」を意味しています。

正解以外の選択肢に戻ると、Aのcoffeeに関する記述は、Comments from Past Students「過去の学生からのコメント」欄の3つ目の●でBy the way, you cannot bring any drinks into the library.「ちなみに、図書館への飲み物の持ち込みは禁止されています」にあります。よって、コーヒーの持ち込みは認められないので、Aは正解にはなりません。

Bは、Using Computersの最終文でStudents are asked to work quietly, and also not to reserve seats for friends.「学生は静かに勉強して、また友人のための座席の確保をしないよう求められます」に矛盾するので、正解にはなりません。

Cは、Comments from Past Studentsの最後の●の第1文で、テレビがground floorにあり、最終文で「テレビの隣に、コピー機があります」とあります。コピー機がground floorにあるとわかるので、Cは正解にはなりません。

問2　あなたは図書館の正面入り口にいて、オリエンテーションに行きたい。あなたは[7]必要がある。　易

① 1階降りる
② 1階上がる
③ **2階上がる**
④ 同じ階に留まる

解答の最短ルート

❶ main entrance、orientationをチェックして、「オリエンテーションがどこで行われるか」を本文から探し出します。
❷ Library Orientationsに情報があると推測して、読んでいきます。

Library Orientationsの第1文で**the Reading Room on the third floor**とあります。一方で、**main entranceはUsing Computersの第1文でthe first floorにあるとわかるので、オリエンテーションに出るには2階上がればよい**とわかります。よって、**③が正解**です。

問3　図書館の正面入り口近くに[8]。　易

① **コンピューターエリアがある**
② 読書室がある
③ 学習エリアがある
④ テレビがある

解答の最短ルート

● near、main entranceをチェックして、「正面入り口近くに何があるか」を本文から探します。

main entrance「正面入り口」がキーワードなので、それをヒントに本文から情報を探すと、Using Computersの第1文に発見できます。Computers with Internet connections are in **the Computer Workstations by the main entrance** on the first floor.「インターネットに接続したコンピューターが、2階の**正面入り口そばのコンピューターエリア**にあります。」から、**The Computer Workstations「コンピューターエリア」**だとわかるので、**①が正解**と判断できます。**本文のby「～のそばに」が、設問ではnear「～の近くに」に言い換えられている**ことをおさえておきましょう。

誤りの選択肢を見ていくと、② The Reading Room「読書室」は、Library Orientations の第1文でthe third floor「(イギリス英語の) 4階」にあるとわかるので、正解にはなりません。③「学習エリア」は、Using Computersの第2文でthe second floor「3階」にあると書かれているので、正解にはなりません。④のTVsはComments from Past Studentsの一番下の●から、the ground floor「1階」にあるとわかるので、正解にはなりません。

問4 もしあなたが8月2日に3冊の本を借りて、8月10日にそれらを返すなら、あなたは[9]だろう。 易

① 8月10日にもう8冊借りることができる
② 8月10日にもう7冊借りることができる
③ 8月13日より前に本を借りることができない
④ 8月17日より前に本を借りることができない

解答の最短ルート

❶ borrowed、three、2 August、returned、10 Augustをチェックして、**「この期間で本を借りるとどうなるか」**を念頭に、本文から情報を探します。
❷ Borrowing Booksに貸し出しの条件があるので、そこから答えを導いて、選択肢と照らし合わせます。

Borrowing Booksの第1文に「一度に最大8冊を7日間、借りられます」とあるので、設問の8月2日から8月10日は、規定を2日間超えているとわかります。Borrowing Booksの第3文If books are not returned by the due date, **you will not be allowed to borrow library books again for three days from the day the books are returned.**「本が期日までに返却されない場合は、**返却日から3日間、図書館の本を再び借りることができません。**」から、**返却日の8月10日から3日間借りることができないとわかります。すると、8月12日まで本を借りることができないとわかるので、③が正解**と判断します。

問5 過去の学生が述べた1つの**事実**は、[10]ということだ。 標

① **ヘッドフォンやイヤフォンはビデオを見るときに必要だ**

*② 図書館は午後9時まで開いている 間違いやすい選択肢！

③ 図書館のオリエンテーションの資料は素晴らしい

④ 学習エリアが空いていることはよくある

解答の最短ルート

❶ fact、previous studentをチェックして、fact-opinion問題と理解します。

❷ 選択肢からfactを選んで、Comments from Past Studentsと照らし合わせて、正解を選びます。

fact問題なので、選択肢からfactにあたるものを選びます。①～④まですべて形容詞が使われていますが、中でも③の**wonderful**が主観的な形容詞なので**opinion**にあたると判断して、正解にはならないと判断します。①は、**Comments from Past Studentsの最後の●の第2文と合致するので、正解**と判断できます。**本文のyou need to use your own earphones or headphonesが、選択肢の①のheadphones or earphones are necessaryにパラフレーズされていること**を理解しましょう。**need to do**が

necessaryにパラフレーズされています。

誤りの選択肢を見ていくと、②はタイトルのAbermouth University Libraryの下にOpen from 8 am to **9 pm**とありますが、設問の指示は**One <u>fact</u> stated by a previous student なので、「過去の学生が発言している事実」でなければいけません。「9時まで開いている」のはfactですが、過去の学生の発言にはない**ので、正解にはなりません。④は、Comments from Past Studentsの2つ目の●の第1文The Study Area can get really crowded.「学習エリアは、非常に混雑する可能性があります」に矛盾するので、正解にはなりません。

解答

問1 ⑤　**問2** ③　**問3** ①　**問4** ③　**問5** ①

本文の訳

A　あなたは、「未来のリーダー」夏期プログラムに参加しており、それはイギリスのある大学のキャンパスで開催されている。あなたは授業の課題が行えるように、図書館に関するインフォメーションを読んでいる。

アバーマス大学図書館

午前8時から午後9時まで開館

2022年資料

図書館カード： あなたの学生IDカードは、図書館カード、コピー機を使用するカードを兼ねています。ウェルカムパックに入っています。

本を借りる

一度に最大8冊を7日間、借りられます。本を借りるには、2階のインフォメーションデスクに行ってください。本が期日までに返却されない場合は、返却日から3日間、図書館の本を再び借りることができません。

コンピューターの使用

インターネットに接続したコンピューターが、2階の正面入り口そばのコンピューターエリアにあります。学生は自分のノートパソコンやタブレットを図書館に持ち込んでもいいですが、3階の学習エリアでしかそれらの使用は認められません。学生は静かに勉強して、また友人のための座席の確保をしないよう求められます。

図書館のオリエンテーション

毎週火曜日の午前10時に、20分の図書館オリエンテーションが、4階の読書室で開催されています。詳細はインフォメーションデスクのスタッフにお聞きください。

過去の学生からのコメント

- 図書館のオリエンテーションは、本当に良かった。資料もとても良かった！
- 学習エリアは、非常に混雑する可能性があります。席を確保するにはできるだけ早く行くことをおすすめします！
- 図書館内部のWi-Fiは、とても遅いが、隣のコーヒーショップのWi-Fiは速い。ちなみに、図書館への飲み物の持ち込みは禁止されています。
- インフォメーションデスクのスタッフは、私の質問すべてに答えてくれた。助けが必要ならそこに行くとよいでしょう！
- 1階には、図書館のビデオを見るためのテレビが数台あります。ビデオを見るとき、自分のイヤフォンやヘッドフォンを使う必要があります。テレビの隣に、コピー機があります。

語彙リスト

序文

- programme「プログラム」
- take place「開催される」
- information「情報、インフォメーション」
- so that S 助動詞「Sが～するように」
- coursework「学習課題」

インフォメーション

- handout「配布資料」
- ID(=Identification) card「身分証」
- photocopy「コピー」
- welcome pack「（新入生用の）歓迎セット」
- maximum「最大限」
- check out「（図書館から）～を借りる」
- due「締め切りの」
- date「日付」
- connection「接続」
- main entrance「正面入り口」
- laptop computer「ノートパソコン」
- reserve「とっておく」
- orientation「オリエンテーション」
- detail「詳細」
- comment「コメント」
- material「資料」
- crowded「混雑した」
- as ～ as possible「できる限り～」
- by the way「ところで」
- next to「～の隣に」

設問と選択肢

- save「とっておく」
- state「述べる」
- previous「以前の」
- necessary「必要な」
- empty「空いている」

第2問 (配点 20)

A You are an exchange student in the UK. Your host family is going to take you to Hambury for a weekend to experience some culture. You are looking at the information about what you can do near the hotel and the reviews of the hotel where you will stay.

White Horse Hotel
In Hambury Square

Things to do & see near the hotel:

◆ Hambury Church: It's only 10 minutes on foot.
◆ The farmers' market: It's held in the square every first and third weekend.
◆ The Kings Arms: Have lunch in the oldest building in Hambury (just across from the hotel).
◆ East Street: You can get all your gifts there (15-minute walk from the hotel).
◆ The Steam House: It's next to Hambury Railway Museum, by the station.
◆ The walking tour (90 minutes): It starts in the square at 11 am every Tuesday and Saturday.
◆ The stone circle: Every Tuesday lunchtime there is live music (just behind the church).
◆ The old castle (admission: £5): See the play *Romeo and Juliet* every Saturday night. (Get your tickets at the castle gate, across from the station, for £15.)

Become a member* of the White Horse Hotel and get:

◆ a free ticket to the railway museum
◆ tickets to the play for only £9 per person
◆ a discount coupon for Memory Photo Studio (get a photo of you wearing traditional Victorian clothes). Open every day, 9.00 am–5.30 pm.

*Membership is free for staying guests.

Most popular reviews:

We will be back
It's a nice hotel in the centre of the town with a great breakfast. Though the shops are limited, the town is pretty and walking to the beautiful church only took 5 minutes. The tea and cakes at the Steam House are a must. Sally

Lovely Town
Our room was very comfortable, and the staff were kind. Coming from Australia, I thought the play in the castle was great, and the walking tour was very interesting. I also recommend the stone circle (if you don't mind a 10-minute walk up a hill). Ben

問 1 [6] is the closest to the White Horse Hotel.

① East Street
② Hambury Church
③ The Kings Arms
④ The stone circle

問 2 [7] is one combination of activities you can do if you visit Hambury on the third Saturday of the month.

A：go on a walking tour
B：have your photo taken
C：listen to the live music
D：shop at the farmers' market

① A, B, and C
② A, B, and D
③ A, C, and D
④ B, C, and D

問 3 You want to get cheaper tickets for *Romeo and Juliet*. You will [8].

① become a member of the hotel
② buy your tickets at the castle
③ get free tickets from the hotel
④ wear traditional Victorian clothes

問 4　One advantage of the hotel the reviews do **not** mention is the [9].

① comfort
② discounts
③ food
④ service

問 5　Which best reflects the opinions of the reviewers? [10]

① The activities were fun, and the shops good.
② The hotel room was pretty, and the photo studio great.
③ The music was good, and the activities interesting.
④ The sightseeing was exciting, and the hotel conveniently placed.

（令和4年度　追・再試験）

解答・解説 2

解説

問1 [6] がホワイトホースホテルに最も近い。 易

① イーストストリート

② ハンベリーチャーチ

③ **キングスアームズ**

④ ストーンサークル

解答の最短ルート

❶ closest、White Horse Hotelをチェックして、「**ホワイトホースホテルに最も近いもの**」を探します。

❷ ①のEast Streetから順にWhite Horse Hotelとの距離をチェックして、比較します。

① イーストストリートは、4つ目の◆に、**15-minute walk** from the hotelとあるので、**ホテルから歩いて15分**と理解します。② ハンベリーチャーチは、1つ目の◆に、Hambury Church: It's only **10 minutes on foot**.「ハンベリーチャーチ：(ホテルから)**徒歩でほんの10分**」とあります。**③ キングスアームズは、**3つ目の◆に、**just across from the hotel「ホテルの真向かい」とあるので、おそらく正解だと判断**します。④ ストーンサークルは、7つ目の◆に、just behind the church「教会のすぐ後ろ」とあります。この教会はハンベリーチャーチだと推測できるので、ストーンサークルは**ホテルから10分**とわかります。よって、**正解は③**と確定します。

問2 [7] が、その月の第3土曜日にハンベリーを訪れたら、あなたができる活動の1つの組み合わせだ。 標

A：ウォーキングツアーに行く

B：自分の写真を撮ってもらう

C：ライブ演奏を聴く

D：ファーマーズマーケットで買い物をする

① AとBとC　② **AとBとD**　③ AとCとD　④ BとCとD

解答の最短ルート

❶ one combination、activities、Hambury、third Saturdayをチェックします。

❷ 本文の「曜日が書かれている活動」をチェックして、選択肢と照らし合わせて正解を選びます。

設問の条件は「**その月の第3土曜日**」なので、その日程で可能な活動を探します。Aの「ウォーキングツアーに行く」は、6つ目の◆で、It starts ~ **every** Tuesday and **Saturday**. とあるので、条件に合致すると判断して、①、②、③に正解の候補を絞ります。Bの「自分の写真を撮ってもらう」は、Become a member* of the White Horse Hotel and get: の3つ目の◆で、Memory Photo Studioの箇所で、**Open every day**とあるので、条件に合致して、①、②に正解の候補を絞ります。

C「ライブ演奏を聴く」は、7つ目の◆のThe stone circleに**Every Tuesday lunchtime there is live musicとあり、条件には合致しないので、②が正解**とわかります。D「ファーマーズマーケットで買い物をする」は、2つ目の◆で、It's held ~ **every** first and **third weekend**.「**毎月**第1・**第3週末**に～開催される」とあり、条件に合致するので、やはり②が正解とわかります。

問3 あなたは『ロミオとジュリエット』のより安いチケットを買いたい。あなたは[8]だろう。 易

① **ホテルのメンバーになる**
② 城で自分のチケットを買う
③ ホテルから無料のチケットを手に入れる
④ 伝統的なビクトリア朝の服を着る

解答の最短ルート

❶ cheaper tickets、*Romeo and Juliet*をチェックして、固有名詞の*Romeo and Juliet*が書かれている箇所を探します。
❷ cheaper「より安い」という表現から、複数の価格を探して、安い方を特定して、選択肢に戻ります。

『ロミオとジュリエット』のより安いチケットを買う方法は、**Become a member* of the White Horse Hotel and get:**の2つ目の◆に**tickets to the play for only £9 per person**「**演劇のチケットは1人たったの9ポンド**」とあります。ここでのthe playは、5行上のSee the play *Romeo and Juliet*を指しているとわかります。(Get your tickets ~, for £15.)から、**通常15ポンドが、ホテルのメンバーになると9ポンドになる**とわかります。かつ、Become a member* ~の一番下の ***Membership is free for staying guests.**から、**宿泊客は無料でホテルのメンバーになれるので、①が正解**と判断します。

②は先ほどのSee the play *Romeo and Juliet*で(Get your tickets at the castle gate, ~, for £15.)より、ホテルメンバー価格の9ポンドより高いので、正解にはなりません。③はBecome a member* of the White Horse Hotel and get:の1つ目の◆で、a free ticket to the railway museum「鉄道博物館への無料チケット」とあるだけで、『ロミオとジュリエット』のチケットではないので正解にはなりません。④は同じくBecome a ~ and get:の3つ目の◆で、get a photo of you wearing traditional Victorian clothesとあるだけで、『ロミオとジュリエット』のチケットとは関係ないので、正解にはなりません。

問4 レビューで言及されて**いない**ホテルの1つの利点は、[9]だ。 易

① 快適さ
② **割引**
③ 食事
④ 奉仕

解答の最短ルート

❶ advantage、reviews、notをチェックして、NOT問題であることを理解します。
❷ Most popular reviewsから、advantageに挙げられているものを選択肢から除外して正解を絞り込みます。

得点力アップのPOINT 12 **NOT問題の解法 ⇒ 消去法で解く！**

NOT問題といって「～ではない」ものを選びなさいというタイプの問題は、選択肢を1つずつ消去法で確認するしかありません。

問4では、hotelとthe reviewsの間に関係詞が省略されており、「レビューで言及されていないホテルの1つの利点」なので、ホテルのレビューを見ます。We will backのタイトルのレビューの第1文に**a great breakfast「とてもおいしい朝食」**とあり、**③ food**は書かれているので、正解にはなりません。

続いて、Lovely Townのタイトルのレビューでは、Our room was very **comfortable**, and **the staff were kind**.「私たちの部屋はとても**快適だったし、スタッフは親切だった。」から、① comfort、④ serviceは言及されているので、② discounts「割引」**

が正解と判断します。service「奉仕」とは、**お店のスタッフが客に対して行う接客**を指すので、**「スタッフが親切」＝「サービスがよい」と判断**できます。

問5　レビュアーの意見を最もよく反映しているのはどれか。 10 　標

①アクティビティは楽しくて、お店もよかった。

②ホテルの部屋は素敵で、写真スタジオも素晴らしかった。

③音楽は素敵で、アクティビティも面白かった。

④観光はわくわくするもので、ホテルは便利な所に位置していた。

解答の最短ルート

❶ reflects、opinions、reviewersをチェックします。

❷ Most popular reviewsから、選択肢を消去法で1つずつ吟味して正解を導きます。

このタイプの問題も、1つずつ本文と照らし合わせていくしかないので、時間がかかる前提で解いていきます。①のThe activities were funは、Lovely Townの第2文後半でthe walking tour was very interestingとあることから正しいと判断します。**activity**「アクティビティ」とは**「何らかの目的を持って行われる行為や、特定の分野での作業や運動」**を指すので、walking tourもそれに含まれると理解します。

後半のthe shops goodは、shopsとgoodの間にwereが省略されていますが、We will be backのレビューの第2文でThough the shops are limited「お店の数は限られているけれども」とマイナスのレビューがあるので、①は正解にはなりません。p.080 得点力アップの POINT 8で説明した、**一部合致・一部間違いの選択肢**になります。

②のThe hotel room was pretty「ホテルの部屋は素敵で」は、Lovely Townのレビューの第1文Our room was very comfortable「私たちの部屋はとても快適だった」から正しいと判断します。the photo studio greatは、studioとgreatの間にwasが省略されていますが、レビューでphoto studioに対する言及はないので、正解にはなりません。

③は、後半のthe activities interestingは、activitiesとinterestingの間にwereが省略されている表現です。Lovely Townの第2文後半でthe walking tour was very interestingとあるので正しいと判断できます。一方で、The music was goodは、Lovely Townのレビューの最終文でI also recommend the stone circleとあるだけで、ここで開催されているライブ演奏には言及していないので、正解にはなりません。

④は、The sightseeing was exciting「観光はわくわくするもので」は、We will be backのレビューの第2文**the town is pretty**「その街は素敵だ」やLovely Townの第2文**the play in the castle was great, and the walking tour was very interesting**「城で見た演劇は素晴らしかったし、ウォーキングツアーはとても面白かった」、**Lovely Town**の最終文**I also recommend the stone circle**「ストーンサークルもおすすめ」**から、正しい**と判断します。

後半のthe hotel conveniently placedは、hotelとconvenientlyの間にwasが省略されています。We will be backの第2文後半**walking to the beautiful church only took 5 minutes**「美しい教会までは、歩いてほんの5分しかかからなかった」**から、「ホテルの立地が便利だ」と読み取れるので、④を正解**と判断します。

解答

問1 ③　問2 ②　問3 ①　問4 ②　問5 ④

本文の訳

A　あなたは、イギリスに来ている交換留学生だ。あなたのホストファミリーは、文化を経験するために、1週間ハンベリーにあなたを連れていく予定である。あなたは、ホテルの近くでできることに関する情報と、滞在予定のホテルのレビューを見ているところだ。

ホワイトホースホテル
ハンベリー広場

ホテルの近くでできることと見どころ：

◆ ハンベリーチャーチ：徒歩でほんの10分。
◆ ファーマーズマーケット：毎月第1・第3週末に広場で開催される。
◆ キングスアームズ：ハンベリーで最も古い建物でランチを食べよう（ホテルの真向かい）。
◆ イーストストリート：あなたはそこであらゆるお土産を購入できる（ホテルから歩いて15分）。
◆ スチームハウス：駅のそばのハンベリー鉄道博物館の隣にある。
◆ ウォーキングツアー（90分）：毎週火曜日と土曜日の午前11時に広場からスタートする。
◆ ストーンサークル：毎週火曜日のランチタイムにライブ演奏がある（教会のすぐ後ろ）。
◆ 古城（入場料：5ポンド）：毎週土曜日の夜に『ロミオとジュリエット』の演劇が観られる。（駅の向かい側の城門でチケットを15ポンドで購入できる）

ホワイトホースホテルのメンバー*になる特典：

◆ 鉄道博物館への無料チケット
◆ 演劇のチケットは1人たったの9ポンド
◆ 記念写真スタジオの割引クーポン（伝統的なビクトリア朝の服を着た自分の写真を撮ることができる）。毎日午前9時～午後5時半営業

*宿泊客は会費無料。

最も人気のレビュー：

また来ます
とてもおいしい朝食付きで、街の中心にある素敵なホテルです。お店の数は限られているけれども、街は素敵で、美しい教会までは、歩いてほんの5分しかかかりませんでした。スチームハウスのお茶やケーキはマストです。　サリー

素敵な街
私たちの部屋はとても快適だったし、スタッフは親切だった。オーストラリアから来たが、城で見た演劇は素晴らしかったし、ウォーキングツアーはとても面白かった。ストーンサークルもおすすめ（丘を10分登るのが嫌でなければ）。　ベン

語彙リスト

序文

- exchange student「交換留学生」
- the UK「イギリス」
- review「レビュー」

インフォメーション

- square「広場」
- on foot「徒歩で」
- across from「～の向かい側」
- gift「贈り物」
- railway「鉄道」
- museum「博物館」
- live「生演奏の」
- behind「～の後ろに」
- admission「入場料」
- play「演劇」
- free「無料の」
- per「～につき」
- discount「割引」
- traditional「伝統的な」
- clothes「服」
- membership「会員であること」

最も人気のレビュー

- pretty「素敵な」
- must「マスト(必ずやった方がよいもの)」
- comfortable「快適な」
- mind「気にする」

設問と選択肢

- combination「組み合わせ」
- activity「アクティビティ」
- advantage「利点」
- mention「言及する」
- comfort「快適さ」
- service「奉仕」
- reflect「反映する」
- sightseeing「観光」
- conveniently「便利に」

＊続いて、第2問B対策に移ります。まずは、解答の最短ルートをおさえて、問題演習へと進みましょう。

B問題 **広告・掲示・レポート・記事問題**

STEP 1 解答の最短ルートを知る

❶の解答の根拠となる場所まで読み進めて、選択肢に戻って正解を選びます。

B You are a member of the student council. The members have been discussing a student project helping students to use their time efficiently. To get ideas, you are reading a report about a school challenge. It was written by an exchange student who studied in another school in Japan.

Commuting Challenge

Most students come to my school by bus or train. I often see a lot of students playing games on their phones or chatting. However, they could also use this time for reading or doing homework. We started this activity to help students use their commuting time more effectively. Students had to complete a commuting activity chart from January 17th to February 17th. A total of 300 students participated: More than two thirds of them were second-years; about a quarter were third-years; only 15 first-years participated. How come so few first-years participated? Based on the feedback (given below), there seems to be an answer to this question:

Feedback from participants

HS: Thanks to this project, I got the highest score ever in an English vocabulary test. It was easy to set small goals to complete on my way.

KF: My friend was sad because she couldn't participate. She lives nearby and walks to school. There should have been other ways to take part.

SS: My train is always crowded and I have to stand, so there is no space to open a book or a tablet. I only used audio materials, but there were not nearly enough.

JH: I kept a study log, which made me realise how I used my time. For some reason most of my first-year classmates didn't seem to know about this challenge.

MN: I spent most of the time on the bus watching videos, and it helped me to understand classes better. I felt the time went very fast.

＊番号の順に矢印(　　　)に沿ってチェックしましょう。

1 2 ＝問1の最短ルート　3 ＝問2の最短ルート　4 ＝問3の最短ルート

5 ＝問4の最短ルート　6 ＝問5の最短ルート

---

1 設問のキーワードを丸で囲みます。

問 1　The aim of the Commuting Challenge was to help students to [11].

① commute more quickly
② improve their test scores
③ manage English classes better
④ use their time better

3 問2のキーワードを丸で囲みます。fact問題なので、客観的な選択肢に絞って、本文で確認して、正解を選びます。

問 2　One **fact** about the Commuting Challenge is that [12].

① fewer than 10% of the participants were first-years
② it was held for two months during the winter
③ students had to use portable devices on buses
④ the majority of participants travelled by train

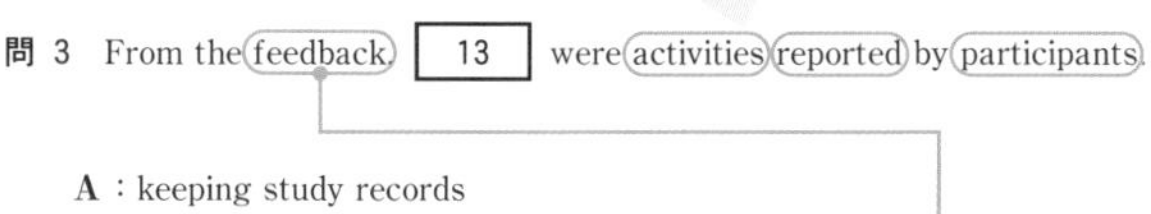

問 3　From the feedback, [13] were activities reported by participants.

A : keeping study records
B : learning language
C : making notes on tablets
D : reading lesson notes on mobile phones

4 feedbackの箇所と照らし合わせて、選択肢を1つずつ処理します。

① **A** and **B**
② **A** and **C**
③ **A** and **D**
④ **B** and **C**
⑤ **B** and **D**
⑥ **C** and **D**

5 本文の「参加者の意見」が書かれている箇所、すなわちFeedback from participantsから選択肢の内容を確認します。

問 4　One of the participants' opinions about the Commuting Challenge is that [14].

① it could have included students who walk to school
② the train was a good place to read books
③ there were plenty of audio materials for studying
④ watching videos for fun helped time pass quickly

問 5　The author's question is answered by [15].

6 本文からauthor's questionを確認して、その答えとなる箇所を探します。

① HS
② JH
③ KF
④ MN
⑤ SS

（令和5年度　本試験）

＊それでは、次のページから実際に問題を解いてみましょう！

B You are a member of the student council. The members have been discussing a student project helping students to use their time efficiently. To get ideas, you are reading a report about a school challenge. It was written by an exchange student who studied in another school in Japan.

Commuting Challenge

Most students come to my school by bus or train. I often see a lot of students playing games on their phones or chatting. However, they could also use this time for reading or doing homework. We started this activity to help students use their commuting time more effectively. Students had to complete a commuting activity chart from January 17th to February 17th. A total of 300 students participated: More than two thirds of them were second-years; about a quarter were third-years; only 15 first-years participated. How come so few first-years participated? Based on the feedback (given below), there seems to be an answer to this question:

Feedback from participants

HS: Thanks to this project, I got the highest score ever in an English vocabulary test. It was easy to set small goals to complete on my way.

KF: My friend was sad because she couldn't participate. She lives nearby and walks to school. There should have been other ways to take part.

SS: My train is always crowded and I have to stand, so there is no space to open a book or a tablet. I only used audio materials, but there were not nearly enough.

JH: I kept a study log, which made me realise how I used my time. For some reason most of my first-year classmates didn't seem to know about this challenge.

MN: I spent most of the time on the bus watching videos, and it helped me to understand classes better. I felt the time went very fast.

問 1　The aim of the Commuting Challenge was to help students to [11].

① commute more quickly
② improve their test scores
③ manage English classes better
④ use their time better

問 2　One **fact** about the Commuting Challenge is that [12].

① fewer than 10% of the participants were first-years
② it was held for two months during the winter
③ students had to use portable devices on buses
④ the majority of participants travelled by train

問 3　From the feedback, [13] were activities reported by participants.

A：keeping study records
B：learning language
C：making notes on tablets
D：reading lesson notes on mobile phones

① **A** and **B**
② **A** and **C**
③ **A** and **D**
④ **B** and **C**
⑤ **B** and **D**
⑥ **C** and **D**

問 4 One of the participants' opinions about the Commuting Challenge is that [14].

① it could have included students who walk to school
② the train was a good place to read books
③ there were plenty of audio materials for studying
④ watching videos for fun helped time pass quickly

問 5 The author's question is answered by [15].

① HS
② JH
③ KF
④ MN
⑤ SS

（令和5年度　本試験）

STEP 3 解答のプロセスを理解する

解答 問1 ④ 問2 ① 問3 ① 問4 ① 問5 ②

解説

問1 通学チャレンジの目標は、生徒が［ 11 ］のを助けることだった。 易

① もっと早く通学する
② 自分のテストの点数を上げる
③ 英語の授業によりうまく対処する
④ **自分の時間をもっと上手に使う**

「通学チャレンジの目標」を探すと、序文の第2文 The members have been discussing a student project **helping students to use their time efficiently**.「役員たちは、**生徒が自分の時間を効率よく使う手助けをする**生徒プロジェクトについて、話し合っている」から、**④が正解**と判断します。**序文の helping students to use their time efficiently が、選択肢④と設問の一部を合わせた help students to use their time better にパラフレーズされている**ことを理解しておきましょう。Commuting Challenge の 第4文 We started this activity to **help students use their commuting time more effectively. を根拠に、④を正解**と判断してもよいでしょう。

②、③は、Feedback from participants の HS で、「英語の単語テストで過去最高点を取った」とあるだけで、**生徒のテストの得点の向上や英語の授業全般の改善を目的としているわけではない**ので、正解にはなりません。①は関連する記述が本文中にないので、正解にはなりません。

問2 通学チャレンジに関する1つの**事実**は［ 12 ］ことだ。 標

① **参加者の10％未満が1年生だった**
② それは冬の2か月間、開催された
③ 生徒はバスで携帯機器を使わなければならなかった
④ 参加者の大多数は、電車で移動した

fact問題なので、まずは選択肢から**客観的事実**を探します。①〜④まですべて客観的事実なので、あとは本文の記述と合致しているかで判断します。①の判断には、Commuting Challengeの第6文の後半でonly 15 first-years participated「1年生は15人しか参加しなかった」とあり、前半のA total of 300 studentsから、全体が300人であることを確認します。**300人に対しての15人は5%で、①のfewer than 10%「10%未満」に合致するので、①は正解**と判断できます。

②は、Commuting Challengeの第5文Students had to complete a commuting activity chart from January 17th to February 17th.「生徒は、1月17日から2月17日まで通学活動表を記入しなければならなかった」から、期間は1か月と判断できるので、正解にはなりません。

③は、Feedback from participantsのSSが第2文でI only used audio materials「私はオーディオ教材しか使っていない」、MNがI spent most of the time on the bus watching videos「バスの時間のほとんどを、動画を見るのに費やして」とありますが、使用する義務があったとの記述はないので、正解にはなりません。
④は、Commuting Challengeの第1文に「ほとんどの生徒が、私の学校にはバスか電車で通学する」とあり、また、Feedback from participantsのMNはバスで動画を見たとあり、電車通学が大多数とは言えず、正解にはなりません。

問3 フィードバックから、[13]が、参加者が報告した活動だった。 易

A：勉強記録を付けること
B：言語を学習すること
C：タブレットでメモを取ること
D：携帯電話で授業のノートを読むこと

① AとB　② AとC　③ AとD　④ BとC　⑤ BとD　⑥ CとD

Feedback from participantsの記述と選択肢を1つずつ照らし合わせていきます。Aのkeeping study recordsは、JHが**I kept a study log**, which made me realise how I used my time.「**私は勉強記録を付けている**が、そのおかげで自分がどうやって時間を使っているかを認識できた」から、**正解**と判断します。**Aのstudy records「勉強記録」が本文ではa study logにパラフレーズされている**ことを理解しましょう。

Bのlearning language「言語を学習すること」は、HSが~, **I got the highest score ever in an English vocabulary test**.「**私は英語の単語テストで過去最高点を取った**」から、**正解と判断**します。よって、**正解は①**と判断できます。

C は、SS が、~, so there is no space to open a book or a **tablet**.「本や**タブレット**を開くスペースがない」と述べているだけで、タブレットでメモを取るとは書かれていないので、正解にはなりません。Dは、本文に記述がありません。

問4 通学チャレンジに関する参加者の意見の1つは、[14]ということだ。

標

① **歩いて通学する生徒も含めればよかったのに**
② 電車が本を読むのによい場所だった
③ 勉強するのにたくさんのオーディオ教材があった
*④ 楽しんで動画を見ることで、時間が早く過ぎるようになった
間違いやすい選択肢！

「通学チャレンジに関する参加者の意見」から、選択肢をFeedback from participantsと照らし合わせて解答を導きます。KF の My friend was sad because she couldn't participate. She lives nearby and **walks to school. There should have been other ways to take part**.「私の友人は参加できなかったので、悲しんでいた。彼女は近くに住んでいて、**徒歩で通学する**。参

加する他の方法があるべきだったのに」から、**①「歩いて通学する生徒も含めればよかったのに」が正解**と判断します。

誤りの選択肢を見ていくと、②は、SSのMy train is always crowded and I have to stand, so there is no space to open a book or a tablet.「私の電車はいつも混んでいて、立っていなければならないので、本やタブレットを開くスペースがない」と矛盾するので、正解にはなりません。③は、同じくSSのI only used audio materials, but there were not nearly enough.「私はオーディオ教材しか使っていないが、まったく十分ではなかった」に矛盾するので、正解にはなりません。

④は、MNが、I spent most of the time on the bus watching videos, and it helped me to understand classes better. I felt the time went very fast.「バスの時間のほとんどを、動画を見るのに費やして、授業をよりよく理解できるようになった。時間がとても早く過ぎるように感じた。」から、一瞬正解と思ったかもしれません。しかし、**本文は「授業に役立つ動画を見る」で、選択肢④の「楽しんで動画を見る」とは異なるので**、正解にはなりません。

問5 著者の疑問に答えているのは 15 だ。 

① HS　② **JH**　③ KF　④ MN　⑤ SS

この設問は、まずは「著者の疑問」を特定することから始めます。Commuting Challengeの第7文**How come so few first-years participated?「1年生の参加はなぜそんなに少なかったのか？」が、クエスチョンマークが付いていることから、「著者の疑問」に該当する**と判断します。Feedback from participantsのJHでFor some reason **most of my first-year classmates didn't seem to know about this challenge**.「何らかの理由で、**私の1年生のクラスメイトのほとんどが、このチャレンジについて知らないよう**

だった。」が、「1年生の参加が少なかったことに対する答え」となっているので、②が正解になります。他の参加者で「1年生の参加者が少なかったこと」に対する答えを述べている者はいないので、他の選択肢は正解になりません。

得点力アップの
POINT 13 **注意すべき疑問文！**

❶ How come ～？「なぜ～？」
· **How come** she is crying?「**なぜ**彼女は泣いているんだ？」
❷ What ～ for?「なぜ～？」
· **What** do you work **for**?「**なぜ**あなたは働いているの？」

問5の設問でも、そもそも**How come** so few first-years participated?が、**理由を聞いている疑問文であることを理解する必要**があります。❶ How come ~?で「なぜ～？」という意味になります。もともと、**How** did it **come** about that ~?「～はどういう経緯で生じたの？」だったのが、did it、about thatが省略されて、**How come ～?**になりました。上の例文でも、彼女が泣いている経緯を聞いている疑問文だとわかります。

一方で、❷ **What ～ for?**も「なぜ～？」と理由を聞いている疑問文です。これはもともと、**What** do you work **for**?「あなたは**何のために**働いているの？」と**働く目的を尋ねている疑問文**です。❶が**物事の経緯**を尋ねている疑問文であるのに対して、❷は同じ「なぜ」でも、**目的を尋ねている疑問文**だと理解しておきましょう。

本文の訳

B　あなたは、生徒会の役員だ。役員たちは、生徒が自分の時間を効率よく使う手助けをする生徒プロジェクトについて話し合っている。アイデアを得るために、あなたはスクールチャレンジに関する、ある報告書を読んでいるところだ。それは、日本の別の学校で勉強した交換留学生が書いたものだ。

通学チャレンジ

ほとんどの生徒が、私の学校にはバスか電車で通学する。私はたくさんの生徒が携帯電話でゲームをしたり、おしゃべりをしたりするのをよく目にする。しかし、生徒はこの時間を読書や宿題をすることに使うこともできる。私たちは、生徒が通学時間をもっと効率よく使うのを助けるために、この活動を始めた。生徒は、1月17日から2月17日まで通学活動表を記入しなければならなかった。合計で300人の生徒が参加した。参加した生徒の3分の2以上が2年生だ。およそ4分の1が3年生だ。1年生は15人しか参加しなかった。1年生の参加はなぜそんなに少なかったのか？（下にある）感想に基づくと、この質問に対する答えがあるように思える。

参加者からの感想

HS：このプロジェクトのおかげで、私は英語の単語テストで過去最高点を取った。通学中に小さな目標を定めて、それを達成するのは簡単だった。

KF：私の友人は参加できなかったので、悲しんでいた。彼女は近くに住んでいて、徒歩で通学する。参加する他の方法があるべきだったのに。

SS：私の電車はいつも混んでいて、立っていなければならないので、本やタブレットを開くスペースがない。私はオーディオ教材しか使っていないが、まったく十分ではなかった。

JH：私は勉強記録を付けているが、そのおかげで自分がどうやって時間を使っているかを認識できた。何らかの理由で、私の1年生のクラスメイトのほとんどが、このチャレンジについて知らないようだった。

MN：バスの時間のほとんどを、動画を見るのに費やして、授業をよりよく理解できるようになった。時間がとても早く過ぎるように感じた。

語彙リスト

序文

- student council「生徒会」
- efficiently「効率よく」
- help O to do「Oが～するのを助ける」
- exchange student「交換留学生」

レポート

- commute「通勤する(通学する)」
- homework「宿題」
- effectively「効果的に」
- chart「表」
- participate「参加する」
- How come ～?「なぜ～?」
- feedback「感想」
- seem to do「～するように思える」
- vocabulary「語彙」
- on one's way「途中で」
- should have p.p.「～するべきだったのに」
- audio「オーディオの（聴覚による）」
- not nearly enough「とうてい十分ではない」
- log「記録」
- for some reason「何らかの理由で」
- spend O doing「Oを～するのに費やす」
- chat「おしゃべりする」
- activity「活動」
- complete「記入する」
- a total of「合計で～」
- quarter「4分の1」
- based on「～に基づいて」
- below「下に」
- thanks to「～のおかげで」
- set「設定する」
- nearby「近くに」
- crowded「混雑した」
- material「教材」
- realise「認識する」

設問と選択肢

- aim「目標」
- manage「うまく対処する」
- device「機器」
- mobile phone「携帯電話」
- include「含める」
- pass「経過する」
- quickly「素早く」
- portable「携帯可能な」
- majority「大多数」
- could have p.p.「～できたはずなのに」
- plenty of「たくさんの～」

＊それでは、第2問B対策を、問題演習からスタートしましょう。設問を読んで、キーワードをチェックして、本文と照らし合わせて、問題を解いていきましょう。

過去問にチャレンジ 1

制限時間 6分

B You are reading the following article as you are interested in studying overseas.

Summer in Britain

Chiaki Suzuki

November 2022

This year, I spent two weeks studying English. I chose to stay in a beautiful city, called Punton, and had a wonderful time there. There were many things to do, which was exciting. I was never bored. It can get expensive, but I liked getting student discounts when I showed my student card. Also, I liked window-shopping and using the local library. I ate a variety of food from around the world, too, as there were many people from different cultural backgrounds living there. Most of the friends I made were from my English school, so I did not practice speaking English with the locals as much as I had expected. On the other hand, I came to have friends from many different countries. Lastly, I took public transport, which I found convenient and easy to use as it came frequently.

If I had stayed in the countryside, however, I would have seen a different side of life in Britain. My friend who stayed there had a lovely, relaxing experience. She said farmers sell their produce directly. Also, there are local theatres, bands, art and craft shows, restaurants, and some unusual activities like stream-jumping. However, getting around is not as easy, so it's harder to keep busy. You need to walk some distance to catch buses or trains, which do not come as often. In fact, she had to keep a copy of the timetables. If I had been in the countryside, I probably would have walked around and chatted with the local people.

I had a rich cultural experience and I want to go back to Britain. However, next time I want to connect more with British people and eat more traditional British food.

問 1 According to the article, Chiaki [11].

① ate food from different countries
② improved her English as she had hoped
③ kept notes on cultural experiences
④ worked in a local shop

問 2 With her student ID, Chiaki was able to [12].

① enter the local library
② get reduced prices
③ join a local student band
④ use public transport for free

問 3 Chiaki thinks [13] in Punton.

① it is easy to experience various cultures
② it is easy to make friends with the local people
③ there are many restaurants serving British food
④ there are many unusual local events

問 4 One **fact** Chiaki heard about staying in the countryside is that [14].

① local people carry the bus timetable
② people buy food from farms
③ the cost of entertainment is high
④ there are fewer interesting things to do

問 5 Which best describes Chiaki's impression of her time in Britain? [15]

① Her interest in craft shows grew.
② She enjoyed making lots of local friends.
③ She found the countryside beautiful.
④ Some of her experiences were unexpected.

（令和5年度　追・再試験）

解答・解説 1

解説

問1 この記事によると、チアキは[11]。 易

① **さまざまな国の料理を食べた**
② 彼女が望んでいたように、英語を上達させた
③ 文化的経験のメモを取った
④ 地元のお店で働いた

解答の最短ルート

● Chiakiだけをチェックして、「チアキの行動」を念頭に第1段落を読んで、選択肢を1つずつ見ていきます。

設問から「チアキの行動」を読み取ると判断して、本文を読み進めていきます。第1段落第7文 **I ate a variety of food from around the world**「私は、世界中のさまざまな料理を食べた」から、**①が正解**と判断します。**本文のfrom around the worldが、選択肢の①ではfrom different countriesにパラフレーズされている**ことをおさえておきましょう。

誤りの選択肢を見ていくと、②は第1段落第8文後半~, so I did not practice speaking English with the locals as much as I had expected.「~だから、私は期待していたほど、地元の人と英語を話す練習をしなかった」と矛盾します。③は、第3段落第1文 I had a rich cultural experience「私は豊かな文化的経験をした」とあるだけで、メモを取ったとは書かれていないので、正解にはなりません。④は、働いた経験は本文に書かれていないので、正解にはなりません。

問2　チアキは学生証を使って、[12]ことができた。　易

① 地元の図書館に入る

② **割引してもらう**

③ 地元の学生バンドに加わる

④ 公共交通機関を無料で使う

解答の最短ルート

❶ student ID、Chiaki、was able toをチェックして、**「学生証を使ってチアキは何ができたか」**を本文中から探します。

❷ student IDがキーワードになるので、本文中で該当箇所を探します。

第1段落第5文後半～, but **I liked getting student discounts when I showed my student card**.「～だが、**学生証を見せて、学生割引をしてもらうのが好きだった**」**から、②が正解**と判断します。**本文のstudent cardが、設問のstudent IDに、本文のgetting student discountsが、選択肢のget reduced pricesにパラフレーズされている**ことをおさえておきましょう。

誤りの選択肢を見ていくと、①は第1段落第6文Also, I liked window-shopping and using the local library.「また、私はウィンドウショッピングと、地元の図書館を利用するのが好きだった」と書かれているだけで、「学生証を使って地元の図書館に入れた」とは書かれていないので、正解にはなりません。

③は第2段落第4文Also, there are local theatres, bands, ～.「また、地元の劇場、バンド、～がある」と書かれているだけで、「学生バンドに加わった」という記述はないので、正解にはなりません。④は、第1段落最終文Lastly, I took public transport, which I found convenient and easy to use as it came frequently.「最後に、私は公共交通機関を利用して、時間を置かずに来るので、便利で使いやすいと思った」とありますが、選択肢④のfor free「無

料で」の記述はないので、正解にはなりません。

問3 チアキは、プントンでは［ 13 ］と考えている。 易

① **さまざまな文化を経験することが簡単だ**
② 地元の人と仲良くなることが簡単だ
③ 多くのレストランがイギリス料理を出している
④ 多くの珍しい地元のイベントがある

解答の最短ルート

❶ Chiaki、thinks、Puntonをチェックして、「**チアキがプントンで何を考えるか**」を念頭に、選択肢を1つずつ、本文を根拠に照らし合わせていきます。
❷ 確信度の高い選択肢を選んだら、問4のキーワードに移ります。

この設問はin Puntonくらいしかヒントがないので、選択肢を本文と照らし合わせて消去法で解いていきます。①は、第1段落第7文I ate a variety of food from around the world, too, **as there were many people from different cultural backgrounds living there**.「**異なる文化背景の多くの人がそこに住んでいるので**、私は、世界中のさまざまな料理も食べた」と第3段落第1文**I had a rich cultural experience**「**私は豊かな文化的経験をした**」から、正解と判断します。「世界中のさまざまな料理を食べた」というのも**さまざまな文化を経験したことの一部なので、①を正解**と判断できます。

誤りの選択肢を見ていくと、②は、第1段落第8文Most of the friends I made were from my English school, so I did not practice speaking English with the locals as much as I had expected.「私が作った友人のほとんどが、同じ英語スクールの人だったから、私は期待していたほど、地元の人と英語を話す練習をしなかった」に矛盾するので、正解にはなりません。

③と④は、第2段落第4文 Also, there are local theatres, ~, restaurants, and some unusual activities ~.「また、地元の劇場、~、レストランや、~、いくつかの珍しいアクティビティがある」と書かれているだけで、「多くのレストランがイギリス料理を出している」とも、「多くの珍しい地元のイベントがある」とも書かれていないので、正解にはなりません。そもそも、第2段落で述べられているのはチアキではなく友人の経験です。

問4 チアキが田舎で滞在することに関して聞いた1つの**事実**は、[14]ということだ。 標

*① 地元の人々はバスの時刻表を持ち歩いている　間違いやすい選択肢！
② 人々は農場から食料を購入する
③ 娯楽の費用が高い
④ やるべき面白いことが少ない

解答の最短ルート

❶ fact、Chiaki、countrysideをチェックして、fact-opinion問題と理解します。
❷ 選択肢からfactを選び出して、countrysideについて書かれている第2段落と選択肢を照らし合わせて正解を導きます。

fact問題なので、選択肢から**客観的事実**を拾って、本文と照らし合わせて正誤を見極めていきます。①、②は**客観的事実**なのでfactとわかります。③は形容詞のhigh「高い」が主観的表現で人によって意見が異なるので、opinionと判断します。④は形容詞のinteresting「面白い」が主観的表現で人によって意見が異なるので、opinionと判断します。①は、第2段落第7文In fact, she had to keep a copy of the timetables.「実際に、彼女は時刻表のコピーを持ち歩かなければならなかった」とあり、前文から現地のバスや電車の時刻表とわかります。これは、**①のように「地元の人々」が持ち歩いていたわけではない**ので、①は正解にはなりません。

②は、第2段落第3文 She said **farmers sell their produce directly.**「彼女は、**農家が直接農作物を販売している**と言った」から、**正解**と判断します。**本文のfarmers sell their produce directlyが、選択肢②ではpeople buy food from farmsにパラフレーズ**されています。**農家が売る側で、人々は購入する側なので、主語が入れ替わってパラフレーズされている**ことに注意しましょう。ここでの**produceは、動詞の「生産する」ではなく、名詞で「農作物」の意味で使われている**ので、注意しましょう。基本の意味に加えて、**意外なもうひとつの意味を持つ単語**をまとめるので、必ずおさえておきましょう。

得点力アップの POINT 14 意外なもうひとつの意味を持つ単語

	基本の意味	意外な意味
① produce	動 生産する	名 農作物
② book	名 本	動 予約する
③ novel	名 小説	形 斬新(ざんしん)な
④ fine	形 晴れた、元気な	名 罰金
⑤ story	名 話	名 階

問5 チアキのイギリスでの時間の印象を、最も良く表しているのはどれか。

15 

*① 彼女の美術工芸品の展示会に対する興味が増した。
間違いやすい選択肢！
② 彼女はたくさんの地元の友人を作って楽しんだ。
③ 彼女は田舎を美しいと思った。
④ **彼女の経験の一部は想定外のものだった。**

解答の最短ルート

❶ Chiaki's impression、time、Britainをチェックします。
❷ 正解のあたりをつけて、消去法を使いながら、本文を根拠に正解を選びます。

この種の問題も、選択肢を1つずつ本文と照らし合わせて解いていきます。①はcraft showsをキーワードでチェックします。本文の第2段落第4文Also, **there are local theatres, bands, art and craft shows**, ~.「また、地元の劇場、バンド、**美術工芸品の展示会、~がある」とあるだけで、「美術工芸品の展示会に対する興味が増した」とは書かれていない**ので、正解にはなりません。

②は、第1段落第8文Most of the friends I made were from my English school, so I did not practice speaking English with the locals as much as I had expected.「私が作った友人のほとんどが、同じ英語スクールの人だったから、私は期待していたほど、地元の人と英語を話す練習をしなかった。」に矛盾するので、正解にはなりません。

③は、第2段落第1文If I had stayed in the countryside, however, I would have seen a different side of life in Britain.「しかし、もし私が田舎に滞在していたなら、イギリス生活の別の側面を見ていただろう」と書かれているだけで、「田舎を美しいと思った」という記述はないので、正解にはなりません。

消去法で④が正解と導くことができますが、正解となる根拠を見ていきましょう。第1段落第8文Most of the friends I made were from my English school, so **I did not practice speaking English with the locals as much as I had expected**.「私が作った友人のほとんどが、同じ英語スクールの人だったから、**私は期待していたほど、地元の人と英語を話す練習をしなかった」から、④は正解**と判断できます。p.033の得点力アップのPOINT 2で説明したように、**本文のI did not practice ~ as much as I had expectedが、選択肢の④でSome of her experiences were unexpected.という表現に抽象化**されています。

解答

問1 ①　問2 ②　問3 ①　問4 ②　問5 ④

本文の訳

B　あなたは、海外留学に興味があるので、次の記事を読んでいる。

イギリスの夏

スズキ　チアキ

2022年　11月

（第1段落）

今年、私は英語を勉強して2週間過ごした。私はプントンと呼ばれる、美しい都市に滞在することを選んで、そこで素晴らしい時間を過ごした。やるべき多くのことがあって、わくわくするものだった。私は決して退屈しなかった。お金がかかることもあるが、学生証を見せて、学生割引をしてもらうのが好きだった。また、私はウィンドウショッピングと、地元の図書館を利用するのが好きだった。異なる文化背景の多くの人がそこに住んでいるので、私は、世界中のさまざまな料理も食べた。私が作った友人のほとんどが、同じ英語スクールの人だったから、私は期待していたほど、地元の人と英語を話す練習をしなかった。一方で、私は多くの異なる国の友人ができた。最後に、私は公共交通機関を利用して、時間を置かずに来るので、便利で使いやすいと思った。

（第2段落）

しかし、もし私が田舎に滞在していたなら、イギリス生活の別の側面を見ていただろう。そこに滞在した私の友人は、素敵でリラックスできる経験をした。彼女は、農家が直接農作物を販売していると言った。また、地元の劇場、バンド、美術工芸品の展示会、レストランや、川を飛び越える遊びのような、いくつかの珍しいアクティビティがある。しかし、移動はそれほど簡単ではないので、忙しくし続けているのは、どちらかというと難しい。バスや電車に乗るのに、ちょっと歩く必要があるし、それはさほど頻繁に来ない。実際に、彼女は時刻表のコピーを持ち歩かなければならなかった。もし私が田舎にいたら、おそらく歩き回って、地元の人とおしゃべりしていただろう。

（第3段落）

私は豊かな文化的経験をしたので、イギリスにまた来たい。しかし、次の機会には、イギリス人ともっとつながって、伝統的なイギリス料理をもっと食べたい。

語彙リスト

序文

- following「次の」
- article「記事」
- be interested in「～に興味がある」
- overseas「海外で」

記事

（第1段落）

- spend O doing「Oを～するのに費やす」
- choose to do「～することを選ぶ」
- exciting「わくわくする」
- be bored「退屈している」
- expensive「高価な」
- discount「割引」
- local「地元の」
- a variety of「さまざまな～」
- around the world「世界中で」
- cultural「文化的な」
- background「背景」
- practice doing「～するのを練習する」
- the locals「地元の人」
- on the other hand「一方で」
- come to do「～するようになる」
- lastly「最後に」
- public transport「公共交通機関」
- convenient「便利な」
- frequently「頻繁に」

（第2段落）

- countryside「田舎」
- side「側面」
- lovely「素敵な」
- relaxing「リラックスできる」
- farmer「農家」
- produce「農作物」
- directly「直接」
- theatre「劇場」
- art and craft show「美術工芸品の展示会」
- unusual「珍しい」
- activity「アクティビティ」
- stream「小川」
- get around「移動する」
- distance「距離」
- copy「写し」
- timetable「時刻表」
- probably「おそらく」
- chat「おしゃべりする」

（第3段落）

- connect with「～とつながる」
- traditional「伝統的な」

設問と選択肢

- according to「～によると」
- improve「改善する」
- note「メモ」
- enter「入る」
- reduce「減らす」
- for free「無料で」
- make friends with「～と仲良くなる」
- serve「（料理を）出す」
- entertainment「娯楽」
- describe「説明する」
- impression「印象」
- interest「興味」
- unexpected「予想しない」

過去問にチャレンジ 2

制限時間 6分

B　Your English teacher has given you this article to read to prepare for a class debate.

When I was in elementary school, my favorite time at school was when I talked and ran around with my friends during recess, the long break after lunch. Recently, I learned that some elementary schools in the US have changed the timing of recess to before lunch. In 2001, less than 5% of elementary schools had recess before lunch. By 2012, more than one-third of schools had changed to this new system. Surveys were conducted to find out more about this change. Here are the results.

It's good to have recess before lunch because:

- Students get hungrier and want to eat.
- Students don't rush meals to play outside after lunch.
- Students are calmer and focus better in the afternoon.
- Less food is wasted.
- Fewer students say they have headaches or stomachaches.
- Fewer students visit the school nurse.

However, there are some challenges to having recess before lunch:

- Students may forget to wash their hands before eating.
- Students may get too hungry as lunch time is later.
- Schools will have to change their timetables.
- Teachers and staff will have to alter their schedules.

This is an interesting idea and more schools need to consider it. As a child, I remember being very hungry before lunch. You might say having lunch later is not practical. However, some say schools can offer a small healthy morning snack. Having food more often is better for students' health, too. What about washing hands? Well, why not make it part of the schedule?

問 1 Which question are you debating? In schools, should [11]?

① break be made shorter
② food waste be reduced
③ lunches be made healthier
④ recess be rescheduled

問 2 One advantage of having recess before lunch is: Students [12].

① do not need morning snacks
② have a longer break
③ study more peacefully
④ wash their hands better

問 3 One concern with having recess before lunch is: [13].

① Schools may need more school nurses
② Schools may need to make new schedules
③ Students may spend more time inside
④ Students may waste more food

問 4 Which of the following problems could be solved by the author's suggestion? [14]

① School schedules will need changing.
② School staff will have to eat later.
③ Students will be less likely to wash their hands.
④ Students will leave their lunch uneaten.

問 5 In the author's opinion, more schools should help students [15].

① adopt better eating habits
② enjoy eating lunch earlier
③ not visit the school nurse
④ not worry about changes in the timetable

(令和4年度　追・再試験)

解答・解説 2

解説

問1 あなたが議論しているのはどの問題か。 学校では、[11]べきか。 易

① 休憩時間をもっと短くする

*② 食糧廃棄を減らす 間違いやすい選択肢！

③ 昼食をもっと健康的にする

④ **休憩時間を変更する**

解答の最短ルート

❶ Which question、debating、schools、shouldをチェックします。

❷ **「どの話題が議論されているか、学校で何をすべきか」を念頭に本文を読んでいきます。**

本問での議論の対象を探すと、第1段落第2文Recently, I learned that some elementary schools in the US **have changed the timing of recess to before lunch**.「最近、私はアメリカの一部の小学校で、**休憩のタイミングを昼食前に変えている**と知った」と、第5文Surveys were conducted to find out more about **this change**.「**この変更**に関してより多くのことを解明しようと調査が行われた」からも、**「休憩のタイミングを変更すること」に関する議論とわかります。よって、④が正解**になります。

誤りの選択肢を見ていくと、「休憩時間を**移動すべき**」との意見は出ていますが、「休憩時間を**もっと短くする**」とは書かれていないので、①は正解にはなりません。②は、It's good to have recess before lunch because:の４つ目の●で**Less food is wasted.とあります。これは、昼食前に休憩時間を移動することのメリットとして、食べ物の無駄が少なくなると書かれているだけで、食糧廃棄が議論のテーマではない**ので、正解にはなりません。③は、

最終段落第4文However, some say schools can offer a small healthy morning snack.「しかし、学校が少量の健康的な午前中の間食を提供できると言う人もいる」とあるだけで、昼食をもっと健康的にするとは書かれていないので、正解にはなりません。

問2 昼食前に休憩をとる1つの利点は、児童が 12 ことだ。 易

① 午前中の間食を必要としない
② より長い休憩をとる
③ もっと穏やかに勉強する
④ 自分たちの手をもっとよく洗う

解答の最短ルート

❶ advantage、recess before lunchをチェックします。
❷ 第2段落のIt's good to have recess before lunch because:から、ここを該当箇所と判断して、選択肢と照らし合わせて正解を選びます。

本文のIt's good to have recess before lunch because:の3つ目の● **Students are calmer and focus better in the afternoon.**「児童は午後に、より落ち着いて、より集中する」のcalmerは「もっと穏やかに勉強する」を意味すると理解して、③が正解になります。本文のcalmerが選択肢③で、more peacefullyにパラフレーズされていることを理解しましょう。

誤りの選択肢を見ていくと、①は、最終段落第4文However, some say schools can offer a small healthy morning snack.「しかし、学校が少量の健康的な午前中の間食を提供できると言う人もいる」とあるだけで、これは、昼食を遅くすることに対する課題を解決する案の1つで、昼食前の休憩の利点ではないので、正解にはなりません。②は、本文では「休憩時間を昼食前に**変える**」と書いているだけで、「休憩時間が**長くなる**」とはどこにも書かれていな

いので、正解にはなりません。④は、第3段落のHowever, there are some challenges to having recess before lunch:の1つ目の●でStudents may forget to wash their hands before eating.「児童は食べる前に手を洗うのを忘れるかもしれない」とあるだけで、昼食前の休憩の利点で「手をもっとよく洗う」とは書かれていないので、正解にはなりません。

問3 昼食前に休憩をとることに関する懸念点(けねんてん)の1つは、[13]ことだ。

易

*① 学校がもっと多くの保健の先生を必要とするかもしれない
間違いやすい選択肢！
② **学校が新しい時間割を組む必要があるかもしれない**
③ 児童がより多くの時間を屋内で過ごすかもしれない
④ 児童がより多くの食べ物を無駄にするかもしれない

解答の最短ルート

❶ concern、recess before lunchをチェックします。
❷ 第3段落のHowever, there are some challenges to having recess before lunch:を該当箇所と判断して、●と選択肢を照らし合わせます。

「昼食前に休憩をとることに関する懸念点」なので、第3段落のHowever, there are some challenges to having recess before lunch:の3つ目の● **Schools will have to change their timetables.**「学校が時間割を変えなくてはいけなくなる」から、**② Schools may need to make new schedulesが正解**と判断できます。**本文のhave to doが選択肢②のneed to do**に、**本文のchange their timetablesが②のmake new schedules**に**パラフレーズされている**ことをおさえておきましょう。

誤りの選択肢を見ていくと、①は、第2段落で**休憩時間を昼食**

前に移動する利点が書かれている箇所の上から6つ目の● Fewer students visit the school nurse.「保健室に行く児童が少なくなる」とあるだけで、懸念点に、「もっと多くの保健の先生を必要とするかもしれない」とは書かれていないので、正解にはなりません。③も同じ利点が書かれている箇所の2つ目の●で、Students don't rush meals to play outside after lunch.「児童が昼食後に外で遊ぼうとして食事を急がない。」とあるだけで、「より多くの時間を屋内で過ごすかもしれない」という懸念点は書かれていません。

④も、第2段落の上から4つ目の●でLess food is wasted.「食べ物の無駄が少なくなる」とあるだけで、昼食前に休憩をとる懸念点として、「より多くの食べ物を無駄にするかもしれない」とは書かれていないので、正解にはなりません。

問4 次の問題のうち、筆者の提案で解決できそうなものはどれか。 14

標

① 学校のスケジュールは変更の必要があるだろう。
② 学校の職員はあとで食べなければならないだろう。
③ **児童はおそらくもっと手を洗わなくなるだろう。**
④ 児童は昼食を食べ残すだろう。

解答の最短ルート

❶ solved、author's suggestionをチェックします。
❷ 本文から「筆者の提案」を探して、それから解決できるものを選択肢から選びます。

まずは「筆者の提案」を本文から特定すると、**第4段落最終文 Well, why not make it part of the schedule?「ええと、それ（手洗い）をスケジュールの一部にしてはどうだろうか？」が、筆者の提案**とわかります。**「手洗いをスケジュールに組み込む」とは、「昼食前に休憩をとることで、児童が手を洗わなくなる」という懸念に**

対して行うとわかるので、③が正解になります。

誤りの選択肢を見ていくと、①、②、④は筆者の提案で解決できる問題ではありません。

得点力アップの POINT 15

筆者の主張をつかむ（その1）

長文を短時間で理解するには、設問を先にチェックすることに加えて、**素早く筆者の主張をつかむこと**が重要になります。筆者の主張の提示の仕方の1つとして、相手の主張をいったん認める**譲歩⇒逆接⇒筆者の主張**という流れがあります。譲歩の目印としては、助動詞のmay(might)、of course「もちろん」、It is true that ～.「確かに～」などがあります。逆接には、but、howeverなどがあるのをおさえておきましょう。当然、but、howeverなどの表現の後ろに重要な筆者の主張がきます。

この文章でも、第4段落第3文にYou might say ～.と譲歩の文があり、第4文にHoweverと逆接表現があり、その後ろが筆者の主張です。よって、筆者は**「軽い間食を与えてでも、休憩を昼食前に持ってくること」に賛成の立場**だとわかります。

▼譲歩の目印になる表現 may(might) ／ of course ／ It is true that ～.
▼逆接の目印になる表現 but ／ however

問5 筆者の意見では、より多くの学校が、児童が［ 15 ］よう助けるべきだ。

① **よりよい食習慣を取り入れる**
*② 昼食を早く食べるのを楽しむ　間違いやすい選択肢！
③ 保健の先生の所に行かない
④ 時間割の変更について心配しない

解答の最短ルート

❶ more schools、help studentsをチェックします。
❷「より多くの学校が、児童の何を助けるべきなのか。」を念頭に、正解のあたりをつけた選択肢から、本文を根拠に正誤を判断します。

本文から、「**学校が、児童が何をするのを助けるべきか**」が書かれている記述を探します。第4段落の第1文This is an interesting idea and more schools need to consider it.「これは面白い考えで、**より多くの学校がそれについて考える**必要がある」に着目します。Thisやitは「**昼食前に休憩時間を変えること**」を指しています。さらに、同段落第4文、5文However, some say **schools can offer a small healthy morning snack. Having food more often is better for students' health, too.**「しかし、**学校が少量の健康的な午前中の間食を提供できる**と言う人もいる。**より頻繁に食事をとることは児童の健康にもよい**」からも、「**学校が児童に適切な食習慣を授けること」が読み取れるので、①が正解**と判断できます。

誤りの選択肢を見ていくと、②「昼食を早く食べるのを楽しむ」は、本文の「休憩を昼食前にとる」と趣旨が異なります。**本文では「休憩を早くとる」と書いているだけなので、混同しない**ようにしましょう。他の選択肢は、学校がすべきこととしては書かれていないので、正解にはなりません。

解答

問1 ④　問2 ③　問3 ②　問4 ③　問5 ①

本文の訳

B　あなたの英語の先生が、クラスのディベートの準備をするのに読むよう、この記事をくれた。

(第1段落)
小学生のころ、私の学校での大好きな時間は、昼食後の長い休憩時間に、友人と話したり走り回ったりする時間だった。最近、私はアメリカの一部の小学校で、休憩のタイミングを昼食前に変えていると知った。2001年には、小学校の5%未満しか昼食前に休憩をとっていなかった。2012年までに、学校の3分の1以上が、この新しいシステムに変更した。この変更に関してより多くのことを解明しようと調査が行われた。以下がその結果になる。

(第2段落)
昼食前の休憩がよい理由：
- 児童のおなかが減って食欲が増す。
- 児童が昼食後に外で遊ぼうとして食事を急がない。
- 児童が午後に、より落ち着いて、より集中する。
- 食べ物の無駄が少なくなる。
- 頭痛や腹痛がすると言う児童が少なくなる。
- 保健室に行く児童が少なくなる。

(第3段落)
しかし、昼食前の休憩にはいくつかの課題がある：
- 児童は食べる前に手を洗うのを忘れるかもしれない。
- 昼食の時間が遅くなるので、児童のおなかが空きすぎるかもしれない。
- 学校が時間割を変えなくてはいけなくなる。
- 教職員がスケジュールを変えなくてはいけなくなる。

(第4段落)
これは面白い考えで、より多くの学校がそれについて考える必要がある。子どものとき、私は昼食前にとてもおなかが空いていたことを覚えている。遅くに昼食を食べることは現実的ではないという意見もあるかもしれない。しかし、学校が少量の健康的な午前中の間食を提供できると言う人もいる。より頻繁に食事をとることは児童の健康にもよい。手洗いはどうだろうか？ええと、それをスケジュールの一部にしてはどうだろうか？

語彙リスト

序文

□ prepare for「～の準備をする」
□ debate「議論」

記事

（第1段落）

□ elementary school「小学校」
□ favorite「大好きな」
□ recess「休憩」
□ break「休憩」
□ recently「最近」
□ less than「～未満の」
□ survey「調査」
□ conduct「行う」
□ result「結果」

（第2段落）

□ rush「急ぐ」
□ calm「落ち着いた」
□ focus「集中する」
□ headache「頭痛」
□ stomachache「腹痛」
□ school nurse「保健の先生」

（第3段落）

□ challenge「課題」
□ timetable「時間割」
□ alter「変える」

（第4段落）

□ practical「現実的な」
□ snack「間食」

設問と選択肢

□ reschedule「予定を変更する」
□ advantage「利点」
□ peacefully「穏やかに」
□ concern「懸念点」
□ solve「解決する」
□ author「筆者」
□ suggestion「提案」
□ adopt「採用する」

第 3 問

ヴィジュアル英文読解

A問題 ここで合きめる!

● ヴィジュアル英文読解は、英文にヴィジュアルでヒントが与えられる比較的簡単な問題!!

B問題 ここで合きめる!

● 時系列把握問題は、本文に登場した順ではなくて物事が起こった順番に並び替える!!

第3問の全体像をつかむ

ここが問われる！ ヴィジュアル英文読解と時系列把握問題が登場！

ここできめる！
- ヴィジュアル英文読解は、英文にヴィジュアルでヒントが与えられる比較的簡単な問題‼
- 時系列把握問題は、本文に登場した順ではなくて物事が起こった順番に並び替える‼

第3問はどんな問題が出ますか？

第3問はAとBに分かれています。AとB両方とも、基本的に**ヴィジュアル英文読解**と呼ばれる、簡単な図表が与えられての長文読解問題になります。ヴィジュアル英文読解と言われますが、あくまで長文がメインで、長文の理解にイラストや図表があるといった認識でいるといいでしょう。

第3問の配点と時間配分を教えてください。

Aが2問、Bが3問で合計5問です。**配点は、1問3点で、リーディング全体100点分のうちの約6分の1を占める、計15点になります。**

Aは4分、Bは6分の計10分で解くとよいでしょう。**第3問の終了時点で、自分の時計を見て、スタートから31分で解き終わっているかどうかを確認**しましょう。**31分を経過している場合は、そのときに選べる最善の選択肢をマークして、先に進みましょう。**

第3問を最短で解くには、どうしたらよいですか？

第3問でも、**設問のキーワードからチェック**、本文を最初から読んでいき、**キーワードにぶつかったら、問題を解きます**。選択肢に戻って、4つのうちのどれが正解かを選択します。このときに、序文は軽く目を通す程度にして、**設問のキーワード**の周辺を重点的に読みます。具体的に、次で**解答の最短ルート**を示すので、自分でも同じように解いてみてください。

第3問が得意になるには、どうしたらよいですか？

第3問では、**時系列把握問題**が出題されます。これは他の大学入試の英語長文ではあまり見られない出題形式なので、**共通テストの過去問で慣れることが重要**になります。もっとも、**簡単なコツ**があるので、それをおさえたうえで演習を積み重ねれば大丈夫でしょう。**簡単なコツ**とは、**First、Secondのような物事を列挙する際に使う表現に着目する**という視点になります。

第3問のまとめ

- 第3問では、いわゆる**情報検索能力**と**パラフレーズ（言い換え）の知識に加えて、時系列把握問題の解法**が重要になる。
- 第3問は、AとB両方ともヴィジュアル英文読解が出題される。
- 配点はリーディング全体の100点中15点で、**解答時間は10分**を目安にする。
- 第3問を最短で解くには、**設問のキーワードからチェック**して、本文を最初から読んでいき、**キーワードにぶつかったら、問題を解く**。「1問解いたら、次の設問に移って、キーワードを拾って、また本文に戻る」の繰り返し。**解答の最短ルート**で具体的に見ていく。

A問題 ヴィジュアル英文読解

STEP 1 解答の最短ルートを知る

② 問1の解答の根拠となる表現を探していきます。

第 3 問 (配点 15)

A You are studying at Camberford University, Sydney. You are going on a class camping trip and are reading the camping club's newsletter to prepare.

Going camping? Read me!!!

Hi, I'm Kaitlyn. I want to share two practical camping lessons from my recent club trip. The first thing is to divide your backpack into three main parts and put the heaviest items in the middle section to balance the backpack. Next, more frequently used daily necessities should be placed in the top section. That means putting your sleeping bag at the bottom; food, cookware and tent in the middle; and your clothes at the top. Most good backpacks come with a "brain" (an additional pouch) for small easy-to-reach items.

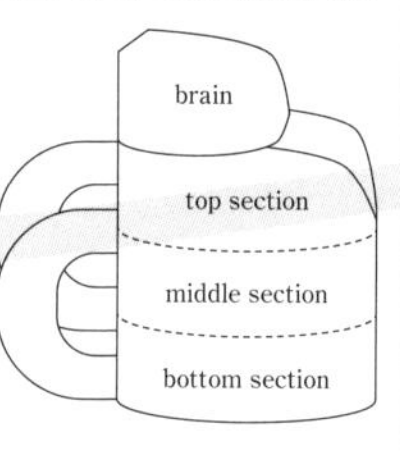

⑤ 問2の解答の根拠となる表現を探していきます。

Last year, in the evening, we had fun cooking and eating outdoors. I had been sitting close to our campfire, but by the time I got back to the tent I was freezing. Although I put on extra layers of clothes before going to sleep, I was still cold. Then, my friend told me to take off my outer layers and stuff them into my sleeping bag to fill up some of the empty space. This stuffing method was new to me, and surprisingly kept me warm all night!

I hope my advice helps you stay warm and comfortable. Enjoy your camping trip!

★番号の順に矢印(　　　)に沿ってチェックしましょう。

①②③=問1の最短ルート　④⑤=問2の最短ルート

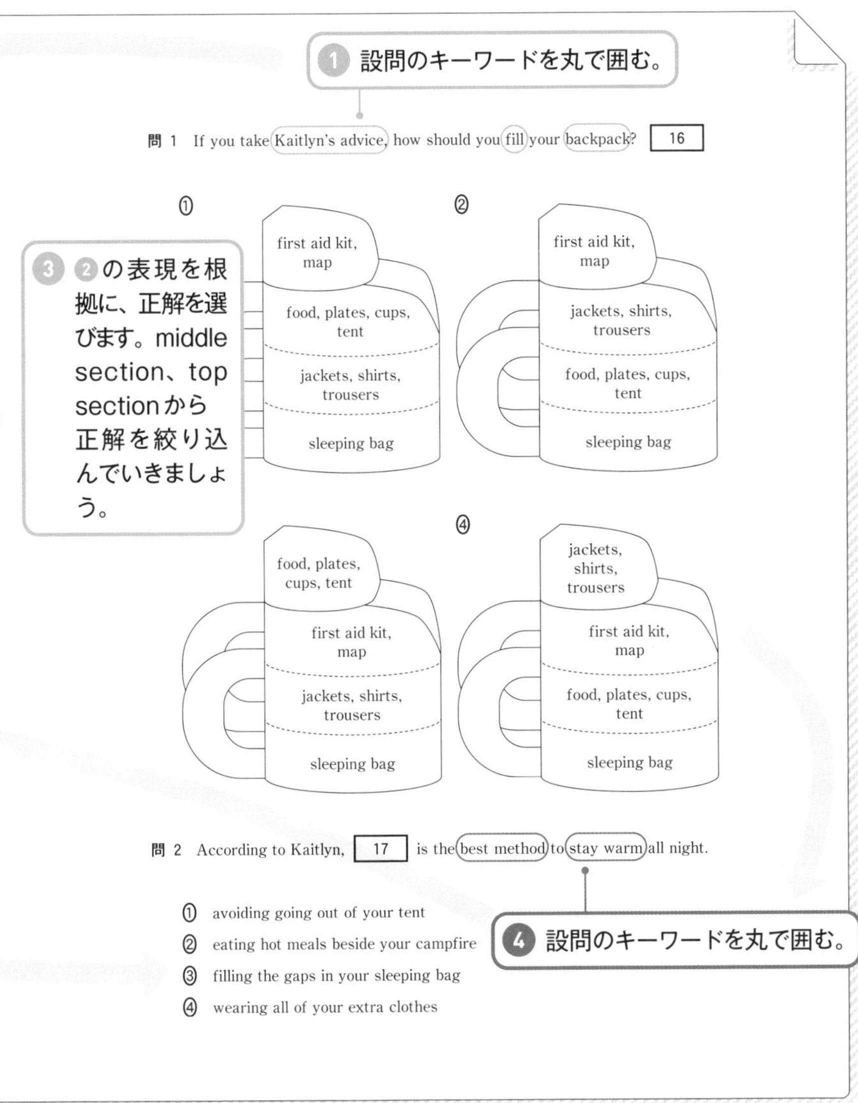

① 設問のキーワードを丸で囲む。
問 1 If you take Kaitlyn's advice, how should you fill your backpack? 16
①
first aid kit, map
food, plates, cups, tent
jackets, shirts, trousers
sleeping bag
②
first aid kit, map
jackets, shirts, trousers
food, plates, cups, tent
sleeping bag
③ ②の表現を根拠に、正解を選びます。middle section、top sectionから正解を絞り込んでいきましょう。
food, plates, cups, tent
first aid kit, map
jackets, shirts, trousers
sleeping bag
④
jackets, shirts, trousers
first aid kit, map
food, plates, cups, tent
sleeping bag
問 2 According to Kaitlyn, 17 is the best method to stay warm all night.
① avoiding going out of your tent
② eating hot meals beside your campfire
③ filling the gaps in your sleeping bag
④ wearing all of your extra clothes
④ 設問のキーワードを丸で囲む。

STEP 2 問題を解く

制限時間 4分

第3問 (配点 15)

A You are studying at Camberford University, Sydney. You are going on a class camping trip and are reading the camping club's newsletter to prepare.

Going camping? Read me!!!

Hi, I'm Kaitlyn. I want to share two practical camping lessons from my recent club trip. The first thing is to divide your backpack into three main parts and put the heaviest items in the middle section to balance the backpack. Next, more frequently used daily necessities should be placed in the top section. That means putting your sleeping bag at the bottom; food, cookware and tent in the middle; and your clothes at the top. Most good backpacks come with a "brain" (an additional pouch) for small easy-to-reach items.

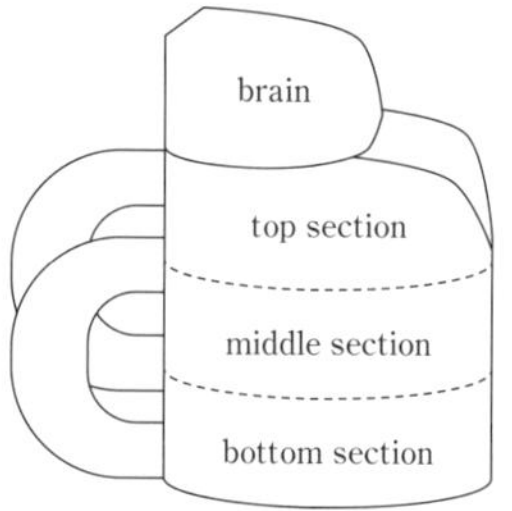

Last year, in the evening, we had fun cooking and eating outdoors. I had been sitting close to our campfire, but by the time I got back to the tent I was freezing. Although I put on extra layers of clothes before going to sleep, I was still cold. Then, my friend told me to take off my outer layers and stuff them into my sleeping bag to fill up some of the empty space. This stuffing method was new to me, and surprisingly kept me warm all night!

I hope my advice helps you stay warm and comfortable. Enjoy your camping trip!

問 1　If you take Kaitlyn's advice, how should you fill your backpack? [16]

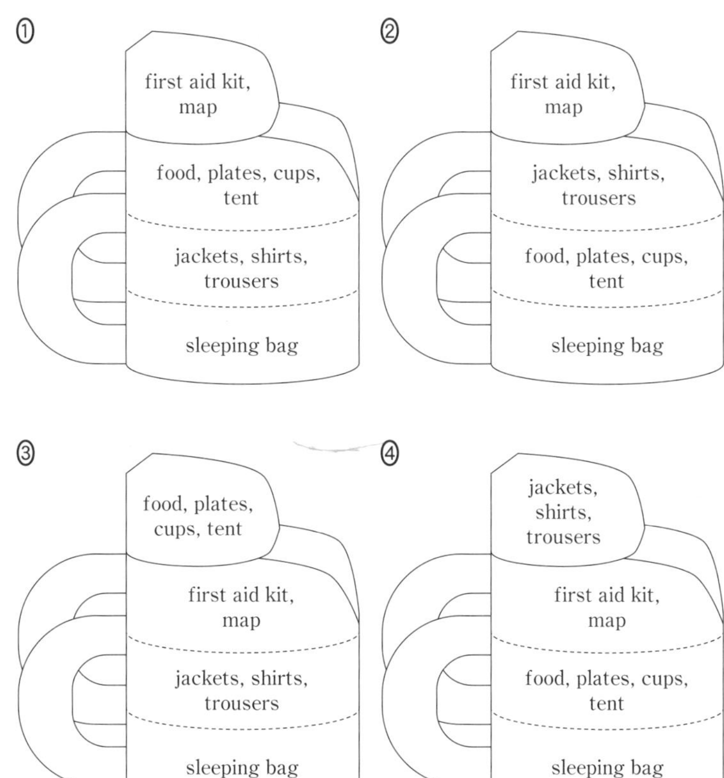

問 2　According to Kaitlyn, [17] is the best method to stay warm all night.

① avoiding going out of your tent
② eating hot meals beside your campfire
③ filling the gaps in your sleeping bag
④ wearing all of your extra clothes

（令和5年度　本試験）

STEP 3 解答のプロセスを理解する

解答　問1　②　　問2　③

解説

問1　もしあなたがケイトリンの助言を受け入れるなら、あなたの荷物をどう詰めるべきか。 16 　易

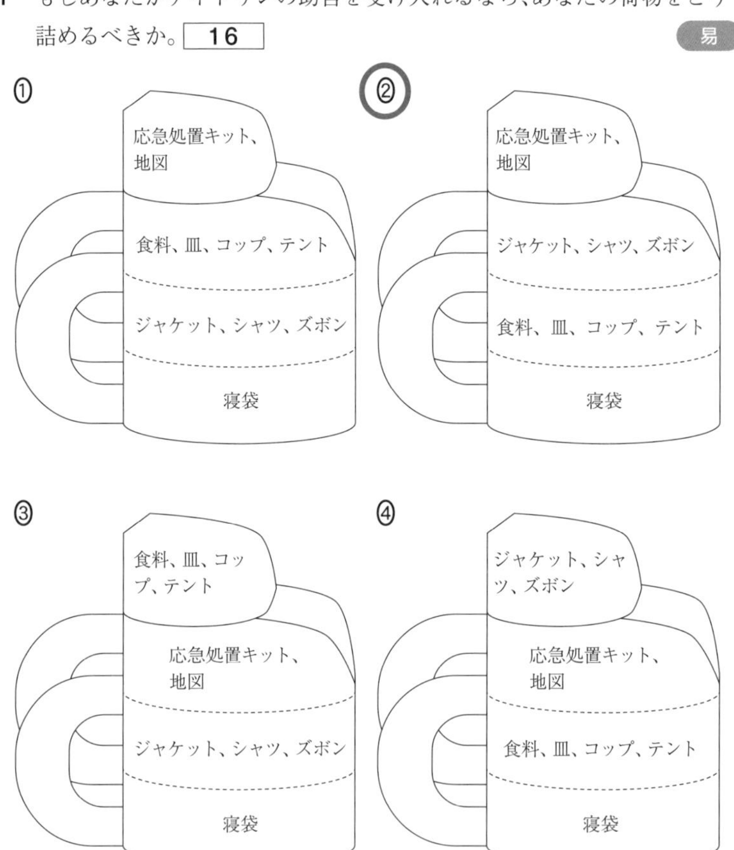

設問の指示が「**荷物の詰め方**」なので、本文から荷物の詰め方の情報を探します。第1段落第5文で具体化されており、寝袋がbottom section、食料、調理器具、テントがmiddle section、衣服がtop sectionとわかります。選択肢に戻ると、寝袋は選択肢のすべてで一番下なので、正解を選ぶ根拠にはなりません。**食料、調理器具、テントが真ん中のmiddle sectionなので、②、④を正解の候補**に絞ります。**衣服がtop sectionなので、②が正解**と判断します。第1段落最終文「よいバックパックのほとんどには、小さくて楽に取り出せるアイテムのための『ブレイン』(取り付けポーチ)がついています」とあり、②のbrainには、「応急処置キット、地図」とあるので、すぐに必要で取り出しやすいアイテムに合致します。

問2　ケイトリンによると、[17]が一晩中暖かくいる最も良い方法だ。

標

① テントから出るのを避けること
② キャンプファイヤーのそばで温かい食事をとること
③ 寝袋のすきまを埋めること
*④ 余った服のすべてを着ること　間違いやすい選択肢！

設問の指示が「**一晩中暖かくいる最もよい方法**」なので、本文から夜中も暖かく保つ方法に関する情報を探します。第2段落第4文、第5文「そのとき、私の友人は私にアウター(コートやダウンなど)を脱いで、**寝袋に詰め込んで、すきまを埋める**ように言いました。この詰める方法は、私には新しいもので、驚くべきことに、**一晩中私は暖かくいられました**」から、**③が正解**と判断できます。

本文のstuff them into my sleeping bag to fill up some of the empty spaceが選択肢の③でfilling the gaps in your sleeping bagにまとめられていることを理解しましょう。**本文のfill up some of the empty spaceが選択肢のfilling the gapsにパラフレーズされています**が、これはp.033 得点力アップのPOINT 2 で紹介した**抽象化の技術**です。

誤りの選択肢を見ていくと、①は本文に書いていません。②は、第2段落第2文で「私はキャンプファイヤーの近くに座っていましたが、テントに戻るときまでには、凍(こご)えそうでした」とあるだけで、「キャンプファイヤーのそばで温かい食事をとること」とは書かれていません。④**「余った服のすべてを着ること」は本文第2段落第3文では「寝る前に追加で重ね着をしたけれども、まだ寒かったのです」とあるので、合致しません。**

得点力アップの
POINT 16 **筆者の主張をつかむ（その2）**

p.143 得点力アップのPOINT 15で紹介したように、長文を短時間で理解するには、素早く筆者の主張をつかむことが重要です。筆者の主張は、**段落の第1文に現れることが多く、その主張を具体化していく流れ**をおさえておくと、英文の内容を理解できることに役立ちます。特に**段落第1文付近に現れる複数名詞に着目**すると、抽象表現の目印になることがあります。

この問題でも、第1段落第2文の**two practical camping lessons**という複数名詞が抽象表現です。その内容が第3文の**The first thing**と第2段落の**This stuffing method**で具体化されていると理解すると、全体を理解するマクロの視点が備わって、本文の理解に役立つので、おさえておきましょう。

本文の訳

A　あなたはシドニーのキャンバーフォード大学で勉強している。あなたはクラスのキャンプ旅行に行く予定で、準備のためにキャンプ部の会報を読んでいるところだ。

キャンプに行く？　これを読んで！！！

(第1段落)

こんにちは、私はケイトリンです。最近の部活の旅行から2つの実践的なキャンプの教訓を共有したいと思います。最初の教訓は、あなたのバックパックを大きく3つの部分に分けて、バックパックのバランスを取るのに、真ん中に最も重いものを入れることです。次に、より頻繁に使う生活必需品は、一番上の場所に置くべきです。すなわち、寝袋を一番下において、食料、調理器具、テントを真ん中に置いて、洋服を一番上に置くことです。よいバックパックのほとんどには、小さくて楽に取り出せるアイテムのための「ブレイン」(取り付けポーチ)がついています。

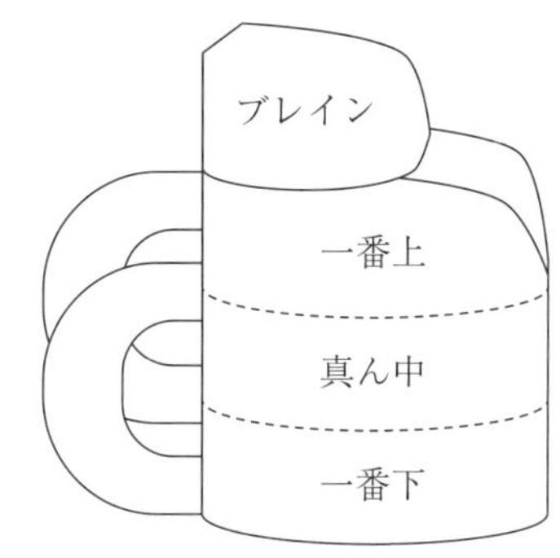

(第2段落)

昨年の晩に、私たちは屋外で料理や食事を楽しみました。私はキャンプファイヤーの近くに座っていましたが、テントに戻るときまでには、凍えそうでした。寝る前に追加で重ね着をしたけれども、まだ寒かったのです。そのとき、私の友人は私にアウター(コートやダウンなど)を脱いで、寝袋に詰め込んで、すきまを埋めるように言いました。この詰める方法は、私には新しいもので、驚くべきことに、一晩中私は暖かくいられました！

(第3段落)

私は、私のアドバイスが、あなたが暖かく快適でいるのに役立つことを願っています。キャンプ旅行を楽しんでください！

語彙リスト

序文

- newsletter「会報」

ウェブサイト

（第1段落）

- share「共有する」
- practical「実践的な」
- lesson「教訓」
- divide A into B「AをBに分ける」
- section「部分」
- frequently「頻繁に」
- daily necessities「生活必需品」
- sleeping bag「寝袋」
- bottom「底」
- cookware「調理器具」
- additional「追加の」
- pouch「ポーチ」
- easy-to-reach「届きやすい」

（第2段落）

- have fun doing「～して楽しむ」
- outdoors「屋外で」
- close to「～の近くに」
- by the time ～「～ときまでには」
- freeze「凍える」
- extra「追加の」
- layers of clothes「重ね着」
- take off「～を脱ぐ」
- outer「外側の」
- stuff A into B「AをBに詰める」
- fill up「～を埋める」
- empty「空いた」
- method「方法」
- surprisingly「驚くほど」

（第3段落）

- advice「助言」
- comfortable「快適な」

設問と選択肢

- avoid「避ける」

＊次も第3問のA対策になりますが、解答の最短ルートは、解答・解説の中に掲載してあります。まずは、自分の手を動かして問題を解いてみてください。設問のキーワードからチェックして、本文を読み進めていきましょう。

過去問にチャレンジ 1

制限時間 4分

第3問 (配点 15)

A The exchange student in your school is a koi keeper. You are reading an article he wrote for a magazine called *Young Fish-Keepers*.

My First Fish

Tom Pescatore

I joined the Newmans Koi Club when I was 13, and as part of my club's tradition, the president went with me to buy my first fish. I used money I received for my birthday and purchased a 15 cm baby ghost koi. She now lives with other members' fish in the clubhouse tank.

I love my fish, and still read everything I can about ghosts. Although not well known in Japan, they became widely owned by UK koi keepers in the 1980s. Ghosts are a hybrid type of fish. My ghost's father was a Japanese ogon koi, and her mother was a wild mirror carp. Ghosts grow quickly, and she was 85 cm and 12 kg within a couple of years. Ghosts are less likely to get sick and they can survive for more than 40 years. Mine is now a gorgeous, four-year-old, mature, platinum ghost koi.

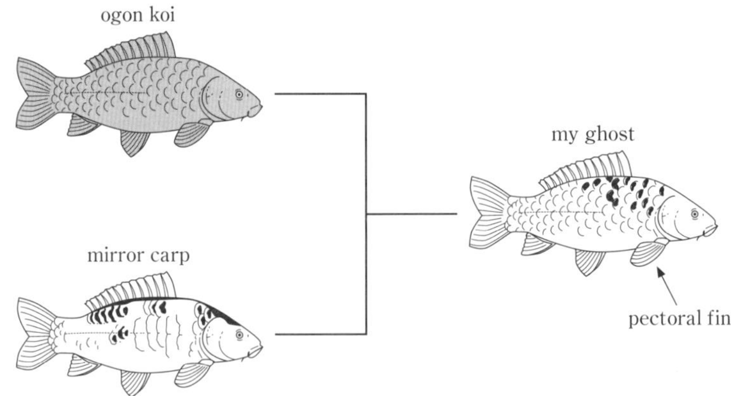

Ghosts are not considered as valuable as their famous "pure-bred" Japanese cousins, so usually don't cost much. This makes them affordable for a 13 year old with birthday present money. The most striking parts of my ghost are her metallic head and flashy pectoral fins that sparkle in the sunlight. As the name "ghost koi" suggests, these fish can fade in and out of sight while swimming. They are super-cool fish, so why not start with a ghost?

問 1 From the article, you know that Tom's fish is **not** [16].

① adult
② cheap
③ pure-bred
④ tough

問 2 The species was named "ghost koi" because [17].

① their appearance is very frightening
② their shadowy fins flash when they swim
③ they can live secretly for a long time
④ they seem to mysteriously vanish in water

（令和5年度　追・再試験）

解答・解説 1

解説

問1　この記事から、あなたはトムの魚が［ 16 ］は**ない**とわかる。　易

① 大人で
② 安く
③ **純血で**
④ 丈夫で

解答の最短ルート

❶ Tom's fish、notをチェックして、**NOT問題**であることを理解します。
❷「**トムの魚**」がどうなのかを念頭に置いて、1段落読むごとに本文と選択肢を照らし合わせます。**NOT問題**なので、消去法で解いていきます。

①は、第2段落の最終文で「私のゴーストコイは、今や立派で、4歳になり、成熟した、プラチナのゴーストコイだ。」とあるので、大人であると判断して、正解にはなりません。特にこの文の**now**に着目すると、**時の対比に気づく**ことができます。

得点力アップのPOINT 17　**時の対比に気づく！**

現在時制の文にあえてnowを使うときは、特別な意味が込められていることがあります。「**(昔と違って) 今は**」という**時の対比**のニュアンスが込められていることがあるので、それに気づくと、英文の理解にとても役立ちます。以下の**時の対比の目印になる表現**をおさえておきましょう。

時の対比の目印になる表現
in the past「その昔」／ used to do「以前は～だった（今は違う）」
now「現在では」／ currently「現在は」／ nowadays「今日では（昔と違って）」

この文章では、第1段落第2文で～ and **purchased** a 15cm **baby** ghost koi.「～15センチのゴーストコイの稚魚を購入した」と、第2段落最終文のMine is **now** a gorgeous, **four-year-old, mature**, platinum ghost koi.「私のゴーストコイは、**今や**立派で、**4歳になり、成熟した**、プラチナのゴーストコイだ」が**時の対比**を作っていることに気づきます。すると、稚魚から比べるとコイは4歳でも大人であると判断して、①が正解にはならないとわかるでしょう。

続いて、第3段落第1文「ゴーストコイは、その有名な『**純血種の**』**日本のコイほどは価値があるとはみなされていない**ので、たいていはそんなに高額ではない。」から、②も正解にはなりません。また、この文から、**「ゴーストコイは純血種ではない」と類推**できます。第2段落第3文で「ゴーストコイは、**交配種の魚だ。」から、③が正解**と判断できます。**交配種とは、異なる種の交配によって作られた新しい種**を指します。

④は、第2段落第6文「ゴーストコイは病気にかかりづらく、40年以上生きることができる」から、正解ではないと判断できます。

問2 その種が「ゴーストコイ」と名付けられたのは **17** からだ。 

① その見た目がとても恐ろしい
② 影のようなヒレが泳ぐときに光る
③ それらは長い間ひそかに生きられる
④ それらは神秘的に水の中で消えるように見える

解答の 最短ルート

❶ named、ghost koi、becauseをチェックして、「ゴーストコイ」という名前の由来を本文から探します。
❷ 最後の問題なのでおそらく文章後半にヒントがあると判断して、集中的に読みます。

第3段落第4文「『ゴーストコイ』という名前が示すように、この魚は、泳いでいるときに、**視界に現れたり消えたりすることがある」から、④が正解**と判断できます。**本文のthese fish can fade in and out of sight while swimmingが、選択肢④のthey seem to mysteriously vanish in waterにパラフレーズされている**ことに注意しましょう。**fade ... out of sight「消えていく」とvanish「消える」が言い換えられています**。

誤りの選択肢を見ていくと、①は、第2段落最終文でgorgeous「立派で」、第3段落第3文でmetallic head and flashy pectoral fins that sparkle in the sunlight「金属のような頭と太陽光で輝く派手な胸ビレ」とあるだけで、「恐ろしい」とは書いていないので、正解にはなりません。②「影のようなヒレが泳ぐときに光る」は、第3段落第3文「太陽光で輝く派手な胸ビレが」と合致しません。③は、第2段落第6文で「40年以上生きることができる」とありますが、secretly「ひそかに」とは書かれていないので、正解にはなりません。

解答

問1 ③　**問2** ④

本文とイラストの訳

A　あなたの学校の交換留学生は、コイを飼っている。あなたは、『ヤングフィッシュキーパーズ』という名の雑誌に彼が書いた記事を読んでいるところだ。

私の最初の魚

トム・ペスカトーレ

（第1段落）

私が13歳のとき、ニューマンズ・コイクラブに入って、そのクラブの伝統の一部として、その代表が私と一緒に、私の最初の魚を買いに行ってくれた。私は誕生日に受け取ったお金を使って、15センチのゴーストコイの稚魚を購入した。彼女は現在、クラブハウスの水槽で、他のメンバーの魚と暮らしている。

（第2段落）

私は、自分の魚が大好きで、今もゴーストコイに関しても読めるものは何でも読んでいる。日本ではよく知られていないけれども、それらは1980年代にイギリスのコイを飼う人たちに広く所有されるようになった。ゴーストコイは、交配種の魚だ。私のゴーストコイの父は日本の黄金鯉で、彼女の母親は野生のカガミゴイだった。ゴーストコイはすぐに成長したので、彼女は数年以内に85センチ、12キロになった。ゴーストコイは病気にかかりづらく、40年以上生きることができる。私のゴーストコイは、今や立派で、4歳になり、成熟した、プラチナのゴーストコイだ。

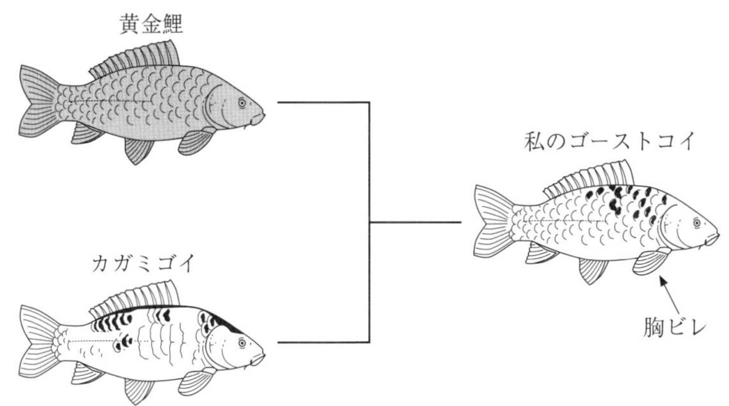

（第3段落）
ゴーストコイは、その有名な「純血種の」日本のコイほどは価値があるとはみなされていないので、たいていはそんなに高額ではない。このおかげで、13歳でも誕生日プレゼントのお金で、購入できる。私のゴーストコイの最も目立つ部分は、金属のような頭と太陽光で輝く派手な胸ビレだ。「ゴーストコイ」という名前が示すように、この魚は、泳いでいるときに、視界に現れたり消えたりすることがある。それらはとても格好よい魚なので、ゴーストコイから始めてみてはどうか？

語彙リスト

序文

- exchange student「交換留学生」
- keeper「飼う人」
- article「記事」
- magazine「雑誌」

記事

（第1段落）

- join「参加する」
- tradition「伝統」
- president「代表」
- receive「受け取る」
- birthday「誕生日」
- purchase「購入する」
- tank「水槽」

（第2段落）

- widely「広く」
- own「飼う」
- hybrid「交配の」
- a couple of「2、3の～」
- be likely to do「～しやすい」
- survive「生き残る」
- gorgeous「豪華な」
- mature「成熟した」

（第3段落）

- valuable「価値のある」
- pure-bred「純血の」
- cousin「いとこ」
- affordable「購入できる」
- striking「目立つ」
- metallic「金属のような」
- flashy「派手な」
- pectoral「胸の」
- fin「ヒレ」
- sparkle「輝く」
- sunlight「太陽光」
- suggest「示す」
- fade in「徐々に現れる」
- (fade) out of sight「視界から（徐々に消える）」
- Why not ～?「～してはどうか？」
- start with「～から始める」

設問と選択肢

- tough「丈夫な」
- species「種」
- appearance「見た目」
- frightening「恐ろしい」
- shadowy「影のような」
- flash「輝く」
- mysteriously「神秘的に」

過去問にチャレンジ 2

制限時間 4分

第3問 (配点 15)

A You are interested in how Japanese culture is represented in other countries. You are reading a young UK blogger's post.

Emily Sampson

Monday, 5 July, 8.00 pm

On the first two Sundays in July every year, there is an intercultural event in Winsfield called A Slice of Japan. I had a chance to go there yesterday. It is definitely worth visiting! There were many authentic food stands called *yatai*, hands-on activities, and some great performances. The *yatai* served green-tea ice cream, *takoyaki*, and *yakitori*. I tried green-tea ice cream and *takoyaki*. The *takoyaki* was especially delicious. You should try some!

I saw three performances. One of them was a *rakugo* comedy given in English. Some people were laughing, but somehow I didn't find it funny. It may be because I don't know much about Japanese culture. For me, the other two, the *taiko* and the *koto*, were the highlights. The *taiko* were powerful, and the *koto* was relaxing.

I attended a workshop and a cultural experience, which were fun. In the workshop, I learnt how to make *onigiri*. Although the shape of the one I made was a little odd, it tasted good. The *nagashi-somen* experience was really interesting! It involved trying to catch cooked noodles with chopsticks as they slid down a bamboo water slide. It was very difficult to catch them.

If you want to experience a slice of Japan, this festival is for you! I took a picture of the flyer. Check it out.

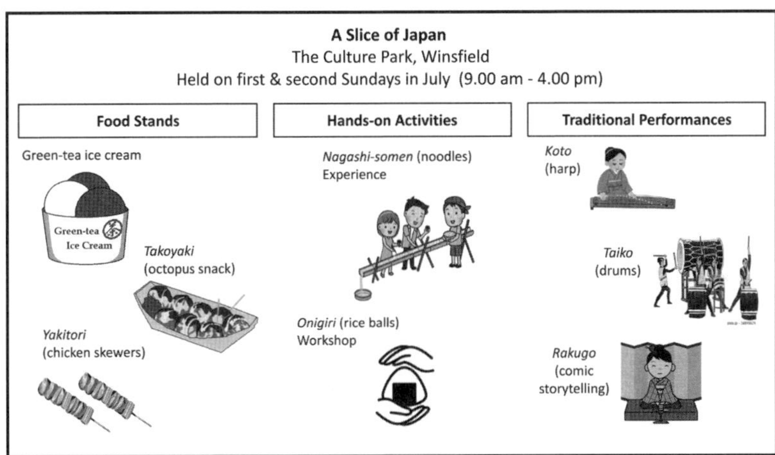

A Slice of Japan
The Culture Park, Winsfield
Held on first & second Sundays in July (9.00 am - 4.00 pm)
Food Stands
Hands-on Activities
Traditional Performances
Green-tea ice cream
Green-tea Ice Cream
Takoyaki
(octopus snack)
Yakitori
(chicken skewers)
Nagashi-somen (noodles)
Experience
Onigiri (rice balls)
Workshop
Koto
(harp)
Taiko
(drums)
Rakugo
(comic
storytelling)

問 1 In Emily's blog, you read that she [16].

① enjoyed Japanese traditional music
② learnt how to play Japanese drums
③ made a water slide from bamboo
④ was able to try all the *yatai* foods

問 2 Emily was most likely [17] when she was listening to the *rakugo* comedy.

① confused
② convinced
③ excited
④ relaxed

（令和4年度　本試験）

第3問 ヴィジュアル英文読解

解答・解説 2

解説

問1 エミリーのブログで、あなたは彼女が 16 ことを読み取る。 易

① **日本の伝統的な音楽を楽しんだ**

② 和太鼓(わだいこ)のたたき方を学んだ

③ 竹でウォータースライダーを作った

*④ すべての屋台料理を試食できた　間違いやすい選択肢！

解答の最短ルート

● Emily's blog、readをチェックして、本文を1段落読むごとに、選択肢を処理していきます。

第2段落第5文「太鼓と琴が最も興味のあるものだった」から、①が正解と判断できます。本文のthe *taiko* and the *koto*が選択肢の①ではJapanese traditional musicにパラフレーズされていることを理解しましょう。「太鼓と琴」が具体例で、「日本の伝統的な音楽」が上位概念を示す言葉になります。

得点力アップのPOINT 18 上位概念のパラフレーズ

パラフレーズの問題で、いわゆる上位概念の用語というものが存在します。内容一致問題では頻出で、**上位概念の用語**の一覧をまとめるので、おさえておきましょう。

下位概念の語	上位概念の語
grain「穀物」、vegetable「野菜」、fruit「果物」	crop「作物」
car「車」、bus「バス」、bicycle「自転車」	vehicle「乗り物」
coffee「コーヒー」、tea「お茶」、milk「牛乳」	beverage「飲み物」
piano「ピアノ」、guitar「ギター」、violin「バイオリン」	instrument「楽器」
school「学校」、hospital「病院」、church「教会」	institution「施設」
desk「机」、chair「椅子」、table「テーブル」	furniture「家具」

誤りの選択肢を見ていくと、②は第2段落第5文で「**太鼓と～最も興味のあるものだった**」、同段落第6文で「太鼓は力強かった」とあるだけで、「和太鼓のたたき方を学んだ」とは書かれていないので、正解にはなりません。③は、第3段落第5文「調理した麺が竹のウォータースライダーを滑り落ちるのに合わせて、箸でそれをつかもうとするというものだった」とあるだけで、「竹でウォータースライダーを作った」とは書かれていないので、正解にはなりません。

④は、allに着目します。

得点力アップの POINT 19 **100%ワードの選択肢に注意する！**

選択肢に、all「すべての」、every「すべての」、always「いつも」、necessarily「必ず」という100%ワードを見つけたら、本当に例外がないのか、ツッコミを入れます。誤りの選択肢によく使われる**言い過ぎの表現**になる可能性を覚えておきましょう。

④はallが使われて「すべての屋台料理」とあるので、「本当にすべての屋台料理なの？」とツッコミを入れます。本文の第1段落第5文The *yatai* served green-tea ice cream, *takoyaki*, and *yakitori*.「屋台では抹茶アイスクリーム、たこ焼き、焼き鳥が提供された」、同段落第6文I tried green-tea ice cream and *takoyaki*.「私は抹茶アイスクリームとたこ焼きを試食した」から、

焼き鳥を食べていないことがわかるので、やはり、④のallは言い過ぎの選択肢で誤りだとわかります。

問2　エミリーは落語を聴いていたとき、[17] 可能性が最も高かった。

易

① **困惑した**
② 納得した
③ わくわくした
④ リラックスした

解答の最短ルート

● Emily、*rakugo* comedyをチェックして、「**エミリーの落語への反応**」を本文から探して、選択肢に戻ります。

第2段落第2文で「その1つが英語で演じられた『落語』だった」、同段落第3文「笑っている人もいたが、**どういうわけか私はそれを面白いとは思わなかった。」から、マイナス表現の①が正解**と判断できます。②〜④は、いずれもプラス表現なので、正解にはなりません。④は、第2段落最終文で「琴はリラックスできるものだった」とあるだけで、落語に対して使われた表現ではないので、正解にはなりません。

解答

問1　①　　**問2**　①

本文とイラストの訳

A　あなたは、日本文化がどのように他国で表現されているかに興味がある。あなたは若いイギリスのブロガーによる投稿を読んでいるところだ。

エミリー・サンプソン
7月5日月曜日　午後8時

（第1段落）
毎年7月の第1、第2日曜日に、ウィンズフィールドで、「日本の一端」と呼ばれる異文化交流のイベントがある。私は昨日そこに行く機会があった。それは間違いなく行く価値がある！　「屋台」と呼ばれる多くの本物のフードスタンドや体験活動、そして素晴らしい実演がいくつかあった。屋台では抹茶アイスクリーム、たこ焼き、焼き鳥が提供された。私は抹茶アイスクリームとたこ焼きを試食した。たこ焼きが特においしかった。あなたも試してみるべきだ！

（第2段落）
私は3つの実演を見た。その1つが英語で演じられた「落語」だった。笑っている人もいたが、どういうわけか私はそれを面白いとは思わなかった。私が日本文化について多くを知らないからかもしれない。私にとっては、残りの2つの太鼓と琴が最も興味のあるものだった。太鼓は力強く、琴はリラックスできるものだった。

（第3段落）
私は講習会と文化経験に参加して、どちらも楽しかった。講習会では、おにぎりの作り方を学んだ。私が作ったおにぎりの形はちょっと変だったけれども、味はおいしかった。流しそうめんの体験は、本当に面白かった！　調理した麺が竹のウォータースライダーを滑り落ちるのに合わせて、箸でそれをつかもうとするというものだった。流しそうめんをつかむのは、とても難しかった。

（第4段落）
もしあなたが日本の一端を経験したいなら、この祭りが適しているよ！チラシの写真を撮った。見てみて。

日本の一端
ウィンズフィールド　カルチャーパーク
7月の第1、2日曜日開催（午前9時から午後4時）

フードスタンド	体験活動	伝統的な実演
抹茶アイスクリーム	流しそうめん(麺)体験	琴(竪琴)
たこ焼き(タコを使った軽食)	おにぎり作りの講習会	太鼓(ドラム)
焼き鳥(鶏の串焼き)		落語(人を笑わせる語り聞かせ)

Green-tea Ice Cream

語彙リスト

序文

- be interested in「～に興味がある」
- represent「表現する」
- blogger「ブロガー」
- post「(ブログなどの)投稿」

投稿

(第1段落)

- intercultural「異文化間の」
- slice「断片」
- definitely「間違いなく」
- be worth doing「～する価値がある」
- authentic「本物の」
- hands-on activities「体験型アクティビティ」
- performance「実演」
- serve「(料理を)出す」

(第2段落)

- *rakugo* comedy「落語」
- somehow「どういうわけか」
- funny「面白い」
- highlight「最も興味のあるもの」
- powerful「力強い」
- relaxing「リラックスできる」

(第3段落)

- attend「参加する」
- workshop「講習会」
- be fun「楽しい」
- how to do「～する方法」
- shape「形」
- odd「変な」
- taste「～の味がする」
- involve「伴う」
- cooked noodle「調理済み麺」
- chopsticks「箸」
- slide down「滑り落ちる」
- bamboo「竹」

(第4段落)

- festival「祭り」
- flyer「チラシ」
- check ～ out「～を見る」

(日本の一端)

- octopus「タコ」
- snack「軽食」
- skewer「串」
- harp「竪琴」
- storytelling「語り聞かせ」

設問と選択肢

- confused「困惑した」
- convinced「納得した」

＊続いて、第3問Ｂ対策に移ります。まずは、解答の最短ルートをおさえて、問題演習へと進みましょう。

B問題 ヴィジュアル英文読解

STEP 1 解答の最短ルートを知る

② 問1の選択肢の表現を探していきます。

B　Your English club will make an "adventure room" for the school festival. To get some ideas, you are reading a blog about a room a British man created.

Create Your Own "Home Adventure"

Last year, I took part in an "adventure room" experience. I really enjoyed it, so I created one for my children. Here are some tips on making your own.

Key Steps in Creating an Adventure

theme → storyline → puzzles → costumes

First, pick a theme. My sons are huge Sherlock Holmes fans, so I decided on a detective mystery. I rearranged the furniture in our family room, and added some old paintings and lamps I had to set the scene.

Next, create a storyline. Ours was *The Case of the Missing Chocolates*. My children would be "detectives" searching for clues to locate the missing sweets.

The third step is to design puzzles and challenges. A useful idea is to work backwards from the solution. If the task is to open a box locked with a three-digit padlock, think of ways to hide a three-digit code. Old books are fantastic for hiding messages in. I had tremendous fun underlining words on different pages to form mystery sentences. Remember that the puzzles should get progressively more difficult near the final goal. To get into the spirit, I then

③ 2段落程度読んだら、選択肢をチェックします。これを最後まで繰り返します。

＊番号の順に矢印（　　）に沿ってチェックしましょう。

1 2 3 ＝問1の最短ルート　4 ＝問2の最短ルート　5 6 ＝問3の最短ルート

had the children wear costumes. My eldest son was excited when I handed him a magnifying glass, and immediately began acting like Sherlock Holmes. After that, the children started to search for the first clue.

This "adventure room" was designed specifically for my family, so I made some of the challenges personal. For the final task, I took a couple of small cups and put a plastic sticker in each one, then filled them with yogurt. The "detectives" had to eat their way to the bottom to reveal the clues. Neither of my kids would eat yogurt, so this truly was tough for them. During the adventure, my children were totally focused, and they enjoyed themselves so much that we will have another one next month.

6 問3の解答の根拠を探していきます。

問 1　Put the following events (①～④) into the order in which they happened.

18 → 19 → 20 → 21

1 時系列把握問題は2段落程度読んで、選択肢をチェックすることを繰り返します。

① The children ate food they are not fond of.
② The children started the search for the sweets.
③ The father decorated the living room in the house.
④ The father gave his sons some clothes to wear.

問 2　If you follow the father's advice to create your own "adventure room," you should 22 .

① concentrate on three-letter words
② leave secret messages under the lamps
③ make the challenges gradually harder
④ practise acting like Sherlock Holmes

4 キーワードをチェックして、本文で該当箇所を探します。

（本文へ）

⑤ この形式の問題は、「父親の記述」を中心に、消去法を使って、選択肢を1つずつ確認していきます。

問 3　From this story, you understand that the father [23].

① became focused on searching for the sweets
② created an experience especially for his children
③ had some trouble preparing the adventure game
④ spent a lot of money decorating the room

（令和5年度　本試験）

＊それでは、次のページから実際に問題を解いてみましょう！

B Your English club will make an "adventure room" for the school festival. To get some ideas, you are reading a blog about a room a British man created.

Create Your Own "Home Adventure"

Last year, I took part in an "adventure room" experience. I really enjoyed it, so I created one for my children. Here are some tips on making your own.

First, pick a theme. My sons are huge Sherlock Holmes fans, so I decided on a detective mystery. I rearranged the furniture in our family room, and added some old paintings and lamps I had to set the scene.

Next, create a storyline. Ours was *The Case of the Missing Chocolates*. My children would be "detectives" searching for clues to locate the missing sweets.

The third step is to design puzzles and challenges. A useful idea is to work backwards from the solution. If the task is to open a box locked with a three-digit padlock, think of ways to hide a three-digit code. Old books are fantastic for hiding messages in. I had tremendous fun underlining words on different pages to form mystery sentences. Remember that the puzzles should get progressively more difficult near the final goal. To get into the spirit, I then had the children wear costumes. My eldest son was excited when I handed him a magnifying glass, and immediately began acting like Sherlock Holmes. After that, the children started to search for the first clue.

This "adventure room" was designed specifically for my family, so I made some of the challenges personal. For the final task, I took a couple of small cups and put a plastic sticker in each one, then filled them with yogurt. The "detectives" had to eat their way to the bottom to reveal the clues. Neither of my kids would eat yogurt, so this truly was tough for them. During the adventure, my children were totally focused, and they enjoyed themselves so much that we will have another one next month.

問 1 Put the following events (①～④) into the order in which they happened.

[18] → [19] → [20] → [21]

① The children ate food they are not fond of.
② The children started the search for the sweets.
③ The father decorated the living room in the house.
④ The father gave his sons some clothes to wear.

問 2 If you follow the father's advice to create your own "adventure room," you should [22].

① concentrate on three-letter words
② leave secret messages under the lamps
③ make the challenges gradually harder
④ practise acting like Sherlock Holmes

問 3　From this story, you understand that the father [23].

① became focused on searching for the sweets

② created an experience especially for his children

③ had some trouble preparing the adventure game

④ spent a lot of money decorating the room

（令和5年度　本試験）

STEP 3 解答のプロセスを理解する

解答 問1 ③ → ④ → ② → ①　問2 ③　問3 ②

解説

問1 次の出来事(①～④)を起こった順に並べなさい。 やや難

[18] → [19] → [20] → [21]

① 子どもたちが好きではない食事を食べた。

*② 子どもたちがスイーツを探し始めた。 間違いやすい選択肢！

③ 父親が家の居間の飾りつけをした。

④ 父親が息子たちに着る服をあげた。

得点力アップのPOINT 20 時系列把握問題の解法

この問題は、内容一致問題とは異なる形式で、選択肢を起こった順番で並び替えるものです。**本文を2段落程度読んで、選択肢をチェックすることを繰り返します。本文で登場した順番ではなくて、物事が起こった順番に並び替える**必要があります。**本文で最初に登場した出来事が必ずしも1番最初の選択肢にはならない**ことをおさえておきましょう。

第2段落の第3文でI rearranged the furniture in our family room, and added some old paintings and lamps I had to set the scene.「居間で家具を並べ替えて、場面を設定するために、持っていた古い絵画やランプを追加で置きました」から、③ The father decorated the living room in the house.「父親が家の居間の飾りつけをした」が先頭の [18] に入るとわかります。family roomが選択肢③のliving room「居間」と同義であること、rearranged the furniture、added some old paintings and lampsが1語でdecoratedに抽象化されていることをおさえておきましょう。p.033 得点力アップのPOINT 2の抽象化の技術です。

第3段落第3文 My children would be "detectives" searching for clues to locate the missing sweets.「私の子どもたちは『探偵』になって、消えたスイーツを見つける手がかりを探すでしょう」は、あくまでその「ホームアドベンチャー」が始まってから起こるだろう子どもたちの様子で、実際にここで探しているわけではないので、②を 19 に入れることはできません。ポイントは、この文で使われている would になります。ここでの **would** は「～だろう」という推測を意味するので、実際にその場で行われている表現ではないと判断できます。

続いて第4段落第7文 To get into the spirit, **I then had the children wear costumes.**「それから盛り上げるために、私は子どもたちに衣装を着させました」から、④が 19 に入るとわかります。本文の **I then had the children wear costumes** が、選択肢④の **The father gave his sons some clothes to wear.** にパラフレーズされていることを理解しましょう。さらに、同段落の最終文 After that, **the children started to search for the first clue**.「その後、子どもたちは最初の手がかりを探し始めました」から、②が 20 に入るとわかります。本文の **the first clue** とは、消えたスイーツを探すための最初の手がかりなので、選択肢②の **the search for the sweets** と同義だととらえることができます。

残った選択肢①を最後の 21 に入れて完成です。実際に最終段落の第2文, 第3文、第4文で、「ヨーグルトでコップをいっぱいにして、手がかりを明らかにするのに子どもたちは底まで食べ進めなければなりませんでした。どちらの子どもも、ヨーグルトを食べたがらないので、これはその子たちには本当に難しいものでした」という内容であることから、21 に①が入るとわかります。

問2 もしあなたが父親のアドバイスに従ってあなた自身の「アドベンチャールーム」を作るなら、あなたは 22 べきだ。 標

① 3文字の言葉に集中する
② 秘密のメッセージをランプの下に置いておく
③ 課題を徐々に難しくする
④ シャーロック・ホームズのようにふるまう練習をする

第4段落第6文 Remember that **the puzzles should get progressively more difficult near the final goal**.「**なぞなぞは、最終ゴールに近づくにつれて、徐々に難しくすべきだ**ということを覚えておきましょう」から、**③が正解**と判断できます。**本文の the puzzles should get progressively more difficult が、選択肢③の make the challenges gradually harder にパラフレーズされている**ことをおさえておきましょう。**puzzles が challenges** に、**progressively が gradually** に、**more difficult が harder にパラフレーズ**されています。

誤りの選択肢を見ていくと、①は、第4段落第3文 If the task is to open a box locked with a three-digit padlock, think of ways to hide a three-digit code.「もし課題が、3桁の南京錠でカギをかけられた箱を開けることなら、3桁の暗号を隠す方法を考えてみましょう」とあるだけで、「3文字の言葉に集中する」とは書かれていないので、正解にはなりません。

②は、第2段落最終文に「居間にランプを加えた」とあるだけで、最終段落第2文、3文で、「ヨーグルトでいっぱいにしたコップの底に手がかりを隠した」という内容に矛盾します。④は、第4段落第8文で「私が彼に虫眼鏡(むしめがね)を渡したときに興奮して、すぐにシャーロック・ホームズのようにふるまい始めました」とあるだけで、アドベンチャールームを作るアドバイスではないので、正解にはなりません。

問3 この物語から、あなたは父親が [23] と理解する。 標

① スイーツを探すのに集中した
② 特に子どもたちのためにある体験を作った
③ アドベンチャーゲームを準備するのにいくらか苦労した
④ 部屋の飾りつけにたくさんのお金を使った

第5段落第1文**This "adventure room" was designed specifically for my family**「この『アドベンチャールーム』は、私の家族のために特別に設計したもの」から、**②が正解**と判断できます。**本文のThis "adventure room" was designedという受動態が②ではcreated an experienceという能動態にパラフレーズ**されています。**本文のspecifically for my familyが②のespecially for his childrenにパラフレーズ**されています。

誤りの選択肢を見ていくと、①は、最終段落最終文で「子どもたちは完全に集中した」との記述はあっても、「父親がスイーツ探しに集中した」との記述はないので、正解にはなりません。③は、最終段落第4文で、「子どもたちがヨーグルトを食べ進めて手がかりを見つけるのが本当に難しかった」ことはわかりますが、「父親がアドベンチャーゲームの準備に苦労した」との記述はないので、正解にはなりません。④も「部屋の飾りつけにお金をたくさん使った」という記述は本文にないので、正解にはなりません。

本文とイラストの訳

B　あなたの英語クラブは、学校祭のために「アドベンチャールーム」を作ることになっている。アイデアを得るのに、あなたはイギリス人男性が作った部屋に関するブログを読んでいる最中だ。

あなた自身の「ホームアドベンチャー」を作ろう

（第1段落）
昨年度、私は「アドベンチャールーム」の体験会に参加しました。本当に楽しかったので、子どもたちのためにそれを作りました。あなたが自分で作るためのコツを以下に紹介します。

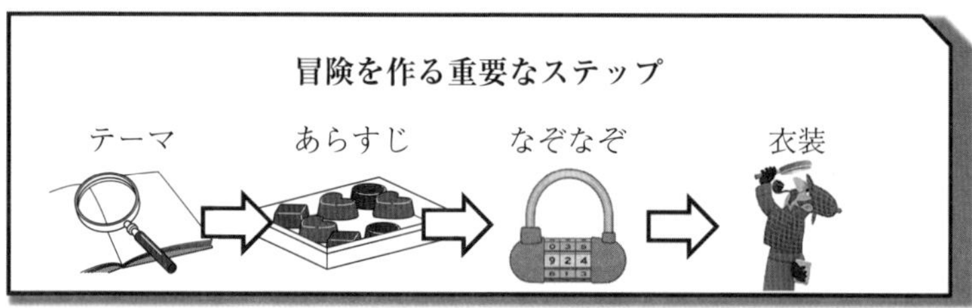

（第2段落）
最初に、テーマを決めましょう。私の息子はシャーロック・ホームズの大ファンなので、探偵ミステリーに決めました。居間で家具を並べ替えて、場面を設定するために、持っていた古い絵画やランプを追加で置きました。

（第3段落）
次に、あらすじを作りましょう。私たちのストーリーは、「消えたチョコレート事件」でした。私の子どもたちは「探偵」になって、消えたスイーツを見つける手がかりを探すでしょう。

（第4段落）
3つ目の段階は、なぞや課題を設計することです。役に立つ考え方として、解決した状態から逆算することです。もし課題が、3桁の南京錠でカギをかけられた箱を開けることなら、3桁の暗号を隠す方法を考えてみましょう。古い本はメッセージを中に隠すのにふさわしいものです。秘密の文を作るのに、異なるページの単語に下線を引くのは、とても楽しいものでした。なぞなぞは、最終ゴールに近づくにつれて、徐々に難しくすべきだということを覚えておきましょう。それから、盛り上げるために、私は子どもたちに衣装を着させました。長男は、私が彼に虫眼鏡を渡したときに興奮して、すぐにシャーロック・ホームズのようにふるまい始めました。その後、子どもたちは最初の手がかりを探し始めました。

（第5段落）
この「アドベンチャールーム」は、私の家族のために特別に設計したものなので、課題の一部を個人的なものにしました。最後の課題で、私は小さいコップを2、3個取り出して、それぞれにプラスチックのステッカーを貼ってから、ヨーグルトでそれをいっぱいにしました。「探偵たち」は、手がかりを明らかにするのに、底まで食べて進まなければなりませんでした。どちらの子どもも、ヨーグルトを食べたがらないので、これはその子たちには本当に難しいものでした。その冒険の間、子どもたちは完全に集中していて、とても楽しんだので、来月にもう一度開催する予定です。

語彙リスト

序文

□ adventure「冒険」　□ festival「祭り」

ブログ

（第1段落）

□ take part in「～に参加する」　□ experience「体験」　□ tip「コツ」

（表）

□ key「重要な」　□ theme「テーマ」　□ storyline「あらすじ」
□ puzzle「なぞなぞ」　□ costume「衣装」

（第2段落）

□ huge「巨大な」　□ detective「探偵」　□ mystery「ミステリー」
□ rearrange「並べ直す」　□ furniture「家具」　□ painting「絵画」
□ lamp「ランプ」　□ set「設定する」

（第3段落）

□ case「事件」　□ missing「消えた」　□ search for「～を探す」
□ clue「手がかり」　□ locate「発見する」　□ sweets「スイーツ」

（第4段落）

- design「設計する」
- challenge「課題」
- useful「役に立つ」
- backwards「逆行して」
- solution「解決」
- task「課題」
- lock「カギをかける」
- digit「桁」
- padlock「南京錠」
- hide「隠す」
- code「暗号」
- fantastic「素晴らしい」
- tremendous「ものすごい」
- underline「下線を引く」
- form「形成する」
- sentence「文」
- progressively「徐々に」
- final「最後の」
- get into the spirit「盛り上げる」
- eldest「最も年上の」
- hand O_1 O_2「O_1にO_2を手渡す」
- magnifying glass「拡大鏡」
- immediately「すぐに」

（第5段落）

- specifically「特に」
- personal「個人的な」
- a couple of「2，3の～」
- sticker「ステッカー」
- fill A with B「AをBでいっぱいにする」
- eat one's way「食べながら進む」
- bottom「底」
- reveal「明らかにする」
- neither of ～「～のどちらも…ない」
- truly「本当に」
- tough「難しい」
- totally「完全に」
- be focused「集中している」
- enjoy oneself「楽しむ」
- so ～ that ...「とても～なので…」

設問と選択肢

- put A into B「AをBに並べ替える」
- following「次の」
- event「出来事」
- order「順序」
- be fond of「～が好きだ」
- decorate「装飾する」
- living room「居間」
- follow「従う」
- advice「助言」
- concentrate on「～に集中する」
- letter「文字」
- gradually「徐々に」
- practise「練習する」
- especially「特に」
- have trouble doing「～するのに苦労する」
- prepare「準備をする」
- spend O doing「Oを～するのに費やす」

＊次も第3問のB対策になりますが、解答の最短ルートは、解答・解説の中に掲載してあります。まずは、自分の手を動かして問題を解いてみてください。設問のキーワードからチェックして、本文を読み進めていきましょう。

過去問にチャレンジ 1

制限時間 6 分

B You have entered an English speech contest and you are reading an essay to improve your presentation skills.

Gaining Courage

Rick Halston

In my last semester in college, I received an award for my final research presentation. I wasn't always good at speaking in front of people; in fact, one of my biggest fears was of making speeches. Since my primary school days, my shy personality had never been ideal for public speaking. From my first day of college, I especially feared giving the monthly class presentations. I would practise for hours on end. That helped somewhat, but I still sounded nervous or confused.

A significant change came before my most important presentation when I watched a music video from my favourite singer's newly released album. I noticed it sounded completely different from her previous work. She had switched from soft-rock to classical jazz, and her style of clothes had also changed. I thought she was taking a huge professional risk, but she displayed such confidence with her new style that I was inspired. I would change my sound and my look, too. I worked tirelessly to make my voice both bolder and calmer. I wore a suit jacket over my shirt, and with each practice, I felt my confidence grow.

When I started my final presentation, naturally, I was nervous, but gradually a sense of calm flowed through me. I was able to speak with clarity and answer the follow-up questions without tripping over my words. At that moment, I actually felt confident. Right then, I understood that we can either allow anxiety to control us or find new ways to overcome it. There is no single clear way to become a confident presenter, but thanks to that singer I realised that we need to uncover and develop our own courage.

問 1 Put the following events (①～④) into the order in which they happened.

18 → 19 → 20 → 21

① He felt nervous at the start of his final presentation.

② He made short presentations on a regular basis.

③ He was given a prize for his presentation.

④ He was motivated to take a risk and act more confidently.

問 2 Rick was moved by his favourite singer and 22 .

① accepted his own shy personality

② decided to go to her next concert

③ found new ways of going to class

④ learnt from her dramatic changes

問 3 From the essay, you learnt that Rick 23 .

① began to deal with his anxiety

② decided to change professions

③ improved his questioning skills

④ uncovered his talent for singing

（令和5年度　追・再試験）

解答・解説 1

解説

問1 次の出来事(①～④)を起こった順に並べなさい。 やや難

18 → 19 → 20 → 21

① 彼は最後のプレゼンテーションが始まると、緊張を感じた。

② 彼は定期的に短いプレゼンテーションを行った。

*③ 彼は自分のプレゼンテーションで賞をもらった。 間違いやすい選択肢！

④ 彼はリスクを取って、もっと自信をもって行動する気にさせられた。

解答の最短ルート

❶ 設問をチェックして**時系列把握問題**と理解します。

❷ 2段落程度読んで、選択肢で処理できるものを探していきます。「とりあえず」という感覚で選択肢を選んでいき、最後まで読んでから最終調整しましょう。

第1段落第1文～, I received an award for my final research presentation.「私は～最後の研究のプレゼンテーションで賞をもらった」ですが、p.182 得点力アップの POINT 20 で説明したように、**安易に③を最初に持ってこないようにしましょう。一連の出来事の結末を最初に書いている可能性がある**ので、もう少し読み進めていきます。

第1段落第1文でcollege「大学」とあり、同段落第3文でmy primary school days「私の小学校時代」とあるので、ここが時系列の始まりと推測します。次の同段落第4文でFrom my first day of college, I especially feared giving **the monthly class presentations**.「大学の初日から、**毎月の授業内のプレゼンテーション**が特に怖かった」から、**②を 18** に持ってきます。**本文のgiving ～ presentationsが選択肢②のmade ～ presentations**に、**本文のmonthlyが②のon a regular basisにパラフレーズされていること**を理解しましょう。

続いて、第2段落第4文 I thought **she was taking a huge professional risk, but she displayed such confidence with her new style that I was inspired.**「私は彼女が**大きな職業上のリスクを取っていると思ったが、彼女はその新しいスタイルに大きな自信を示したので、私は心が動かされた**」から、**④が 19 に入る**と判断できます。**本文の was inspired が選択肢④の was motivated** と、**本文の taking a huge professional risk が④の take a risk** と、**本文の displayed such confidence が④の act more confidently にパラフレーズされている**ことを理解しましょう。taking ～ risk、displayed ～ confidence の主語は she ですが、「それにより筆者は心が動かされた」という内容が述べられているので 19 に入れて問題ありません。

次に、第3段落第1文 **When I started my final presentation, naturally, I was nervous**「最後のプレゼンテーションを始めたとき、当然ながら私は緊張した」から、**①が 20 に入る**と判断できます。残った選択肢の③が 21 に入るとわかります。実際に、第1段落第1文は、**my final research presentation** とあることから、「**最後の研究のプレゼンテーションで賞をもらった**」とわかるので、**③が 21 で問題ない**とわかります。

問2 リックは彼の大好きな歌手に感動して、 22 。 易

① 彼自身の内気な性格を受け入れた
② 彼女の次のコンサートに行くことに決めた
③ 授業に行く新しい方法を見つけた
④ **彼女の劇的な変化から学んだ**

第3問 ヴィジュアル英文読解

解答の 最短ルート

❶ Rick、moved、favourite singerをチェックして、設問の意図を理解します。
❷ 第2段落第1文にキーワードが登場するので、ここから集中的に読んで理解します。
❸ 選択肢に戻って正解を絞り込み、本文で根拠を再確認して正解を決定したら、問3のキーワードを拾いに行きます。

第2段落第2文、3文で「リックの大好きな歌手が、曲調や衣装を変えた」のがわかります。かつ、同段落第4文から、「その姿勢に影響を受けた」とわかるので、④が正解と判断できます。本文のShe had switched from soft-rock to classical jazz, and her style of clothes had also changed.が、選択肢④のher dramatic changesで抽象化されて、本文のI was inspiredが、選択肢④のlearntにパラフレーズされていることを理解しましょう。

誤りの選択肢を見ていくと、①は、第2段落第5文でI would change my sound and my look, too.「私も自分の声色や見た目を変えようとした」とあるので、「内気な性格を受け入れた」は正解にはなりません。②、③は、本文に書かれていません。

問3 このエッセイから、あなたはリックが[23]と学んだ。 

① **自分の不安に対処するようになった**
② 職業を変えることに決めた
③ 自分の質問する能力を向上させた
④ 自分の歌の才能を発見した

解答の 最短ルート

❶ 設問のキーワードがRickしか拾えないので、正解になりそうな選択肢にあたりをつけて、本文の根拠を求めます。
❷ 正解の確信度が高い場合は、すべての選択肢をチェックせずに、次の問題に進みます。正解の確信度が高くない場合は、消去法で正解を絞り込んで解答します。
❸ 本問は正解の確信度が高いので、すべての選択肢を吟味せずに、次の問題に進みましょう。

第3段落第4文Right then, I understood that we can either allow anxiety to control us or **find new ways to overcome it**.「まさにそのとき、私は、不安に私たちを支配させることもできるし、**それを克服する新しい方法も見つけられる**と理解した。」から、**①が正解**と判断できます。**本文のfind new ways to overcome it (= anxiety)が、選択肢の①のbegan to deal with his anxietyにパラフレーズされている**ことをおさえておきましょう。

誤りの選択肢を見ていくと、②は、第2段落第5文でI would change my sound and my look, too.「私も自分の声色や見た目を変えようとした」とあるだけで、「職業を変えることに決めた」との記述はないので、正解にはなりません。③は第3段落第2文I was able to speak with clarity and answer the follow-up questions without tripping over my words.「私ははっきりと話して、言葉につまらずに、発表後の質問に答えることができた」とあるだけで、「自分の質問する能力を向上させた」とは書かれていないので、正解にはなりません。

④は、第3段落最終文に「自信のあるプレゼンターになる唯一の明らかな方法などはないが、その歌手のおかげで、私は私たちが自分自身の勇気を見つけて育てる必要があると気づいた」とあるだけで、

リック自身の歌の才能に関する記述はないので、正解にはなりません。

解答

問1 ②→④→①→③　**問2** ④　**問3** ①

本文の訳

B　あなたは英語のスピーチコンテストに参加申し込みをして、自分のプレゼンテーションスキルを磨くためにあるエッセイを読んでいるところだ。

勇気を手に入れること

リック・ハルストン

（第1段落）
私の大学での最終学期に、最後の研究のプレゼンテーションで賞をもらった。私は人前で話すのがいつも得意なわけではなかった。実際に、私の最大の恐怖の1つは、スピーチをすることだった。私は小学校時代からずっと、自分の内気な性格は人前で話すのに向いているとは言えなかった。大学の初日から、毎月の授業内のプレゼンテーションが特に怖かった。私は何時間も連続して練習したものだった。そのことはいくらか役に立ったが、それでも緊張して困惑した話し方だった。

（第2段落）
重大な転機が訪れたのは、私の最も重要なプレゼンテーションの前のことで、大好きな歌手の新しくリリースされたアルバムのミュージックビデオを見た時のことだった。私はそれが、彼女の以前の作品とはまったく異なる音楽性であったのに気づいた。彼女はソフトロックからクラシックジャズに切り替えて、衣装のスタイルも変わっていた。私は彼女が大きな職業上のリスクを取っていると思ったが、彼女はその新しいスタイルに大きな自信を示したので、私は心が動かされた。私も自分の声色や見た目を変えようとした。私は休むことなく頑張って、自分の声をより大胆で穏やかなものにした。私はシャツの上にスーツを着て、ひとつひとつの練習で、自信が大きくなるのを感じた。

（第3段落）
最後のプレゼンテーションを始めたとき、当然ながら私は緊張したが、徐々に落ち着きが自分の中に流れ込んできた。私ははっきりと話して、言葉につまらずに、発表後の質問に答えることができた。その瞬間、私は実際に自信を感じていた。まさにそのとき、私は、不安に私たちを支配させることもできるし、それを克服する新しい方法も見つけられると理解した。自信のあるプレゼンターになる唯一の明らかな方法などはないが、その歌手のおかげで、私は私たちが自分自身の勇気を見つけて育てる必要があると気づいた。

語彙リスト

序文

- enter「参加する」
- improve「改善する」
- presentation「プレゼンテーション」

タイトル

- gain「手に入れる」
- courage「勇気」

第1段落

- semester「学期」
- receive「受け取る」
- award「賞」
- research「研究」
- not always「いつも～なわけではない」
- in front of「～の前で」
- fear「恐怖」
- primary school「(イギリスの)小学校」
- shy「内気な」
- personality「性格」
- ideal「理想的な」
- public「公の」
- especially「特に」
- practise「練習する」
- on end「連続して」
- somewhat「いくらか」
- sound「～に聞こえる」
- nervous「緊張した」
- confused「困惑した」

第2段落

- significant「重大な」
- favourite「大好きな」
- release「リリースする」
- notice「気づく」
- completely「まったく」
- previous「以前の」
- work「作品」
- switch from A to B「AからBに切り替える」
- classical「クラシックの」
- clothes「衣服」
- take a risk「リスクを取る」
- huge「巨大な」
- professional「職業の」
- display「示す」
- such～that ...「とても～なので…」
- confidence「自信」
- inspire「影響を与える」
- sound「声色」
- look「見た目」
- tirelessly「疲れを知らずに」
- bold「大胆な」
- calm「穏やかな」
- practice「練習」

第3段落

- naturally「当然ながら」
- gradually「徐々に」
- sense「感覚」
- calm「穏やかさ」
- flow「流れる」
- with clarity (=clearly)「明らかに」
- follow-up「後に続く」
- trip over「～につまずく」
- moment「瞬間」
- actually「実際に」
- right then「ちょうどそのとき」
- either A or B「AかBか」
- allow O to do「Oが～するのを許す」
- anxiety「不安」
- overcome「克服する」
- single「ただ1つの」
- thanks to「～のおかげで」
- realise「気づく」
- uncover「明らかにする」

設問と選択肢

- put A into B「AをBに並べ替える」
- order「順序」
- on a～basis「～な基準で」
- regular「定期的な」
- prize「賞」
- be motivated to do「～する気になる」
- confidently「自信をもって」
- dramatic「劇的な」
- deal with「～に対処する」
- profession「職業」
- talent「才能」

過去問にチャレンジ 2

制限時間 6分

B You enjoy outdoor sports and have found an interesting story in a mountain climbing magazine.

Attempting the Three Peaks Challenge

By John Highland

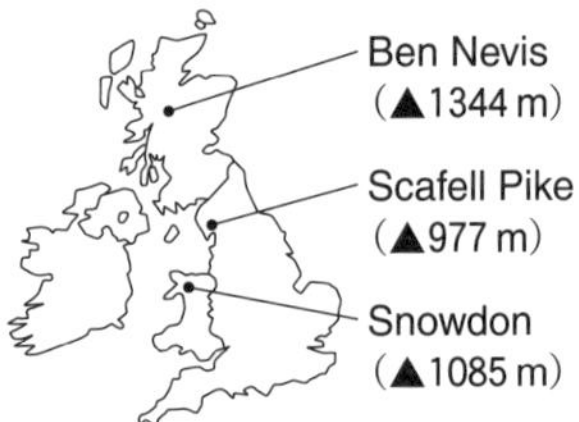

Last September, a team of 12 of us, 10 climbers and two minibus drivers, participated in the Three Peaks Challenge, which is well known for its difficulty among climbers in Britain. The goal is to climb the highest mountain in Scotland (Ben Nevis), in England (Scafell Pike), and in Wales (Snowdon) within 24 hours, including approximately 10 hours of driving between the mountains. To prepare for this, we trained on and off for several months and planned the route carefully. Our challenge would start at the foot of Ben Nevis and finish at the foot of Snowdon.

We began our first climb at six o'clock on a beautiful autumn morning. Thanks to our training, we reached the summit in under three hours. On the way down, however, I realised I had dropped my phone. Fortunately, I found it with the help of the team, but we lost 15 minutes.

We reached our next destination, Scafell Pike, early that evening. After six hours of rest in the minibus, we started our second climb full of energy. As it got darker, though, we had to slow down. It took four-and-a-half hours to complete Scafell Pike. Again, it took longer than planned, and time was running out. However, because the traffic was light, we were right on schedule when we started our final climb. Now we felt more confident we could complete the challenge within the time limit.

Unfortunately, soon after we started the final climb, it began to rain heavily and we had to slow down again. It was slippery and very difficult to see ahead. At 4.30 am, we realised that we could no longer finish in 24 hours.

Nevertheless, we were still determined to climb the final mountain. The rain got heavier and heavier, and two members of the team decided to return to the minibus. Exhausted and miserable, the rest of us were also ready to go back down, but then the sky cleared, and we saw that we were really close to the top of the mountain. Suddenly, we were no longer tired. Even though we weren't successful with the time challenge, we were successful with the climb challenge. We had done it. What a feeling that was!

問 1 Put the following events (①～④) into the order they happened.

18 → 19 → 20 → 21

① All members reached the top of the highest mountain in Scotland.
② Some members gave up climbing Snowdon.
③ The group travelled by minibus to Wales.
④ The team members helped to find the writer's phone.

問 2 What was the reason for being behind schedule when they completed Scafell Pike? 22

① It took longer than planned to reach the top of Ben Nevis.
② It was difficult to make good progress in the dark.
③ The climbers took a rest in order to save energy.
④ The team had to wait until the conditions improved.

問 3 From this story, you learnt that the writer 23 .

① didn't feel a sense of satisfaction
② reached the top of all three mountains
③ successfully completed the time challenge
④ was the second driver of the minibus

（令和4年度　本試験）

解答・解説 2

解説

問1 次の出来事(①〜④)を起こった順に並べなさい。 標

[18] → [19] → [20] → [21]

① メンバー全員がスコットランドの最も高い山の頂上に到達した。

② メンバーの一部が、スノードンへの登頂を断念した。

③ そのグループは、ウェールズまでマイクロバスで移動した。

④ そのチームのメンバーは筆者の電話を見つけるのを手伝った。

解答の最短ルート

❶ 設問から、**時系列把握問題**と理解します。2段落程度集中して読んでから、当てはまる選択肢があるかどうかを確認していきます。

❷ 第2段落まで読み終えて、①、④の選択肢を処理していきます。

❸ ①、④の選択肢を処理したら、第3段落に戻って、1段落読むごとに選択肢を見ていきましょう。

①の**the highest mountain in Scotlandは、第1段落第2文から、ベン・ネヴィス**とわかります。第1段落最終文で、3つの登頂計画の最初がベン・ネヴィスとわかります。第2段落第2文から、**「ベン・ネヴィスの頂上に到達した」とわかるので、①を [18]** に入れます。続いて、第2段落第3文、4文から、④が [19] に入るとわかります。**本文のI found it with the help of the teamが、選択肢④のThe team members helped to find the writer's phone.にパラフレーズされている**ことを理解しましょう。

次に、③のウェールズには、第1段落第2文からスノードンがあるとわかります。スノードンは、第1段落最終文から、最終目的地とわかるので、第3段落で登頂を終えたスカフェル・パイクの後だと判断できます。第1段落第1文、第2文から、「**マイクロバスで移動している」こともわかるので、[20] に**③を持ってきます。残っ

た②を 21 に入れて完成ですが、実際に、第4段落第5文から、②を最後に持ってくるのが正しいとわかります。**本文のtwo members of the team decided to return to the minibus**から、**移動してきたマイクロバスに戻るのは登頂を断念したと判断して、選択肢②のSome members gave up climbing Snowdon.と同義**と読み取ります。

問2 彼らがスカフェル・パイクを登頂し終えたとき、予定から遅れていた理由は何だったか。 22 標

① ベン・ネヴィスの頂上に到達するのに、計画以上に長くかかった。
② 暗い中で順調に前進するのが難しかった。
*③ 登山家たちがエネルギーをとっておくために休みをとった。
間違いやすい選択肢！
④ そのチームは状況がよくなるまで待たなければならなかった。

解答の最短ルート

❶ 設問のreason、behind schedule、Scafell Pikeをチェックして、設問の意図を理解します。
❷ Scafell Pikeは第3段落第1文に登場するので、ここから集中的に読んで、「計画より遅れた理由」を探して、選択肢に戻って正解を選びます。

スカフェル・パイクを登頂し終えた箇所を探します。第3段落第1文で「スカフェル・パイクに到達した」ことがわかります。同段落第3文**As it got darker, though, we had to slow down.**「もっとも、暗くなってきたので、私たちはペースを落とさなければならなかった」から、**②が正解**と判断します。**本文のit got darkerが選択肢②のin the dark**に、**本文のwe had to slow downが②のIt was difficult to make good progressにパラフレーズされている**ことを理解しましょう。

誤りの選択肢を見ていくと、①は、第2段落第2文で「3時間かからずに山頂に到達した」とあり、「計画以上に長くかかった」とは書かれていません。その後に「携帯電話を落として探すことで15分遅れた」とありますが、①のように「登頂に時間がかかった」とは書かれていないので、正解にはなりません。**③は、第3段落第2文で「休みをとった」と書かれていますが、「そのせいで遅れた」という記述がない**ので、正解にはなりません。④は本文に書かれていないので、正解にはなりません。

問3 この物語から、あなたは筆者が [23] とわかった。 標

① 満足感を得なかった
② **3つすべての山頂に到達した**
③ タイムチャレンジを成功して終えた
④ マイクロバスの2番目のドライバーだった

解答の最短ルート

❶ 設問をチェックしても、writer しかキーワードが拾えないので、正解のあたりをつけて、本文に解答の根拠を求めます。
❷ 正解の確信度が高ければ、他の選択肢は吟味せずに、次の問題に進みましょう。

第4段落第8文で「タイムトライアルは成功しなかったが、**登頂の挑戦には成功した**」とあり、「制限時間には間に合わなかったけれども、**3つの山すべてを登り切った」とわかるので、②が正解**と判断できます。

誤りの選択肢を見ていくと、第4段落最終文の What a feeling that was!「なんという気分だったことか！」は、満足感を表す表現と判断できるので、①は正解にはなりません。③は、第4段落第3文・第8文と矛盾します。④は、本文に書かれていません。

解答

問1 ①→④→③→② **問2** ② **問3** ②

本文の訳

B あなたは屋外スポーツを楽しんでおり、登山雑誌で面白い話を見つけた。

スリー・ピークス・チャレンジへの挑戦

ジョン・ハイランド著

(第1段落)

昨年の9月、私たち12人、すなわち10人の登山家、そして2人のマイクロバスの運転手のチームが、スリー・ピークス・チャレンジというイギリスの登山家にその難易度の高さでよく知られているものに参加した。そのゴールは、スコットランドのベン・ネヴィス、イングランドのスカフェル・パイク、そしてウェールズのスノードンという各国で最も高い山を、山から山へのおよそ10時間のドライブも含めて、24時間以内に登ることだ。この準備のために、私たちは数か月にわたって断続的に訓練して、そのルートを注意深く計画した。私たちの挑戦は、ベン・ネヴィスの麓(ふもと)から始まり、スノードンの麓で終わることにした。

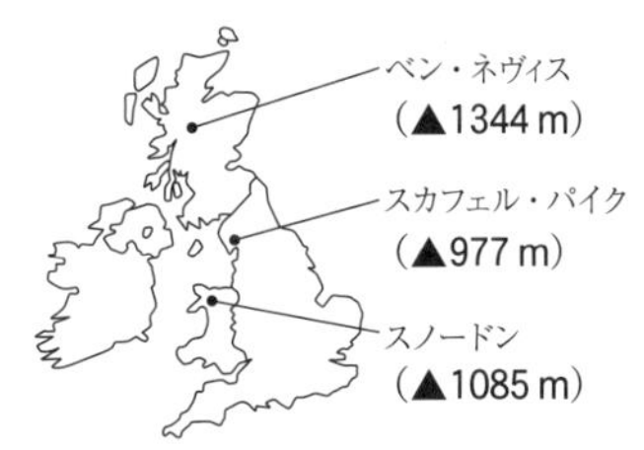

(第2段落)

私たちは、秋の美しいある朝、6時に最初の登山を始めた。訓練のおかげで、私たちは3時間かからずに山頂に到達した。しかし、下りの際に、私は携帯電話を落としたことに気づいた。幸いなことに、チームが助けてくれて携帯を発見したが、15分の遅れを取った。

(第3段落)

その日の夕方早くに、次の目的地のスカフェル・パイクに到達した。マイクロバスの中で6時間休んだあとに、私たちはエネルギー満タンで2番目の登山を開始した。もっとも、暗くなってきたので、私たちはペースを落とさなければならなかった。スカフェル・パイクを登り終えるのに4時間半かかった。再度、計画より長くかかってしまい、時間がなくなってきた。しかし道路が空いていたので、最後の登山を始めた時、ちょうど予定通りの時間だった。そして、私たちは制限時間内にその挑戦を終えられるとより自信を深めていった。

（第4段落）

残念ながら、最後の登山を始めた直後に、ひどい雨が降り始めて、再びペースを落とさなければならなかった。足元は滑り、前を見るのがとても難しかった。午前4時半に、私たちはもはや24時間以内に終えられないとわかった。それにもかかわらず、私たちは最後の山を登ると強い決意をしていた。雨がますます激しくなって、チームの2人は、マイクロバスに戻ることに決めた。残りのメンバーも、疲弊して、ひどい状態になり、戻る準備をしていたが、そのとき空が晴れ上がり、山頂に本当に近い所にいるとわかった。突然、私たちにはもはや疲れはなかった。タイムトライアルは成功しなかったが、登頂の挑戦には成功した。私たちはそれをやり遂げた。なんという気分だったことか！

語彙リスト

序文

- outdoor「屋外の」
- climbing「登山」

タイトル

- attempt「挑む」
- peak「頂上」

第1段落

- minibus「マイクロバス」
- participate in「～に参加する」
- be known for「～で知られている」
- difficulty「困難」
- including「～を含んで」
- approximately「およそ」
- prepare for「～の準備をする」
- train「訓練する」
- on and off「断続的に」
- route「経路」
- carefully「注意深く」
- at the foot of「～の麓で」

第2段落

- autumn「秋」
- thanks to「～のおかげで」
- reach「到達する」
- summit「頂上」
- fortunately「幸運なことに」

第3段落

- destination「目的地」
- rest「休憩」
- full of energy「エネルギー満タンで」
- complete「終える」
- run out「(時間が)なくなる」
- traffic「交通」
- on schedule「予定通りで」
- confident「自信のある」
- limit「制限」

第4段落

- slippery「滑りやすい」
- ahead「前を」
- nevertheless「それにもかかわらず」
- be determined to do「～する強い決意をする」
- exhausted「疲弊した」
- miserable「ひどい状態の」
- rest「残り」
- be ready to do「～する準備ができている」
- clear「晴れる」
- close to「～に近い」
- suddenly「突然」
- no longer「もはや～ない」
- be successful with「～に成功する」

設問と選択肢

- make progress「前進する」
- condition「状況」

第3問 ヴィジュアル英文読解

第4問

マルチパッセージ問題

ここで決める！

● マルチパッセージ問題は、複数の文章から根拠を発見して正解を選ぶ！！

第4問の全体像をつかむ

ここが問われる!

マルチパッセージ問題（複数の文章を読んで解答する問題）が登場！

ここできめる!

- **マルチパッセージ問題は、複数の文章から根拠を発見して正解を選ぶ!!**

第4問はどんな問題が出ますか？

第4問は、第3問と同様にヴィジュアル英文読解が出題されます。もっとも、第3問よりも英文がかなり長くなって、時間との戦いになります。全文に目を通している時間はないので、いかに**設問を解くのに必要な情報に絞って、メリハリをつけて読むかが重要**になります。

第4問の配点と時間配分を教えてください。

問題数は5問で、**配点は、リーディング全体100点中の約6分の1を占める16点**になります。

第4問は**10分で解く**とよいでしょう。**第4問の終了時点で、スタートから41分で解き終わっているかが時間配分の目安**です。時計を見て、**41分が経過している場合は、そのときに選べる最善の選択肢をマークして、先に進みましょう。**

第4問を最短で解くには、どうしたらよいですか？

第4問でも、**設問のキーワードからチェック**、本文を最初から読んでいき、**キーワードにぶつかったら、問題を解く**の方針に変わりはありません。選択肢に戻って、4つのうちのどれが正解かを選択します。序文は軽く目を通す程度にして、**設問のキーワード**の周辺を重点的に読みます。具体的に、次で**解答の最短ルート**を示すので、自分でも同じように解いてみてください。

第4問が得意になるには、どうしたらよいですか？

第4問では、第3問までに出題されていた英文の倍の文量が出題されます。にもかかわらず、解答時間は目安として10分しかないので、全文を同じように読むのではなくて、メリハリをつけて、**設問を解くのに必要な情報を探す力が重要**になります。

第4問のまとめ

- **情報検索能力とパラフレーズ（言い換え）の知識に加えてマルチパッセージ問題の解法**が重要になる。
- 第4問は、図や表を伴った文量の多いヴィジュアル英文読解が出題される。
- 配点はリーディング全体の100点中の16点で、**解答時間は10分**を目安にする。
- 第4問を最短で解くには、**設問のキーワードからチェック**して、本文を最初から読んでいき、**キーワードにぶつかったら、問題を解く**。「1問解いたら、次の設問に移って、キーワードを拾って、また本文に戻る」の繰り返し。**解答の最短ルート**で具体的に見ていく。

マルチパッセージ問題

STEP 1 解答の最短ルートを知る

第 4 問 (配点 16)

問1の設問のキーワードの表現を探します。1段落ごとに選択肢をチェックします。

Your teacher has asked you to read two articles about effective ways to study. You will discuss what you learned in your next class.

How to Study Effectively: Contextual Learning!

Tim Oxford

Science Teacher, Stone City Junior High School

As a science teacher, I am always concerned about how to help students who struggle to learn. Recently, I found that their main way of learning was to study new information repeatedly until they could recall it all. For example, when they studied for a test, they would use a workbook like the example below and repeatedly say the terms that go in the blanks: "Obsidian is igneous, dark, and glassy. Obsidian is igneous, dark, and glassy. . . ." These students would feel as if they had learned the information, but would quickly forget it and get low scores on the test. Also, this sort of repetitive learning is dull and demotivating.

To help them learn, I tried applying "contextual learning." In this kind of learning, new knowledge is constructed through students' own experiences. For my science class, students learned the properties of different kinds of rocks. Rather than having them memorize the terms from a workbook, I brought a big box of various rocks to the class. Students examined the rocks and identified their names based on the characteristics they observed.

Rock name	Obsidian
Rock type	igneous
Coloring	dark
Texture	glassy
Picture	

Thanks to this experience, I think these students will always be able to describe the properties of the rocks they studied. One issue, however, is that we don't always have the time to do contextual learning, so students will still study by doing drills. I don't think this is the best way. I'm still searching for ways to improve their learning.

＊番号の順に矢印()に沿ってチェックしましょう。

1 2 =問1の最短ルート　3 4 =問2の最短ルート　5 6 =問3の最短ルート

7 =問4の最短ルート　8 =問5の最短ルート

How to Make Repetitive Learning Effective

Cheng Lee
Professor, Stone City University

4 問2の設問のキーワードの表現を探して、選択肢に戻って解答します。

6 問3の設問のキーワードの表現を探します。

Mr. Oxford's thoughts on contextual learning were insightful. I agree that it can be beneficial. Repetition, though, can also work well. However, the repetitive learning strategy he discussed, which is called "massed learning," is not effective. There is another kind of repetitive learning called "spaced learning," in which students memorize new information and then review it over longer intervals.

The interval between studying is the key difference. In Mr. Oxford's example, his students probably used their workbooks to study over a short period of time. In this case, they might have paid less attention to the content as they continued to review it. The reason for this is that the content was no longer new and could easily be ignored. In contrast, when the intervals are longer, the students' memory of the content is weaker. Therefore, they pay more attention because they have to make a greater effort to recall what they had learned before. For example, if students study with their workbooks, wait three days, and then study again, they are likely to learn the material better.

Previous research has provided evidence for the advantages of spaced learning. In one experiment, students in Groups A and B tried to memorize the names of 50 animals. Both groups studied four times, but Group A studied at one-day intervals while Group B studied at one-week intervals. As the figure to the right shows, 28 days after the last learning session, the average ratio of recalled names on a test was higher for the spaced learning group.

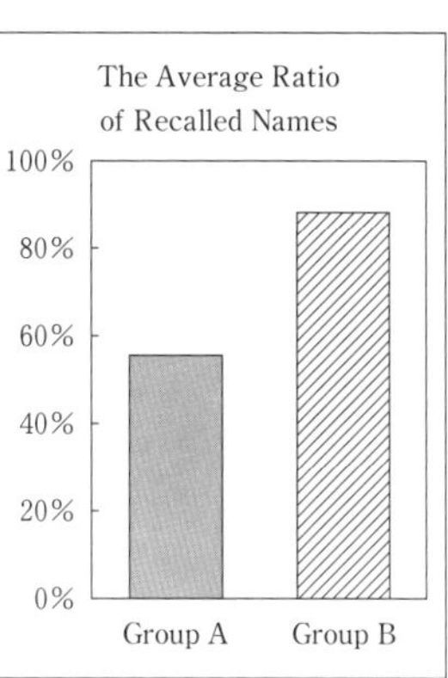

I understand that students often need to learn a lot of information in a short period of time, and long intervals between studying might not be practical. You should understand, though, that massed learning might not be good for long-term recall.

❷へ

❶ キーワードをチェックしますが、抽象的なので、少し広い範囲を読んで解答すると予測します。

問 1 Oxford believes that [24].

① continuous drilling is boring
② reading an explanation of terms is helpful
③ students are not interested in science
④ studying with a workbook leads to success

問 2 In the study discussed by Lee, students took a test [25] after their final session.

❸ キーワードをチェックして、本文から該当箇所を探します。

❹へ

① four weeks
② immediately
③ one day
④ one week

問 3 Lee introduces spaced learning, which involves studying at [26] intervals, in order to overcome the disadvantages of [27] learning that Oxford discussed. (Choose the best one for each box from options ①～⑥.)

❺ キーワードをチェックして、本文から該当箇所を探します。

❻へ

① contextual
② extended
③ fixed
④ irregular
⑤ massed
⑥ practical

オックスフォード先生と
リー教授の記事へ

❼ 2人の筆者が「役に立つ」と同意している学習法を本文から探します。複数の文章から解答根拠を探し出す、いわゆるマルチパッセージ問題です。

問 4 Both writers agree that [28] is helpful for remembering new information.

① experiential learning
② having proper rest
③ long-term attention
④ studying with workbooks

❽ 推論問題は、本文の記述から消去法で選択肢を絞り込みます。

問 5 Which additional information would be the best to further support Lee's argument for spaced learning? [29]

① The main factor that makes a science class attractive
② The most effective length of intervals for spaced learning
③ Whether students' workbooks include visuals or not
④ Why Oxford's students could not memorize information well

（令和5年度　本試験）

＊それでは、次のページから実際に問題を解いてみましょう！

STEP 2 問題を解く　制限時間 10分

第4問 (配点 16)

Your teacher has asked you to read two articles about effective ways to study. You will discuss what you learned in your next class.

How to Study Effectively: Contextual Learning!

Tim Oxford

Science Teacher, Stone City Junior High School

As a science teacher, I am always concerned about how to help students who struggle to learn. Recently, I found that their main way of learning was to study new information repeatedly until they could recall it all. For example, when they studied for a test, they would use a workbook like the example below and repeatedly say the terms that go in the blanks: "Obsidian is igneous, dark, and glassy. Obsidian is igneous, dark, and glassy. . . ." These students would feel as if they had learned the information, but would quickly forget it and get low scores on the test. Also, this sort of repetitive learning is dull and demotivating.

To help them learn, I tried applying "contextual learning." In this kind of learning, new knowledge is constructed through students' own experiences. For my science class, students learned the properties of different kinds of rocks. Rather than having them memorize the terms from a workbook, I brought a big box of various rocks to the class. Students examined the rocks and identified their names based on the characteristics they observed.

Thanks to this experience, I think these students will always be able to describe the properties of the rocks they studied. One issue, however, is that we don't always have the time to do contextual learning, so students will still study by doing drills. I don't think this is the best way. I'm still searching for ways to improve their learning.

Rock name	Obsidian
Rock type	igneous
Coloring	dark
Texture	glassy
Picture	

How to Make Repetitive Learning Effective

Cheng Lee
Professor, Stone City University

Mr. Oxford's thoughts on contextual learning were insightful. I agree that it can be beneficial. Repetition, though, can also work well. However, the repetitive learning strategy he discussed, which is called "massed learning," is not effective. There is another kind of repetitive learning called "spaced learning," in which students memorize new information and then review it over longer intervals.

The interval between studying is the key difference. In Mr. Oxford's example, his students probably used their workbooks to study over a short period of time. In this case, they might have paid less attention to the content as they continued to review it. The reason for this is that the content was no longer new and could easily be ignored. In contrast, when the intervals are longer, the students' memory of the content is weaker. Therefore, they pay more attention because they have to make a greater effort to recall what they had learned before. For example, if students study with their workbooks, wait three days, and then study again, they are likely to learn the material better.

Previous research has provided evidence for the advantages of spaced learning. In one experiment, students in Groups A and B tried to memorize the names of 50 animals. Both groups studied four times, but Group A studied at one-day intervals while Group B studied at one-week intervals. As the figure to the right shows, 28 days after the last learning session, the average ratio of recalled names on a test was higher for the spaced learning group.

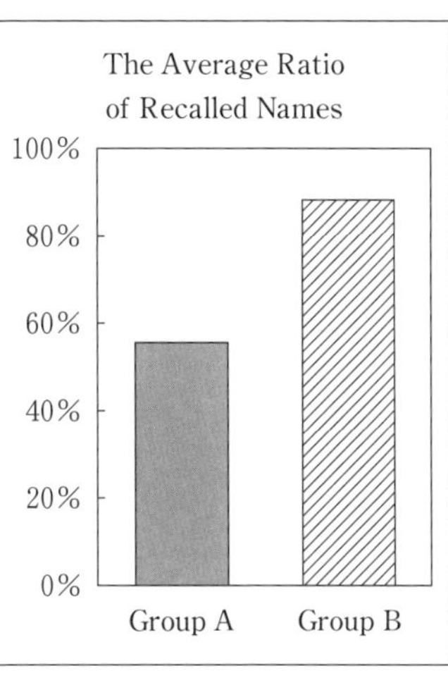

I understand that students often need to learn a lot of information in a short period of time, and long intervals between studying might not be practical. You should understand, though, that massed learning might not be good for long-term recall.

問 1　Oxford believes that [24].

① continuous drilling is boring
② reading an explanation of terms is helpful
③ students are not interested in science
④ studying with a workbook leads to success

問 2　In the study discussed by Lee, students took a test [25] after their final session.

① four weeks
② immediately
③ one day
④ one week

問 3　Lee introduces spaced learning, which involves studying at [26] intervals, in order to overcome the disadvantages of [27] learning that Oxford discussed.　(Choose the best one for each box from options ①～⑥.)

① contextual
② extended
③ fixed
④ irregular
⑤ massed
⑥ practical

問 4 Both writers agree that [28] is helpful for remembering new information.

① experiential learning
② having proper rest
③ long-term attention
④ studying with workbooks

問 5 Which additional information would be the best to further support Lee's argument for spaced learning? [29]

① The main factor that makes a science class attractive
② The most effective length of intervals for spaced learning
③ Whether students' workbooks include visuals or not
④ Why Oxford's students could not memorize information well

（令和5年度　本試験）

STEP 3 解答のプロセスを理解する

解答　問1 ①　問2 ①　問3 ②・⑤　問4 ①　問5 ②

解説

問1　オックスフォードは［ 24 ］と考えている。　易

① **継続的な練習は退屈だ**
② 用語の説明を読むことは役に立つ
③ 生徒は理科に興味がない
④ 問題集を使って勉強することは成功につながる

オックスフォード先生の考えを、本文から探します。オックスフォード先生の記事の第1段落最終文Also, **this sort of repetitive learning is dull and demotivating.**「また、この種の反復学習は退屈でやる気が起きない」から、①が正解と判断できます。本文のrepetitive learningが選択肢①のcontinuous drillingに、本文のdullが①のboringにパラフレーズされていることを理解しましょう。①のdrillingは「練習」の意味になります。

誤りの選択肢を見ていくと、②、③は本文に記述がないので、正解にはなりません。④は、第3段落第3文I don't think this is the best way.「私はこれが最善の方法だとは思わない」のthisがdoing drills「ドリルをやること」を指しているので、正解にはなりません。

問2　リーが論じている研究では、生徒は最後の勉強時間の［ 25 ］後にテストを受けた。　標

① **4週間**
② 直
③ 1日
④ 1週間

リー教授が議論した研究が問題になっているので、分散学習を紹介しているページから、解答の根拠を探します。設問のfinal

sessionをキーワードとして拾っておけば、リー教授の記事の第3段落第4文As the figure to the right shows, **28 days after the last learning session**, the average ratio of recalled names on a test was higher for the spaced learning group.「右の表が示している通り、**最後の学習時間から28日後**に行われたテストでは、思い出した名前の平均割合は分散学習のグループの方が高かった」が解答の根拠にあたる箇所とわかります。「テストの結果が高かった」から、設問の内容にあるように、「生徒がテストを受けた」とわかるので、**28日後に相当する① four weeks「4週間」が正解**と判断できます。**本文のlastが設問ではfinalにパラフレーズされている**ことを理解しましょう。

誤りの選択肢を見ていくと、③、④は第3段落第3文で1日間隔、1週間間隔とありますが、これは設問の条件の「最後の勉強時間の後」ではないので、正解にはなりません。②は本文に記述がありません。

問3 オックスフォードが論じた[27]学習の不利な点を克服するために、リーは分散学習という[26]間隔での学習を伴う方法を紹介している。
(選択肢①～⑥から、それぞれの空所に最適なものを選びなさい。) やや難

*① 文脈的な　間違いやすい選択肢！
② **延長された([26])**
③ 固定された
④ 不規則な
⑤ **集中的な([27])**
⑥ 実践的な

[27]は、**オックスフォード先生が論じた学習**なので、リー教授の記事の第1段落第4文However, **the repetitive learning strategy he discussed, which is called "massed learning,"** is not effective.「しかし、**彼が論じた反復学習の戦略は、『集中学**

第4問
マルチパッセージ問題

習』と呼ばれるもので、効果的ではない」に着目します。ここでのheは、同段落第1文のMr. Oxfordを指すので、 27 には⑤massed「集中的な」が入るとわかります。ここで、設問文の「オックスフォードが論じた」から、contextual learningの①を選んでしまいがちですが、先ほど挙げたHoweverの文から、リー教授の提唱する分散学習は、集中学習の欠点を補うために挙げられているので、 27 にはmassedが正しいと判断します。

続いて、分散学習の間隔は、同じくリー教授の記事の第1段落最終文 There is another kind of repetitive learning called "spaced learning," in which students memorize new information and then review it over **longer intervals**.「反復学習にはもう1つ『分散学習』と呼ばれるものがある。これは、生徒が新しい情報を記憶してから、それを**より長い間隔**を置いて復習する方法だ」から、 26 には② extended「延長された」が入るとわかります。

問4 両方の筆者が 28 は新しい情報を覚えるのに役立つと同意する。 標

① **経験に基づく学習**
② 適切な休息をとること
③ 長期間の注意
④ 問題集で勉強すること

オックスフォード先生の記事の第2段落第2文で、推奨する文脈学習の説明で、In this kind of learning, **new knowledge is constructed through students' own experiences**.「この種の学習では、**新しい知識は生徒自身の経験を通じて構築される。**」とあるのに着目します。次に、リー教授の記事の第1段落第1文、2文で**オックスフォード先生の提唱する文脈学習に賛成**とあるので、それはすなわち「**新しい知識が生徒自身の経験を通じて構築される」方法に賛成している**とわかるので、**①が正解**と判断できます。

誤りの選択肢を見ていくと、②「適切な休息をとること」は、リー教授の提唱する分散学習における学習の間隔を指していると考えることはできても、オックスフォード先生の記事には関連する表現がないので、正解にはなりません。③は、オックスフォード先生の記事には言及がなく、リー教授の記事では学習の間隔をあける分散学習が提唱されていて、「長期間の注意」とは書かれていません。

④は、オックスフォード先生の記事の第3段落第2文、第3文で、「ドリル学習が最善の方法だとは思わない」という内容が述べられています。リー教授の記事にも、問題集での勉強を推奨する表現は見当たらないので、正解にはなりません。

問5 リーの分散学習の主張をさらに支持するのに最適な追加情報はどれか。 29 易

① 理科の授業を魅力的にする主な要素
② **分散学習の最も効果的な間隔の長さ**
③ 生徒の問題集に視覚的なものを含むかどうか
④ なぜオックスフォードの生徒が情報をしっかりと記憶できなかったか

リー教授の記事の第1段落最終文から、分散学習とは、「生徒が新しい情報を記憶してから、それをより長い間隔を置いて復習する」勉強法とあらためて確認します。第2段落第1文「**学習の間隔をあけるのが重要な違いだ**」から、**②の「分散学習の最も効果的な間隔の長さ」がわかることで、分散学習の利点を支持する内容となるので、正解**と判断します。

誤りの選択肢を見ていくと、①の「理科の授業を魅力的にする主な要素」は、分散学習と関係ありません。③の「視覚的なもの」の有無も分散学習と関係ありません。④のオックスフォード先生の生徒は、文脈学習の対象となっていたので、やはり分散学習とは関係ありません。

本文とイラスト・グラフの訳

あなたの先生は、あなたに勉強する効果的な方法について、2つの記事を読むように言った。あなたは次の授業で学んだことを議論するだろう。

学習する方法：文脈学習で効果的！

ティム・オックスフォード
ストーンシティ中学校の理科の教師

（第1段落）

理科の教師として、私は学ぶのに苦労している生徒を助ける方法に常に関心がある。最近になって、私は、彼らの主な学習方法が、新しい情報をすべて思い出せるまで繰り返し勉強することだとわかった。例えば、彼らがテスト勉強をするとき、下の例のような問題集を使って、空所に入る用語を繰り返し唱えた。「黒曜石は火成岩、黒色、ガラス状。黒曜石は火成岩、黒色、ガラス状…。」これらの生徒は、まるで自分たちがその情報を学んだかのように感じるが、それをすぐに忘れて、テストでは低い点数を取ってしまう。また、この種の反復学習は退屈でやる気が起きない。

（第2段落）

彼らの学びを助けるために、私は「文脈学習」を取り入れてみた。この種の学習では、新しい知識は生徒自身の経験を通じて構築される。私の理科の授業では、生徒が異なる種類の石の性質を学んだ。問題集でその用語を彼らに記憶させるのではなく、私はさまざまな石の入った大きな箱を授業に持ち込んだ。生徒は石を調べて、自分たちが観察した特徴に基づいて、その名前を特定した。

（第3段落）

この経験のおかげで、これらの生徒は、勉強した石の性質をいつでも説明できるだろうと思う。しかし、1つ問題なのは、私たちに文脈学習をする時間がいつもあるわけではないので、生徒は依然としてドリルをやることで勉強するだろう。私はこれが最善の方法だとは思わない。私はまだ彼らの学習を改善する方法を探求しているところだ。

石の名前	黒曜石
石の種類	火成岩
色	黒色
質感	ガラス状
画像	

反復学習を効果的にする方法

チェン・リー
ストーンシティ大学教授

（第1段落）

オックスフォード先生の文脈学習に関する考えは、洞察力に富んだものだった。私はそれが有益でありえると認める。もっとも、反復もしっかりと機能する可能性がある。しかし、彼が論じた反復学習の戦略は、「集中学習」と呼ばれるもので、効果的ではない。反復学習にはもう1つ「分散学習」と呼ばれるものがある。これは、生徒が新しい情報を記憶してから、それをより長い間隔を置いて復習する方法だ。

（第2段落）

学習の間隔をあけるのが重要な違いだ。オックスフォード先生の例では、生徒はおそらく問題集を使って、短期間で勉強したのだろう。この場合、彼らはそれを復習し続けるうちに、その内容に注意を払わなくなっていった可能性がある。この理由は、その内容がもはや新しいものではなくなり、簡単に軽視される可能性があったからだ。対照的に、間隔がより長くなると、生徒のその内容の記憶はより薄れる。したがって、彼らが以前学んだものを思い出すのに、より大きな努力をしなければいけないので、より多くの注意を向けることになる。例えば、もし生徒が問題集で勉強して、3日待って、それから再び勉強すると、彼らはその教材をよりよく学ぶ可能性が大きいということだ。

（第3段落）

以前の研究では、分散学習の利点が証明されている。ある実験では、グループAとBの生徒が、50の動物の名前を記憶しようとした。どちらのグループも、4回勉強したが、グループAは1日間隔、Bは1週間間隔で勉強した。右の表が示している通り、最後の学習時間から28日後に行われたテストでは、思い出した名前の平均割合は分散学習のグループの方が高かった。

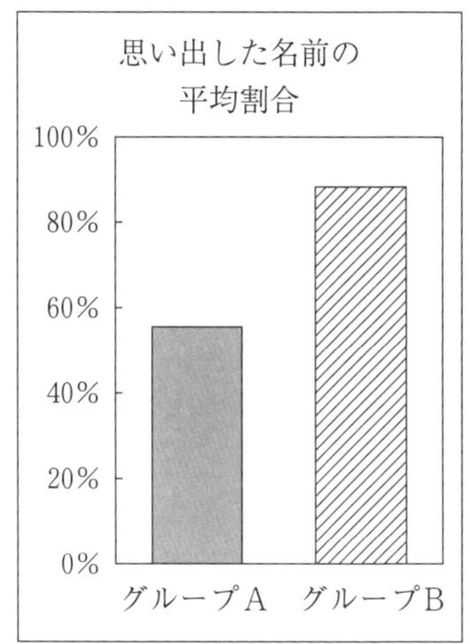

（第4段落）

私は、生徒がしばしば短期間でたくさんの情報を学習する必要があるので、学習に長い間隔をあけることは実践的ではないかもしれないということを理解している。とはいえ、あなたは集中学習は長期記憶の定着にはよくないかもしれないということを理解すべきだ。

語彙リスト

序文

- □ ask O to do「Oに～するように求める」
- □ article「記事」
- □ effective「効果的な」

1つ目の記事

- □ contextual「文脈の」
- □ science「理科」

(第1段落)

- □ be concerned about「～に関心がある」
- □ how to do「～する方法」
- □ struggle to do「苦労して～する」
- □ recently「最近」
- □ repeatedly「繰り返して」
- □ recall「思い出す」
- □ workbook「問題集」
- □ term「用語」
- □ blank「空欄」
- □ igneous「火成（岩）の」
- □ glassy「ガラス状の」
- □ as if「まるで～かのように」
- □ score「点数」
- □ sort「種類」
- □ repetitive「反復の」
- □ dull「退屈な」
- □ demotivating「やる気の起こらない」

(第2段落)

- □ apply「適用する」
- □ construct「構築する」
- □ property「性質」
- □ rather than「～よりむしろ」
- □ memorize「記憶する」
- □ examine「調査する」
- □ identify「特定する」
- □ characteristics「特徴」

(第3段落)

- □ describe「説明する」
- □ not always「いつも～とは限らない」
- □ drill「(学習用）ドリル」
- □ search for「～を探し求める」
- □ texture「質感」

2つ目の記事

- □ professor「教授」

(第1段落)

- □ insightful「洞察力に富んだ」
- □ beneficial「有益な」
- □ repetition「反復」
- □ strategy「戦略」
- □ massed「集中した」
- □ spaced「間隔をあけた」
- □ review「見直す」
- □ interval「間隔」

（第2段落）

- [ ] key「重要な」
- [ ] period「期間」
- [ ] might have p.p.「～したかもしれない」
- [ ] content「内容」
- [ ] reason「理由」
- [ ] ignore「無視する」
- [ ] therefore「したがって」
- [ ] be likely to do「～しそうだ」
- [ ] probably「おそらく」
- [ ] case「場合」
- [ ] pay attention to「～に注意を払う」
- [ ] continue to do「～し続ける」
- [ ] no longer「もはや～ない」
- [ ] in contrast「対照的に」
- [ ] make an effort「努力する」
- [ ] material「教材」

（第3段落）

- [ ] previous「以前の」
- [ ] provide「提供する」
- [ ] advantage「利点」
- [ ] figure「図表」
- [ ] average「平均的な」
- [ ] research「研究」
- [ ] evidence「証拠」
- [ ] experiment「実験」
- [ ] session「期間」
- [ ] ratio「割合」

（第4段落）

- [ ] practical「実践的な」

設問と選択肢

- [ ] continuous「継続的な」
- [ ] lead to「～に至る」
- [ ] introduce「紹介する」
- [ ] overcome「克服する」
- [ ] fixed「固定された」
- [ ] proper「適切な」
- [ ] further「さらに」
- [ ] factor「要因」
- [ ] length「長さ」
- [ ] visual「視覚的なもの」
- [ ] boring「退屈な」
- [ ] immediately「すぐに」
- [ ] involve「伴う」
- [ ] extended「延長された」
- [ ] irregular「不規則な」
- [ ] additional「追加の」
- [ ] argument「主張」
- [ ] attractive「魅力的な」
- [ ] include「含んでいる」

＊次も第4問の対策になりますが、解答の最短ルートは、解答・解説の中に掲載してあります。まずは、自分の手を動かして問題を解いてみてください。設問のキーワードからチェックして、本文を読み進めていきましょう。

過去問にチャレンジ 1

制限時間 10分

第4問 (配点 16)

You and two friends have rented a section of a community garden for the first time. Your friends have written emails about their ideas for growing vegetables in the garden. Based on their ideas, you reply to finalize the garden plans.

March 23, 2023

Our Garden Plan

Hi! Daniel here! I scanned this great planting chart in a gardening book I got from the library. The black circles show when to plant seeds directly into the soil. The black squares show when to plant seedlings, which are like baby plants. The stars show when to harvest a vegetable.

Planting Schedule

	Mar.		Apr.		May		June		July		Aug.		Sept.		Oct.		Nov.	
beans			●	●	●				☆	☆								
cabbages		●	●						☆	☆		■	■			☆	☆	☆
carrots		●	●						☆	☆								
onions						☆	☆	☆					●	●				
potatoes	●	●					☆	☆			●						☆	☆
tomatoes			●	■	■					☆	☆	☆						

It's already late March, so I think we should plant the potatoes now. We can harvest them in June, and then plant them again in August. Also, I'd like to plant the carrots at the same time as the potatoes, and the cabbages the next month. After harvesting them in July, we can put in cabbage seedlings at the same time as we plant the onions. We won't be able to eat our onions until next year! I have bought tomato seedlings and would like to give them more time to grow before planting them. Let's plant the beans toward the end of April, and the tomatoes the following month.

Let's discuss the garden layout. We will have a 6 × 6 meter area and it can be divided into two halves, north and south. Beans, cabbages, and tomatoes grow above the ground so let's grow them together. How about in the southern part? We can grow the carrots, potatoes, and onions together because they all grow underground. They will go in the northern part.

March 24, 2023

Re: Our Garden Plan

Thanks, Daniel!

Rachel here. Your schedule is great, but I'd like to make some changes to your garden layout. We have six vegetables, so why don't we divide the garden into six sections?

We have to be careful about which vegetables we plant next to one another. I did a little research in a gardening book about the vegetables we'll grow. Some of our vegetables grow well together and they are called "friends." Others don't and they are "enemies." Our layout must consider this.

First, the tomatoes should go in the southern part of the garden. Tomatoes and cabbages are enemies and should be separated. Let's plant the cabbages in the southwest corner. The onions can be put in the middle because they are friends of both tomatoes and cabbages.

Next, let's think about the northern part of the garden. Let's put the beans in the western corner because beans and cabbages are friends. Carrots are friends with tomatoes so planting them in the eastern corner would be better. Potatoes can go in the middle. They are friends with beans and neutral with onions.

Well, what do you think of the layout?

March 25, 2023

Re: Re: Our Garden Plan

Hi!

It's me! Thanks for your excellent ideas! Below is the planting schedule Daniel suggested two days ago. First, we need to buy [24] kinds of seeds soon so we can plant them over the next two months!

[25]

Mar.	Early Apr.	Late Apr.	May	Aug.	Sept.
-[A] -potatoes	-[B]	-[C]	-[D]	-potatoes	-onions -cabbages

I made this garden layout using Rachel's idea.

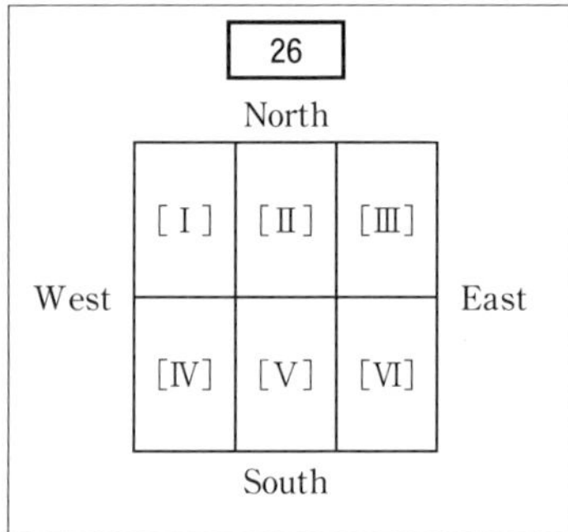

It is similar to Daniel's. The vegetables in the northern and southern halves are almost the same. Only the [27] are in different areas.

Rachel did a good job of considering friends and enemies. For our reference, I have made a chart.

[28]

We have not yet discussed [29], but I think we should.

問 1 Choose the best option for [24].

① 3
② 4
③ 5
④ 6

問 2 Complete the planting schedule in your email. Choose the best option for [25].

	[A]	[B]	[C]	[D]
①	cabbages	carrots	beans	tomatoes
②	cabbages	carrots	tomatoes	beans
③	carrots	cabbages	beans	tomatoes
④	carrots	tomatoes	cabbages	beans

問 3 Complete the garden layout information in your email.

Choose the best option for [26].

	[Ⅰ]	[Ⅱ]	[Ⅲ]	[Ⅳ]	[Ⅴ]	[Ⅵ]
①	beans	onions	tomatoes	cabbages	potatoes	carrots
②	beans	potatoes	carrots	cabbages	onions	tomatoes
③	cabbages	onions	carrots	beans	potatoes	tomatoes
④	cabbages	potatoes	tomatoes	beans	onions	carrots

Choose the best option for [27].

① beans and onions
② cabbages and potatoes
③ carrots and tomatoes
④ onions and potatoes

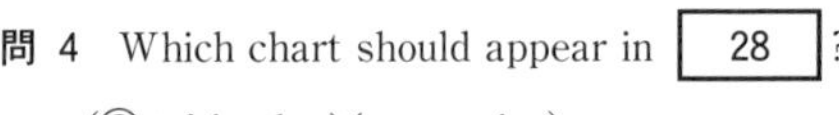

問 4　Which chart should appear in 28 ?

(◎ : friends, × : enemies)

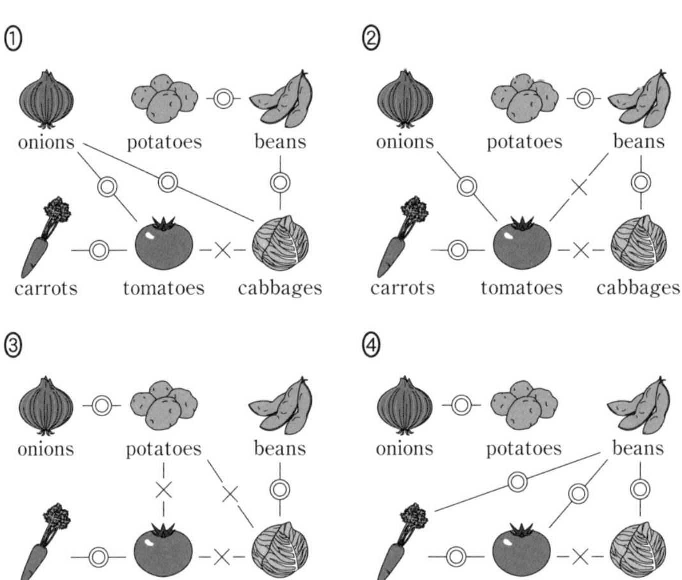

問 5　Choose the best option for 29 .

① the difference between seeds and seedlings
② the responsibilities of caring for the garden
③ the timing for collecting the crops
④ vegetables that should be planted together

（令和5年度　追・再試験）

解答・解説 1

解説

問1 　24 に入る最も最もふさわしい選択肢を選びなさい。 難

① 3
② **4**
*③ 5 　間違いやすい選択肢！
④ 6

解答の最短ルート

❶ 設問をチェックして、 24 の場所に移動します。
❷ 24 の周辺のkinds of seeds、plant、next two monthsを丸で囲みます。
❸ ダニエルのメールから、「**次の2か月間で植えるのに、何種類の種を買う必要があるか**」をチェックします。

ダニエルのメールの第2段落第1文It's already late March, so I think **we should plant the potatoes now**.から、**ジャガイモの種を買うべき**だとわかります。この文やメールの日付から今が3月後半とわかるので、**次の2か月間とは3月後半～5月後半**とわかります。続いて、同じ段落の第3文Also, I'd like to **plant the carrots at the same time as the potatoes**, and **the cabbages the next month**.から、「**3月にニンジン、4月にキャベツ**」を植えるとわかります。

同じ段落の最終文Let's **plant the beans toward the end of April**, and **the tomatoes the following month**.から、4月末と5月なので、**豆とトマトも買う**ものと思ってしまいます。しかし、1つ前の文**I have bought tomato seedlings**から**トマトの苗木**(なえぎ)**はすでに買っている**とわかります。よって、**ジャガイモ、ニンジン、**

第4問
マルチパッセージ問題

キャベツ、豆の4つと判断して、**②が正解**です。

問2 あなたのメールの作付け計画を完成させなさい。[25]に入る最もふさわしい選択肢を選びなさい。 易

	[A]	[B]	[C]	[D]
①	キャベツ	ニンジン	豆	トマト
②	キャベツ	ニンジン	トマト	豆
③	**ニンジン**	**キャベツ**	**豆**	**トマト**
④	ニンジン	トマト	キャベツ	豆

解答の最短ルート

❶ 設問をチェックして、planting schedule「作付け計画」の情報を本文から探します。

❷ [25]の表をチェックして、3月にpotatoesと一緒に植えるもの、4月前半、4月後半、5月に植えるものを本文から探し出すと判断します。

❸ ダニエルのメールにあるPlanting Scheduleの表の下から情報を探します。

ダニエルのメールの第2段落第1文から3月後半にジャガイモ、第3文からジャガイモと同時期の**3月後半にニンジン、4月にキャベツとわかります。そこから、③が正解**と判断します。[C]、[D]も本文から特定すると、同段落の最終文Let's **plant the beans toward the end of April**, and **the tomatoes the following month**.「4月の終わりごろに豆、そして翌月にトマトを植えましょう」から、**豆が4月後半、トマトが5月とわかるので、やはり③が正解**になります。

問3 あなたのメールの菜園レイアウトの情報を完成させなさい。

[26] に入るのに最も ふさわしい選択肢を選びなさい。 標

	[Ⅰ]	[Ⅱ]	[Ⅲ]	[Ⅳ]	[Ⅴ]	[Ⅵ]
①	豆	玉ねぎ	トマト	キャベツ	ジャガイモ	ニンジン
②	**豆**	**ジャガイモ**	**ニンジン**	**キャベツ**	**玉ねぎ**	**トマト**
③	キャベツ	玉ねぎ	ニンジン	豆	ジャガイモ	トマト
④	キャベツ	ジャガイモ	トマト	豆	玉ねぎ	ニンジン

解答の 最短ルート

❶ 設問を見て [26] の表を見て、菜園のレイアウトの情報をチェックすると判断します。

❷ かつ、[26] の表上にusing Rachel's ideaとあるので、レイチェルのメールの第4段落以降の情報をまとめます。

レイチェルのメールの第4段落第1文から、トマトが南、同段落第3文からキャベツが南西とわかります。かつ同段落最終文から、**[Ⅳ]、[Ⅴ]、[Ⅵ] に、順にキャベツ、玉ねぎ、トマトが入るとわかります。よって、正解は②**になります。

本番は、この段階で次の問題に進んでいいですが、ここでは [Ⅰ]、[Ⅱ]、[Ⅲ] も本文から特定していきます。レイチェルのメールの第5段落第2文から、**豆が北の西側なので、[Ⅰ]** とわかります。同段落第3文から、ニンジンとトマトが東側で、トマトは南側だとすでにわかっているので、**ニンジンが [Ⅲ]** とわかります。同段落第4文から**ジャガイモが真ん中なので、[Ⅱ]** とわかります。

[27] に入る最もふさわしい選択肢を選びなさい。 やや難

① **豆と玉ねぎ**

② キャベツとジャガイモ

③ ニンジンとトマト

④ 玉ねぎとジャガイモ

解答の最短ルート

❶ 設問を見て 27 と周辺情報を拾います。
❷「ダニエルの菜園レイアウトと似ていて、 27 だけが異なる」という情報をチェックします。レイチェルのメールの第4段落、第5段落を読んで、ダニエルの提案と異なる箇所を探します。

26 の問題で、すべてを特定したので、ダニエルの提案があるダニエルのメールの第3段落を見ていきます。**同段落第3文、4文から、豆、キャベツ、トマトが南の部分**なので、レイチェルの提案と異なるのは、**玉ねぎの代わりに豆**が入っていることだとわかります。続いて、同段落第5文、6文から、ニンジン、ジャガイモ、玉ねぎを北に植えるとわかるので、レイチェルの提案とは、**「豆の代わりに玉ねぎが入る」とわかるので、①が正解**になります。

問4 28 には、どの図が載るべきか。 標
(◎:仲良し、×:敵)

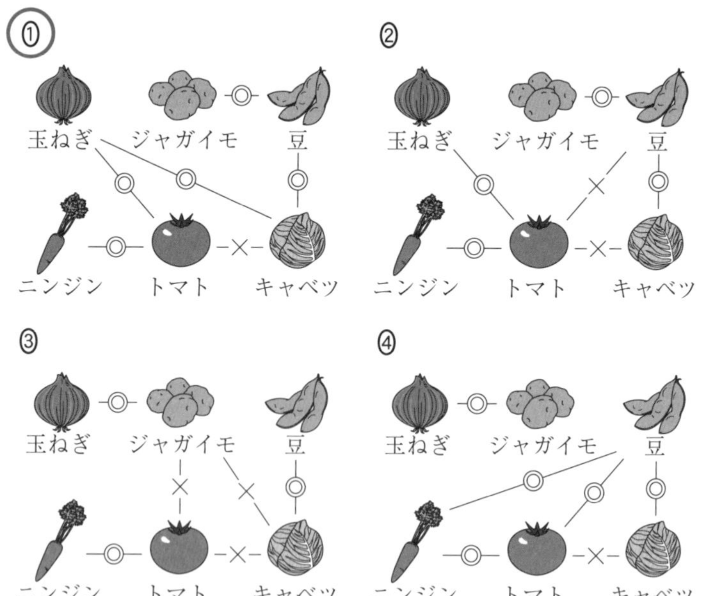

解答の最短ルート

❶ 設問から、野菜それぞれの相性を尋ねる問題と判断します。
❷ [27]の問題でチェックした、レイチェルのメールの第4段落、第5段落から野菜の相性の表現をチェックして、選択肢を絞り込みます。

レイチェルのメールの第4段落第2文で「トマトとキャベツは敵だ」とわかりますが、これは①～④の共通情報になります。同段落最終文で、**「玉ねぎはトマトとキャベツの両方と仲良し」**とわかります。よって、**①が正解**と特定できます。試験本番は、この段階で次の問題に進んで構いません。第5段落の情報も整理すると、第2文で「豆とキャベツが仲良し」とわかります。第3文から「ニンジンはトマトと仲良し」とわかります。この2つとも①～④の共通情報です。最終文で「ジャガイモは豆と仲良し」、「玉ねぎとは中立」とわかります。これには③、④が矛盾して、①、②が該当します。

問5 [29] に入る最も ふさわしい選択肢を選びなさい。 

*① 種と苗の違い　間違いやすい選択肢！
② **庭の管理責任**
③ 作物を収穫するタイミング
④ 一緒に植えるべき野菜

解答の最短ルート

❶ 設問を読んで、[29]が含まれている箇所に目を向けます。
❷ [29]が含まれている文から、**「まだ話し合っていないこと」**を[29]に入れると判断します。
❸ 選択肢を本文と照らし合わせて、**「まだ話し合っていないこと」**を探します。

第4問 マルチパッセージ問題

①はseedが「種」、seedlingが「苗」を意味します。この区別は難しいですが、ダニエルのメールの第1段落第4文にseedlingの説明として、**seedlings, which are like baby plants「苗という植物の赤ちゃんのようなもの」とあり、ここからある程度の類推は可能になるので、はっきりと違いと言い切れるかは微妙ですが、一応言及はされているので、保留**します。

続いて、**②は本文に一切言及がありません**。③の「作物の収穫のタイミング」は、ダニエルのメールの第1段落最終文でThe stars show when to harvest a vegetable.「星はいつ野菜を収穫すべきかを示している」とあるので、正解にはなりません。**本文のharvestが選択肢③のcollectingに、本文のvegetableが③のcropsにパラフレーズされている**ことを理解しましょう。p.170 得点力アップのPOINT 18 で説明した、**上位概念のパラフレーズ**になります。vegetable「野菜」の上位概念がcrop「作物」ということです。**crop「作物」とは、grain「穀物」、vegetable「野菜」、fruit「果物」などすべてを含むので、いずれの単語とも言い換えが可能**になります。穀物とは、rice「米」、corn「トウモロコシ」、wheat「小麦」などの主食を指します。

④の「一緒に植えるべき野菜」は、レイチェルのメールの第4段落、第5段落に詳細に書かれているので、正解にはなりません。よって、**②を正解**として、①は先ほど言及した場所で区別について書かれていると判断します。

解答

問1 ②　問2 ③　問3 ②・①　問4 ①　問5 ②

本文と表の訳

あなたと2人の友人は、初めてコミュニティガーデンの一画を借りた。あなたの友人が、菜園で野菜を育てるための考えについて、メールを書いてくれた。彼らの考えに基づいて、あなたは菜園の計画を完成させるために返信する。

2023年3月23日

私たちの菜園計画

（第1段落）
こんにちは！　こちらはダニエルです！　私は、図書館から借りたガーデニングブックで、この素晴らしい作付け表をスキャンしました。黒い丸は、土壌に種をいつ直接植えるべきかを示しています。黒い四角は、いつ苗という植物の赤ちゃんのようなものを植えるべきかを示しています。星は、いつ野菜を収穫すべきかを示しています。

作付け計画

	3月		4月		5月		6月		7月		8月		9月		10月		11月	
豆			●	●	●				☆	☆								
キャベツ		●	●						☆	☆		■	■			☆	☆	☆
ニンジン		●	●						☆	☆								
玉ねぎ						☆	☆	☆					●	●				
ジャガイモ	●	●					☆	☆			●						☆	☆
トマト			●	■	■					☆	☆	☆						

（第2段落）
もう3月後半なので、私たちは今ジャガイモを植えるべきだと思います。私たちはそれらを6月に収穫できるし、それから、それらを8月にもう一度植えることができます。また、私はジャガイモと同時にニンジン、そして翌月にキャベツを植えたいです。7月にそれらを収穫したあと、私たちは玉ねぎを植えるのと同時に、キャベツの苗を植えることができます。私たちは来年まで自分たちの玉ねぎを食べられないでしょう！　私はトマトの苗木を買いましたが、それらを植える前に育つ時間をもっと与えたいです。4月の終わりごろに豆、そして翌月にトマトを植えましょう。

（第3段落）
菜園のレイアウトを話し合いましょう。6メートル四方のエリアがあるので、北と南の半分に分けられます。豆、キャベツ、そしてトマトは地上に成長するので、それらを一緒に栽培しましょう。南の部分に植えるのはどうでしょうか？　ニンジン、ジャガイモ、玉ねぎはすべて地下で育つので、一緒に栽培できます。それらは北に置きましょう。

2023年3月24日

Re：私たちの菜園計画

（第1段落）
ありがとう、ダニエル！

（第2段落）
こちらはレイチェルです。あなたのスケジュールは素晴らしいですが、私はあなたの菜園のレイアウトにいくつか変更を加えたいです。6種類の野菜があるので、庭を6つの区画に分けてはどうでしょうか？

（第3段落）
私たちはどの野菜を隣同士に植えるかに関して注意しなければいけません。私は、私たちが栽培する野菜に関して、ガーデニングブックで少し研究をしました。私たちの野菜の中には、一緒にうまく成長するものがあり、それらは「仲良し」と呼ばれます。一緒にうまく成長しないものもあり、それらは「敵」と呼ばれます。私たちのレイアウトはこれを考慮しなければいけません。

（第4段落）
はじめに、トマトは菜園の南の部分に置くべきです。トマトとキャベツは敵で、離すべきです。南西の角にキャベツを植えましょう。玉ねぎは、トマトとキャベツの両方と仲良しなので、間に置くことができます。

（第5段落）
次に、菜園の北の部分を考えましょう。豆とキャベツは仲良しなので、豆を西の角に置きましょう。ニンジンはトマトと仲良しなので、それらを東の角に植えるのがよいでしょう。ジャガイモは中央に置くことができます。それは豆と仲良しで、玉ねぎとは中立です。

（第6段落）
さて、あなたたちはこのレイアウトをどう思いますか？

2023年3月25日

Re：Re：私たちの菜園計画

こんにちは！

私だよ！　素晴らしいアイデアをありがとう！　下にあるのはダニエルが2日前に提案した作付け計画です。はじめに、私たちは、次の2か月間に植えることができるように、早めに[24]種類の種を買う必要があります！

[25]

3月	4月前半	4月後半	5月	8月	9月
[A] ジャガイモ	[B]	[C]	[D]	ジャガイモ	玉ねぎ キャベツ

私はレイチェルのアイデアを使って、この菜園レイアウトを作成しました。

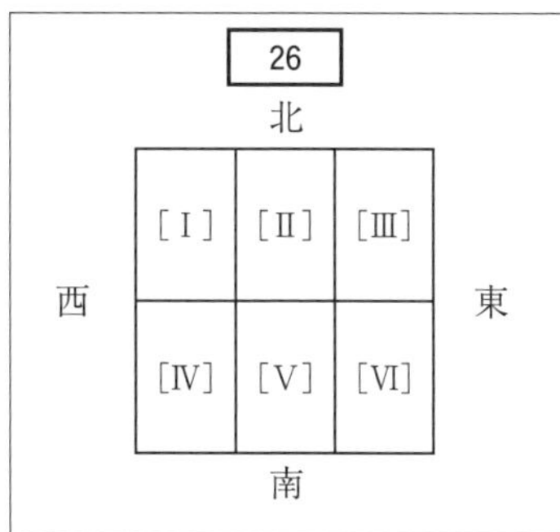

それはダニエルのものと似ています。北半分、南半分の野菜は、ほぼ同じです。[27]だけが異なる区域にあります。

レイチェルは、仲良しや敵を考慮したよい仕事をしました。参考までに、私は表を作りました。

[28]

私たちはまだ[29]を話し合っていないですが、話し合うべきだと思います。

第4問 マルチパッセージ問題

語彙リスト

序文

☐ rent「借りる」 ☐ section「区画」
☐ community garden「コミュニティガーデン」
☐ grow「育てる」 ☐ vegetable「野菜」 ☐ based on「～に基づいて」
☐ reply「返信する」 ☐ finalize「完成させる」

1つ目のメール

(第1段落)
☐ scan「スキャンする」 ☐ chart「表」 ☐ circle「丸」
☐ when to do「いつ～すべきか」 ☐ plant「植える」
☐ seed「種」 ☐ directly「直接」 ☐ soil「土壌」
☐ square「四角」 ☐ seedling「苗」 ☐ like「～のような」
☐ harvest「収穫する」 ☐ planting schedule「作付け計画」
☐ bean「豆」 ☐ cabbage「キャベツ」 ☐ carrot「ニンジン」
☐ onion「玉ねぎ」 ☐ potato「ジャガイモ」 ☐ tomato「トマト」

(第2段落)
☐ already「すでに」 ☐ late「～後半」
☐ at the same time as「～と同時に」 ☐ toward「～ころに」
☐ following「次の」

(第3段落)
☐ layout「レイアウト」 ☐ be divided into「～に分けられる」
☐ above「～の上に」 ☐ southern「南の」 ☐ underground「地下で」
☐ northern「北の」

2つ目のメール

(第2段落)
☐ Why don't we ～?「～してはどうか?」

(第3段落)
☐ next to「～の隣に」 ☐ one another「お互いに」 ☐ research「研究」
☐ Some ～. Others ....「～するものもあれば、…するものもある。」
☐ enemy「敵」

(第4段落)
☐ separate「離す」 ☐ corner「隅」 ☐ middle「中央」

(第5段落)
☐ western「西の」 ☐ eastern「東の」 ☐ neutral「中立の」

3つ目のメール

- [ ] excellent「素晴らしい」
- [ ] suggest「提案する」
- [ ] be similar to「～に似ている」
- [ ] for one's reference「～の参考までに」

設問と選択肢

- [ ] option「選択肢」
- [ ] complete「完成させる」
- [ ] appear「掲載される」
- [ ] responsibility「責任」
- [ ] care for「～の世話をする」
- [ ] timing「時期」
- [ ] collect「集める」
- [ ] crop「作物」

きめる! KIMERU SERIES

過去問にチャレンジ 2

制限時間 10分

第4問 (配点 16)

You are a new student at Robinson University in the US. You are reading the blogs of two students, Len and Cindy, to find out where you can buy things for your apartment.

New to Robinson University?

Posted by Len at 4:51 p.m. on August 4, 2021

Getting ready for college? Do you need some home appliances or electronics, but don't want to spend too much money? There's a great store close to the university called Second Hand. It sells used goods such as televisions, vacuum cleaners, and microwaves. A lot of students like to buy and sell their things at the store. Here are some items that are on sale now. Most of them are priced very reasonably, but stock is limited, so hurry!

Second Hand ***Sale for New Students!***

Television **$250**
2016 model
50 in.

Microwave **$85**
2019 model
1.1 cu. ft. 900 watts

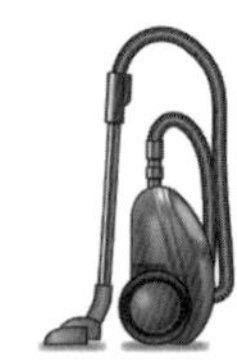

Vacuum Cleaner **$30**
2017 model
W 9 in. x L 14 in. x H 12 in.

Rice Cooker **$40**
2018 model
W 11 in. x D 14 in. x H 8 in.

Kettle **$5**
2018 model
1ℓ

https://=======

Purchasing used goods is eco-friendly. Plus, by buying from Second Hand you'll be supporting a local business. The owner is actually a graduate of Robinson University!

Welcome to Robinson University!

Posted by Cindy at 11:21 a.m. on August 5, 2021

Are you starting at Robinson University soon? You may be preparing to buy some household appliances or electronics for your new life.

You're going to be here for four years, so buy your goods new! In my first year, I bought all of my appliances at a shop selling used goods near the university because they were cheaper than brand-new ones. However, some of them stopped working after just one month, and they did not have warranties. I had to replace them quickly and could not shop around, so I just bought everything from one big chain store. I wish I had been able to compare the prices at two or more shops beforehand.

The website called save4unistu.com is very useful for comparing the prices of items from different stores before you go shopping. The following table compares current prices for the most popular new items from three big stores.

Item	Cut Price	Great Buy	Value Saver
Rice Cooker (W 11 in. x D 14 in. x H 8 in.)	$115	$120	$125
Television (50 in.)	$300	$295	$305
Kettle (1ℓ)	$15	$18	$20
Microwave (1.1 cu. ft. 900 watts)	$88	$90	$95
Vacuum Cleaner (W 9 in. x L 14 in. x H 12 in.)	$33	$35	$38

https://=======

Note that warranties are available for all items. So, if anything stops working, replacing it will be straightforward. Value Saver provides one-year warranties on all household goods for free. If the item is over $300, the warranty is extended by four years. Great Buy provides one-year warranties on all household goods, and students with proof of enrollment at a school get 10% off the prices listed on the table above. Warranties at Cut Price are not provided for free. You have to pay $10 per item for a five-year warranty.

Things go fast! Don't wait or you'll miss out!

問 1 Len recommends buying used goods because [24].

① it will help the university
② most of the items are good for the environment
③ they are affordable for students
④ you can find what you need in a hurry

問 2 Cindy suggests buying [25].

① from a single big chain store because it saves time
② from the website because it offers the best prices
③ new items that have warranties for replacement
④ used items because they are much cheaper than new items

問 3 Both Len and Cindy recommend that you [26].

① buy from the store near your university
② buy your appliances as soon as you can
③ choose a shop offering a student discount
④ choose the items with warranties

問 4 If you want to buy new appliances at the best possible prices, you should [27].

① access the URL in Cindy's post
② access the URL in Len's post
③ contact one big chain store
④ contact shops close to the campus

問 5 You have decided to buy a microwave from [28] because it is the cheapest. You have also decided to buy a television from [29] because it is the cheapest with a five-year warranty. (Choose one for each box from options ①～④.)

① Cut Price
② Great Buy
③ Second Hand
④ Value Saver

（令和4年度　本試験）

解答・解説 2

解説

問1　レン は［ 24 ］から、中古品を買うことをすすめる。　標

① 大学を助けることになる

② ほとんどの商品が環境によい

③ 学生にとって手ごろな価格だ

④ あなたがすぐに必要なものを見つけることができる

解答の最短ルート

❶ 設問のLen、buying used goods、becauseをチェックして、本文に戻ります。

❷ 序文はさっと読んで、**レンの投稿から、「中古品をすすめる理由」**を探します。

❸ 理由を見つけたら、選択肢に戻って正解を絞り込みます。

レンの投稿の第1段落最終文Most of them are **priced very reasonably**「そのほとんどが**とても手ごろな値段だ**」から、③が正解と判断できます。本文のreasonably「(値段が) 手ごろに」と選択肢③のaffordable「手ごろな価格の」がパラフレーズされていることを理解しましょう。

問2　シンディは［ 25 ］買うことをすすめる。　

① 時間が節約できるので、1つの大きなチェーン店から

*② 最安値(さいやすね)で提供しているので、ウェブサイトから　間違いやすい選択肢！

③ 交換保証が付いている新品を

④ 新品よりずっと安いので、中古品を

解答の最短ルート

❶ 設問のCindy suggestsをチェックします。
❷ シンディの投稿から、シンディが買うのをすすめているものを探して、選択肢から正解を選びます。

シンディの投稿の第2段落第1文から、「**新品を買うこと**」をすすめているとわかります。**③のnew itemsが正解の候補に挙がり、**④はused items「中古品」をすすめているので、正解の候補から除外します。

①は、本文のシンディの投稿の第2段落第4文I had to replace them quickly and could not shop around, so I just bought everything from one big chain store.「私はそれらをすぐに買い替えなければならず、お店を見て回れなかったので、1つの大きなチェーン店ですべてを購入した」から、やむをえず1つの大きなチェーン店で購入しただけで、それをすすめているわけではないので、正解にはなりません。

②は、シンディの投稿の第3段落で、価格比較のために**ウェブサイトの利用をすすめていますが、ウェブサイトからの購入はすすめていないので、正解にはなりません。**やや紛らわしい選択肢と言えるでしょう。

③は、new itemsに加えて、シンディの投稿の第4段落第1文 Note that **warranties are available for all items**.「**すべての商品が保証書付きであることに注目しよう**」から、**have warranties for replacement「交換保証付き」が正しいとわかる**ので、**正解と判断**できます。

第4問 マルチパッセージ問題

問3 レンとシンディの両方が、あなたが[26]ことをすすめる。 

① あなたの大学の近くのお店から買う
② **できる限り早く家電製品を買う**
③ 学生割引を提供しているお店を選ぶ
④ 保証書付きの商品を選ぶ

解答の最短ルート

❶ 設問を見て「**レンとシンディの両方がすすめている行為**」を本文から探します。
❷ **マルチパッセージ問題**と言われる、複数の文章から正解の根拠を探す問題ですが、時間の節約のために、**選択肢を見ながら消去法ですすめていきましょう。**

①は、レンの投稿の第1段落第3文から、「大学の近くにセカンドハンドという素晴らしいお店がある」とわかりますが、シンディは新品をすすめており、このお店はすすめていないので、正解にはなりません。②は、レンの投稿の第1段落最終文Most of them ~, but stock is limited, so **hurry!**「そのほとんどが～だけど、在庫が限られているので、**急いで！**」と、シンディの投稿の最終文**Things go fast! Don't wait or you'll miss out!**「**早い者勝ち！待っていたら買い損ねてしまうよ！**」から、**正解**と判断できます。

③は、シンディの投稿の第4段落第5文~ students with proof of enrollment at a school get 10% off the prices ~.「～在学証明書がある学生は、～10%オフで購入できる」とあるだけで、学生割引のあるお店で購入することをすすめているわけではありません。かつ、レンの投稿で、学生割引には言及されていないので、③は正解になりません。

④はシンディの投稿では、第4段落第1文ですべての商品が保証書付きであることをアピールしていますが、レンのすすめる中古品

店では、シンディの投稿の第2段落第2文、3文から、保証書が付いていないとわかるので、正解にはなりません。

問4 もしあなたができる限り安い値段で新品の家電製品を買いたいなら、あなたは[27]べきだ。 易

① **シンディの投稿にあるURLにアクセスする**
② レンの投稿にあるURLにアクセスする
③ 1つの大きなチェーン店に連絡する
④ キャンパスの近くの店に連絡する

解答の最短ルート

❶ 設問から、「**新しい家電製品をできる限り安く買う方法**」を本文から探すとわかります。
❷ 消去法で正解を絞り込んでいきます。

レンの投稿は中古品店の紹介なので、①、③、④に正解の候補を絞り込みます。④は、レンの投稿の第1段落第3文から中古品店を指すので、①、③に正解の候補を絞り込みます。③は問2で説明した通り、シンディの投稿の第2段落第4文から、「やむをえず1つの大きなチェーン店を利用した」だけで、「できる限り安い値段」とは書かれていないので、①**が正解**と判断します。

実際に、シンディの投稿の第3段落第1文 **The website called save4unistu.com is very useful** ～.「save4unistu.comというウェブサイトは、～とても役立つ」とあり、第2文 The following table **compares current prices for the most popular new items from three big stores.**「下の表は、**3つの大型店で最も人気の新商品の現在価格を比較している**」からも、**表の下のURLから、新品をできる限り安く購入できるとわかるので、①が正解**と特定できます。

第4問 マルチパッセージ問題

問5 あなたは、そこが最も安いので、[28]から電子レンジを買うことに決めた。また、5年保証で最も安いので、[29]からテレビを買うことに決めた。(選択肢①～④から、それぞれの空所に1つ選びなさい。) やや難

*① カットプライス [29]に間違いやすい選択肢!
② **グレイトバイ([28])**
*③ セカンドハンド [28]に間違いやすい選択肢!
④ **ヴァリューセイバー([29])**

解答の最短ルート

❶ **[28]には、「電子レンジを最も安く買えるお店」を入れると判断して、本文から探します。**
❷ **[28]を解いたら、[29]には「5年保証でテレビを最も安く買えるお店」が入ると判断して、本文から探します。**

電子レンジは、レンの投稿のSecond Handで85ドル、シンディの投稿でCut Priceで88ドル、Great Buyで90ドル、Value Saverで95ドルとわかります。**ここから、安易に85ドルのSecond Handを正解としないようにしましょう。**

実際に、シンディの投稿の第4段落第5文Great Buy provides one-year warranties on all household goods, and **students with proof of enrollment at a school get 10% off the prices** listed on the table above.「グレイトバイは、すべての家電用品に1年間の保証を提供しており、**在学証明書がある学生は、上記の表に掲載された価格から10%オフで購入できる**」とあります。

序文の第1文から、読み手は学生とわかるので、**Great Buyの90ドルの10%オフなので、実際の値段は81ドルとわかります。よって、85ドルのSecond Handより安いので、[28]は②が正解**です。

得点力アップの
POINT 21

数字問題は「1クッション入る」！

図表問題は、第1問、第2問でも出題されますが、その図表にある数字そのものが正解になることはまれだと思っておいてください。**図表から数字を読み取る問題は、たいてい下の注意書きなどで、数字が変更される可能性が高くなります。**よって、**「数字問題は1クッション入る！」**とおさえておきましょう。

続いて、[29]は5年保証が付いているものなので、Second Handを除外して、Cut Price、Great Buy、Value Saverに正解の候補を絞り込みます。シンディの投稿の第4段落から、Value Saverは、1年保証は無料、300ドルを超える商品なら4年間延長保証となることを読み取ります。価格表に戻ると、**テレビはValue Saverでは305ドルで300ドルを超えているので、5年保証は無料で、計305ドル**とわかります。続いて、Great Buyは、1年以上の保証への言及がないので、正解に選ぶことはできません。最後に、**Cut Priceは、5年保証には10ドルが必要とわかるので、価格表のテレビ代300ドルに10ドル足して、計310ドルとわかります。**よって、5年保証で一番安いのはValue Saverとわかるので、[29]**には④が入る**とわかります。

解答

問1 ③　問2 ③　問3 ②　問4 ①　問5 ②・④

本文とイラスト・表の訳

あなたはアメリカのロビンソン大学の新入生だ。アパートに必要なものがどこで買えるかを調べるために、レンとシンディという2人の学生のブログを読んでいる。

ロビンソン大学の新入生？
2021年8月4日午後4時51分にレンが投稿

（第1段落）
大学の準備をしているところ？　家電製品や電子機器が必要だけど、あまりお金をかけたくない？　大学の近くにセカンドハンドという素晴らしいお店があるよ。そこでは、テレビ、掃除機、電子レンジのような中古品が販売されている。たくさんの学生がそのお店で好んで自分のものを売り買いしているよ。ここに載っているのは、現在セール中の一部の商品だ。そのほとんどがとても手ごろな値段だけど、在庫が限られているので、急いで！

セカンドハンド　新入生向けセール！

テレビ　2016年モデル
50インチ　250ドル

電子レンジ　2019年モデル
1.1立方フィート　900ワット
85ドル

掃除機　2017年モデル
幅9インチ　長さ14インチ
高さ12インチ　30ドル

炊飯器　2018年モデル
幅11インチ　奥行14インチ
高さ8インチ　40ドル

ケトル　2018年モデル
1リットル　5ドル

https://＝＝＝＝＝＝＝

（第2段落）
中古品を購入することは、環境にやさしい。加えて、セカンドハンドで購入することで、地元の会社を応援することになるよ。店主は、実はロビンソン大学の卒業生だ！

ロビンソン大学にようこそ！
2021年8月5日午前11時21分にシンディが投稿

（第1段落）
あなたはロビンソン大学にもうすぐ入学予定？　新生活に向けて家電製品や電子機器をいくつか購入する準備中かもしれない。

（第2段落）
4年間ここにいる予定だから、新しい商品を買おう！　私が1年生のときは、大学の近くの中古品を売っているお店で、すべての家電を購入した。新品よりも安かったからだ。しかし、そのうちのいくつかは、ほんの1か月で動かなくなり、保証書も付いていなかった。私はそれらをすぐに買い替えなければならず、お店を見て回れなかったので、1つの大きなチェーン店ですべてを購入した。複数のお店で前もって値段を比較できたらよかったのだけれど。

（第3段落）
save4unistu.comというウェブサイトは、買い物に行く前にさまざまなお店の商品の値段を比較するのにとても役立つ。下の表は、3つの大型店で最も人気の新商品の現在価格を比較している。

品目	カットプライス	グレイトバイ	ヴァリューセイバー
炊飯器 （幅11インチ　奥行14インチ　高さ8インチ）	115ドル	120ドル	125ドル
テレビ （50インチ）	300ドル	295ドル	305ドル
ケトル （1リットル）	15ドル	18ドル	20ドル
電子レンジ （1.1立方フィート　900ワット）	88ドル	90ドル	95ドル
掃除機 （幅9インチ　長さ14インチ　高さ12インチ）	33ドル	35ドル	38ドル

https://＝＝＝＝＝＝＝＝

（第4段落）
すべての商品が保証書付きであることに注目しよう。よって、もし何かが動かなくなっても、交換が簡単だろう。ヴァリューセイバーは、すべての家電製品に無料で1年間の保証を提供している。もし商品が300ドルを超えるなら、保証は4年間延長される。グレイトバイは、すべての家電製品に1年間の保証を提供しており、在学証明書がある学生は、上記の表に掲載された価格から10％オフで購入できる。カットプライスでは保証書は無料では提供されていない。5年保証には1品に付き10ドルを払わなければならない。

（第5段落）
早い者勝ち！　待っていたら買い損ねてしまうよ！

第4問 マルチパッセージ問題

語彙リスト

序文

- □ find out「～を見つける」

1つ目のブログ

（第1段落）

- □ post「投稿する」
- □ get ready for「～の準備をする」
- □ home appliance「家電製品」
- □ electronics「電子機器」
- □ close to「～に近い」
- □ used goods「中古品」
- □ vacuum cleaner「掃除機」
- □ microwave「電子レンジ」
- □ item「商品」
- □ on sale「販売中の」
- □ be priced「値段がつけられている」
- □ reasonably「手ごろに」
- □ stock「在庫」

（表・第2段落）

- □ rice cooker「炊飯器」
- □ kettle「ケトル」
- □ purchase「購入する」
- □ eco-friendly「環境にやさしい」
- □ plus「そのうえ」
- □ support「支援する」
- □ local「地域の」
- □ owner「経営者」
- □ actually「実際に」
- □ graduate「卒業生」

2つ目のブログ

（第1段落）

- □ prepare「準備する」
- □ household appliance「家電製品」

（第2段落）

- □ brand-new「新品の」
- □ warranty「保証書」
- □ replace「取り換える」
- □ shop around「買い物に回る」
- □ compare「比較する」
- □ beforehand「前もって」

（第3段落）

- □ following「次の」
- □ current「現在の」

（第4段落）

- □ note「注目する」
- □ available「手に入る」
- □ straightforward「簡単な」
- □ for free「無料で」
- □ extend「延長する」
- □ proof「証拠」
- □ enrollment「入学」
- □ list「リストに掲載する」
- □ above「上に」

（第5段落）

- □ Things go fast!「早い者勝ち！」
- □ miss out「逃す」

設問と選択肢

- □ recommend「すすめる」
- □ affordable「手ごろな価格の」

第 5 問

第
5
問

物語・伝記文問題

ここで📌きめる!

- notes、worksheetからキーワードを拾って、本文と選択肢を行き来する！！
- 推測問題は、最後の2段落と本文全体の理解を中心に、消去法で正解を導く！！

きめる!
KIMERU SERIES

第5問の全体像をつかむ

ここが問われる!

長文を要約したnotesやworksheetの空所補充問題と推測問題が最後に出題されることがある!

ここできめる!

- **notes、worksheetからキーワードを拾って、本文と選択肢を行き来する!!**
- **推測問題は、最後の2段落と本文全体の理解を中心に、消去法で正解を導く!!**

第5問はどんな問題が出ますか?

第5問は、文量自体は長くなりますが、エッセイのような文体なので、そこまで難解な文章ではありません。第6問の評論文のように抽象度が高くないので、内容理解はそこまで難しくないでしょう。第4問と同様に、全文に目を通している時間はないので、いかに**設問を解くのに必要な情報に絞って、メリハリをつけて読むかが重要**になります。

第5問の配点と時間配分を教えてください。

問題数は5問×各3点の合計15点です。**配点は、リーディング全体100点中の約7分の1を占める15点**になります。

第5問は**12分で解く**とよいでしょう。**第4問の終了から、自分の時計を見て、12分で解き終わっているかどうかを確認**しましょう。**12分が経過している場合は、そのときに選べる最善の選択肢をマークして、先に進みましょう。**

第5問を最短で解くには、どうしたらよいですか？

第5問でも、**設問のキーワードからチェック、すぐに空所があるnotesに移って、空所の周辺情報を拾います。**本文を最初から読んでいき、**キーワードにぶつかったら、問題を解きます。**選択肢に戻って、4つのうちのどれが正解かを選択します。冒頭の説明文は軽く目を通す程度にします。具体的に、次で**解答の最短ルート**を示すので、自分でも同じように解いてみてください。

第5問が得意になるには、どうしたらよいですか？

第5問では、出題される英文の文量が非常に長くなります。にもかかわらず、解答時間は12分しかないので、全文を同じように読むのではなくて、メリハリをつけて、**設問を解くのに必要な情報を探す力が重要**になります。

第5問のまとめ

- 第5問は、notesやworksheetを中心に、本文と選択肢を行き来する。最後に出題されることのある推測問題は、消去法を使う。
- 第5問は、文量が多いエッセイ風の長文読解が出題される。
- 配点はリーディング全体の100点中の15点で、**解答時間は12分**を目安にする。
- 第5問を最短で解くには、**設問のキーワードからチェック**して、notesの空所の周辺情報をチェックして、本文を最初から読んでいき、**キーワードにぶつかったら、問題を解く**。「1問解いたら、次の設問に移って、notesの空所の周辺情報を拾って、また本文に戻る」の繰り返し。**解答の最短ルート**で具体的に見ていく。

物語・伝記文問題

STEP 1 解答の最短ルートを知る

③ 卓球を始めた理由を本文から探して、選択肢に戻って、正解を絞り込みます。

第 5 問 (配点 15)

Your English teacher has told everyone in your class to find an inspirational story and present it to a discussion group, using notes. You have found a story written by a high school student in the UK.

Lessons from Table Tennis

Ben Carter

The ball flew at lightning speed to my backhand. It was completely unexpected and I had no time to react. I lost the point and the match. Defeat... Again! This is how it was in the first few months when I started playing table tennis. It was frustrating, but I now know that the sport taught me more than simply how to be a better athlete.

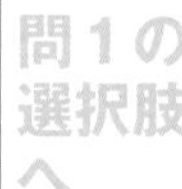

In middle school, I loved football. I was one of the top scorers, but I didn't get along with my teammates. The coach often said that I should be more of a team player. I knew I should work on the problem, but communication was just not my strong point.

I had to leave the football club when my family moved to a new town. I wasn't upset as I had decided to stop playing football anyway. My new school had a table tennis club, coached by the PE teacher, Mr Trent, and I joined that. To be honest, I chose table tennis because I thought it would be easier for me to play individually.

At first, I lost more games than I won. I was frustrated and often went straight home after practice, not speaking to anyone. One day, however, Mr Trent said to me, "You could be a good player, Ben, but you need to think more about your game. What do you think you need to do?" "I don't know," I replied, "focus on the ball more?" "Yes," Mr Trent continued, "but you also need to study your opponent's moves and adjust your play accordingly. Remember, your opponent is a person, not a ball." This made a deep impression on me.

⑨ 卓球を始めたあとからの時系列把握問題を、1段落読むごとに選択肢を見て解いていきます。

★番号の順に矢印（⟸）に沿ってチェックしましょう。

①②③＝問1の最短ルート　④⑤⑥＝問2の最短ルート　⑦⑧⑨＝問3の最短ルート

⑩⑪⑫＝問4の最短ルート　⑬⑭＝問5の最短ルート

I deliberately modified my style of play, paying closer attention to my opponent's moves. It was not easy, and took a lot of concentration. My efforts paid off, however, and my play improved. My confidence grew and I started staying behind more after practice. I was turning into a star player and my classmates tried to talk to me more than before. I thought that I was becoming popular, but our conversations seemed to end before they really got started. Although my play might have improved, my communication skills obviously hadn't.

My older brother Patrick was one of the few people I could communicate with well. One day, I tried to explain my problems with communication to him, but couldn't make him understand. We switched to talking about table tennis. "What do you actually enjoy about it?" he asked me curiously. I said I loved analysing my opponent's movements and making instant decisions about the next move. Patrick looked thoughtful. "That sounds like the kind of skill we use when we communicate," he said.

⑥ 兄のパトリックに関する情報を探して、選択肢に戻って、正解を絞り込みます。

At that time, I didn't understand, but soon after our conversation, I won a silver medal in a table tennis tournament. My classmates seemed really pleased. One of them, George, came running over. "Hey, Ben!" he said, "Let's have a party to celebrate!" Without thinking, I replied, "I can't. I've got practice." He looked a bit hurt and walked off without saying anything else.

⑫ ベンがジョージと話したあとに、何に後悔したのかを探します。

Why was he upset? I thought about this incident for a long time. Why did he suggest a party? Should I have said something different? A lot of questions came to my mind, but then I realised that he was just being kind. If I'd said, "Great idea. Thank you! Let me talk to Mr Trent and see if I can get some time off practice," then maybe the outcome would have been better. At that moment Patrick's words made sense. Without attempting to grasp someone's intention, I wouldn't know how to respond.

I'm still not the best communicator in the world, but I definitely feel more confident in my communication skills now than before. Next year, my friends and I are going to co-ordinate the table tennis league with other schools.

3へ

Your notes:

Lessons from Table Tennis

About the author (Ben Carter)

- Played football at middle school.
- Started playing table tennis at his new school because he [30].

Other important people

- Mr Trent: Ben's table tennis coach, who helped him improve his play.
- Patrick: Ben's brother, who [31].
- George: Ben's classmate, who wanted to celebrate his victory.

Influential events in Ben's journey to becoming a better communicator

Began playing table tennis → [32] → [33] → [34] → [35]

What Ben realised after the conversation with George

He should have [36].

What we can learn from this story

- [37]
- [38]

2 キーワードをチェックして本文から情報を探します。

5 キーワードをチェックして本文から情報を探します。

6へ

8 卓球を始めたあとからの時系列把握問題と理解します。

9へ

11 キーワードをチェックして、本文に戻ります。

12へ

14 本文全体の内容一致なので、選択肢で正解と思われるものを、消去法を使って本文から根拠を探していきます。

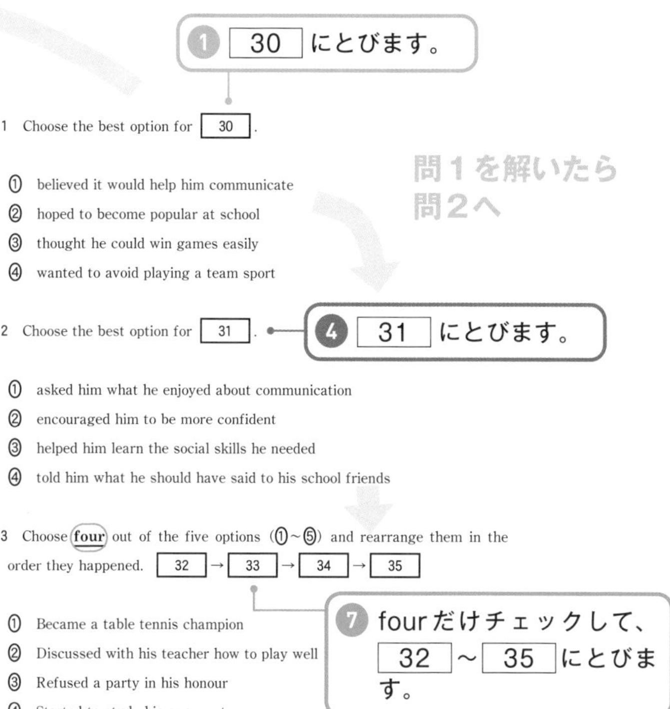
1 30 にとびます。
問1を解いたら
問2へ
4 31 にとびます。
7 fourだけチェックして、
32 ～ 35 にとびます。

問 1 Choose the best option for [30].

① believed it would help him communicate
② hoped to become popular at school
③ thought he could win games easily
④ wanted to avoid playing a team sport

問 2 Choose the best option for [31].

① asked him what he enjoyed about communication
② encouraged him to be more confident
③ helped him learn the social skills he needed
④ told him what he should have said to his school friends

問 3 Choose **four** out of the five options (①～⑤) and rearrange them in the order they happened. [32] → [33] → [34] → [35]

① Became a table tennis champion
② Discussed with his teacher how to play well
③ Refused a party in his honour
④ Started to study his opponents
⑤ Talked to his brother about table tennis

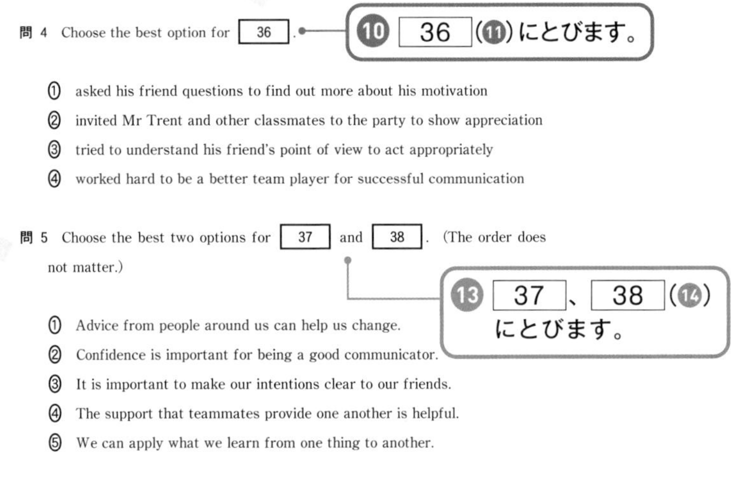

⑩ 36 (⑪)にとびます。
⑬ 37 、38 (⑭)
にとびます。

問 4　Choose the best option for [36].

① asked his friend questions to find out more about his motivation
② invited Mr Trent and other classmates to the party to show appreciation
③ tried to understand his friend's point of view to act appropriately
④ worked hard to be a better team player for successful communication

問 5　Choose the best two options for [37] and [38]. (The order does not matter.)

① Advice from people around us can help us change.
② Confidence is important for being a good communicator.
③ It is important to make our intentions clear to our friends.
④ The support that teammates provide one another is helpful.
⑤ We can apply what we learn from one thing to another.

（令和5年度　本試験）

＊それでは、次のページから実際に問題を解いてみましょう！

STEP 2 問題を解く

制限時間 12 分

第5問 (配点 15)

Your English teacher has told everyone in your class to find an inspirational story and present it to a discussion group, using notes. You have found a story written by a high school student in the UK.

Lessons from Table Tennis

Ben Carter

The ball flew at lightning speed to my backhand. It was completely unexpected and I had no time to react. I lost the point and the match. Defeat... Again! This is how it was in the first few months when I started playing table tennis. It was frustrating, but I now know that the sport taught me more than simply how to be a better athlete.

In middle school, I loved football. I was one of the top scorers, but I didn't get along with my teammates. The coach often said that I should be more of a team player. I knew I should work on the problem, but communication was just not my strong point.

I had to leave the football club when my family moved to a new town. I wasn't upset as I had decided to stop playing football anyway. My new school had a table tennis club, coached by the PE teacher, Mr Trent, and I joined that. To be honest, I chose table tennis because I thought it would be easier for me to play individually.

At first, I lost more games than I won. I was frustrated and often went straight home after practice, not speaking to anyone. One day, however, Mr Trent said to me, "You could be a good player, Ben, but you need to think more about your game. What do you think you need to do?" "I don't know," I replied, "focus on the ball more?" "Yes," Mr Trent continued, "but you also need to study your opponent's moves and adjust your play accordingly. Remember, your opponent is a person, not a ball." This made a deep impression on me.

I deliberately modified my style of play, paying closer attention to my opponent's moves. It was not easy, and took a lot of concentration. My efforts paid off, however, and my play improved. My confidence grew and I started staying behind more after practice. I was turning into a star player and my classmates tried to talk to me more than before. I thought that I was becoming popular, but our conversations seemed to end before they really got started. Although my play might have improved, my communication skills obviously hadn't.

My older brother Patrick was one of the few people I could communicate with well. One day, I tried to explain my problems with communication to him, but couldn't make him understand. We switched to talking about table tennis. "What do you actually enjoy about it?" he asked me curiously. I said I loved analysing my opponent's movements and making instant decisions about the next move. Patrick looked thoughtful. "That sounds like the kind of skill we use when we communicate," he said.

At that time, I didn't understand, but soon after our conversation, I won a silver medal in a table tennis tournament. My classmates seemed really pleased. One of them, George, came running over. "Hey, Ben!" he said, "Let's have a party to celebrate!" Without thinking, I replied, "I can't. I've got practice." He looked a bit hurt and walked off without saying anything else.

Why was he upset? I thought about this incident for a long time. Why did he suggest a party? Should I have said something different? A lot of questions came to my mind, but then I realised that he was just being kind. If I'd said, "Great idea. Thank you! Let me talk to Mr Trent and see if I can get some time off practice," then maybe the outcome would have been better. At that moment Patrick's words made sense. Without attempting to grasp someone's intention, I wouldn't know how to respond.

I'm still not the best communicator in the world, but I definitely feel more confident in my communication skills now than before. Next year, my friends and I are going to co-ordinate the table tennis league with other schools.

Your notes:

Lessons from Table Tennis

About the author (Ben Carter)

- Played football at middle school.
- Started playing table tennis at his new school because he [30].

Other important people

- Mr Trent: Ben's table tennis coach, who helped him improve his play.
- Patrick: Ben's brother, who [31].
- George: Ben's classmate, who wanted to celebrate his victory.

Influential events in Ben's journey to becoming a better communicator

Began playing table tennis → [32] → [33] → [34] → [35]

What Ben realised after the conversation with George

He should have [36].

What we can learn from this story

- [37]
- [38]

問 1　Choose the best option for [30].

① believed it would help him communicate
② hoped to become popular at school
③ thought he could win games easily
④ wanted to avoid playing a team sport

問 2　Choose the best option for [31].

① asked him what he enjoyed about communication
② encouraged him to be more confident
③ helped him learn the social skills he needed
④ told him what he should have said to his school friends

問 3　Choose **four** out of the five options (①～⑤) and rearrange them in the order they happened. [32] → [33] → [34] → [35]

① Became a table tennis champion
② Discussed with his teacher how to play well
③ Refused a party in his honour
④ Started to study his opponents
⑤ Talked to his brother about table tennis

問 4 Choose the best option for [36].

① asked his friend questions to find out more about his motivation
② invited Mr Trent and other classmates to the party to show appreciation
③ tried to understand his friend's point of view to act appropriately
④ worked hard to be a better team player for successful communication

問 5 Choose the best two options for [37] and [38]. (The order does not matter.)

① Advice from people around us can help us change.
② Confidence is important for being a good communicator.
③ It is important to make our intentions clear to our friends.
④ The support that teammates provide one another is helpful.
⑤ We can apply what we learn from one thing to another.

(令和5年度　本試験)

STEP 3 解答のプロセスを理解する

解答　問1　④　問2　③　問3　②→④→⑤→③
問4　③　問5　①・⑤

解説

問1 [30] に最もよく当てはまる選択肢を選びなさい。 標

① それによって彼がコミュニケーションをとることができるだろうと考えた
② 学校で人気になることを願った
③ 彼は簡単に試合に勝てると思った
④ **チームスポーツをするのを避けたかった**

[30] の周辺情報をチェックすると、**卓球を始めた理由**を本文から探せばよいとわかります。本文の第2段落第2文で「サッカーをやっていた時代にチームメイトとうまくいかなかった」ことがわかります。さらに、第3段落最終文To be honest, I chose table tennis because I thought **it would be easier for me to play individually.**「正直に言うと、**私は個人でプレーする方が簡単だろうと思ったから**、卓球を選んだ」から、**④が正解**と判断できます。本文の「**個人でプレーする方が簡単**」から、「**チームスポーツをするのを避けた」と類推できるので、④が正解**になります。

誤りの選択肢を見ていくと、①は、話の後半で、著者は卓球を通じて人とのコミュニケーションを学んでいる様子がわかりますが、当初からその目的で卓球を始めたとはどこにも書かれていないので、正解にはなりません。②は、第5段落第6文に「人気者になってきた」とありますが、それを目的としていたわけではないので、正解にはなりません。③は第3段落最終文で「個人でプレーする方が簡単だ」とあるだけで、「簡単に試合に勝てる」という表現はないので、正解にはなりません。

問2 31 に最も良く当てはまる選択肢を選びなさい。 

① コミュニケーションに関して何が楽しかったかを、彼に尋ねた
② もっと自信を持つように彼を励ました
③ 彼が必要な社交技術を身につけるのを助けた
④ 学校の友人に何と言うべきだったかを、彼に教えた

31 の周辺情報を拾うと、**パトリックというベンの兄に関する情報を入れる**とわかるので、それを本文から探します。第6段落第1文で「私がうまくコミュニケーションをとれる数少ない人の1人」、同段落最終文のパトリックの発言 That sounds like the kind of skill we use when we communicate「それは私たちがコミュニケーションをとる際に使う技術と同じようなものだと思う」からも、**パトリックは、ベンのコミュニケーションの相談相手**とわかります。そこから、**③が正解**と判断できます。特に**最終文の the kind of skill we use when we communicate と、③の the social skills he needed の言い換え**に気づいて、正解を判断しましょう。「社交技術」とは「コミュニケーション技術」とほぼ同じ意味の表現になります。

誤りの選択肢を見ていくと、①は、第6段落第4文 What do you actually enjoy about it?「実のところ、お前はそれの何が楽しいんだ？」とあります。it は table tennis「卓球」を指すので、①の「彼がコミュニケーションに関して何が楽しかったか」を尋ねてはいないので、正解にはなりません。②は、第5段落第4文 My confidence grew ～「私は自信がついて、～」とありますが、これは卓球の対戦相手に注意を向けることで、卓球に関する自信がついていったという記述で、パトリックが自信をつけてくれたという記述ではありません。

④は、第8段落第7文で「著者が何度も考えた末に、本来言うべきことがわかった」と判断でき、そこでパトリックの言葉が理解で

きたとあるだけで、「実際にパトリックが本来言うべきことを教えた」という記述ではないので、正解にはなりません。

問3 ①～⑤の5つの選択肢から**4つ**を選んで、起こった順番に並び替えなさい。 標

[32] → [33] → [34] → [35]

① 卓球のチャンピオンになった
② 彼の先生と、うまくプレーする方法を話し合った
③ 彼のことを祝うパーティーを断わった
④ 対戦相手を研究し始めた
⑤ 彼の兄と卓球に関して話した

時系列把握問題とわかりますが、第5問のようなnotesがある場合は、**必ず空所を見る**ようにしてください。本問でも、[32]～[35]を見ると、Began playing table tennisとあるので、その続きから本文を読んで、選択肢を選べばよいとわかります。第3段落で卓球を始めて、第4段落第3文で、PE（=Physical Education）「体育」の教師のトレント先生に、**卓球がうまくなる方法の助言を受けている**ので、**②が[32]に入る**とわかります。

続いて、第5段落第1文I deliberately modified my style of play, **paying closer attention to my opponent's moves**.「私は意図的にプレースタイルを変えて、**相手の動きにより注意を払うようになった**」から、**④が[33]に入る**とわかります。続いて、第6段落第3文から、**兄と卓球について話している**ことがわかるので、**⑤が[34]に入る**とわかります。

最後に、第7段落第4文で**パーティーに誘われて**、同段落第5文で**その誘いを断っている**ことから、**③が[35]に入る**とわかります。①は、第7段落第1文に「卓球トーナメントで銀メダルを獲得した」とありますが、チャンピオンになったとは書かれておらず、いずれの空所にも使いません。

問4 [36] に最も よく当てはまる選択肢を選びなさい。 標

① 彼の動機について詳しく知るために友人に質問をする

② トレント先生や他のクラスメイトを、感謝を示すためにパーティーに招待する

③ 適切に行動するために、彼の友人の観点を理解するようにする

④ コミュニケーションをうまくとるために、よりよいチームプレイヤーになる努力をする

[36] の周辺情報を見ると、**「ベンがジョージとの会話後に気づいたこと」**という情報に加えて、[36] の直前のshould haveから、**過去の後悔**を意味するshould have p.p.「～すべきだったのに」を推測します。第8段落第4文Should I have said something different?「私は違うことを言うべきだったのか？」から、「ベンがジョージに違うことを言うべきだった」と後悔していることがわかります。かつ、同段落最終文**Without attempting to grasp someone's intention, I wouldn't know how to respond.**「**相手の意図を理解しようとしなければ、返答の仕方はわからないのだ**」から、**③が正解**と判断できます。**本文のattempting to grasp someone's intentionが、選択肢③のtried to understand his friend's point of viewにパラフレーズされている**ことを理解しましょう。p.067 得点力アップのPOINT 7 で説明した、**try**と**attempt**、**understand**と**grasp**の基本動詞のパラフレーズが使われています。

問5 [37] と [38] に最もよく当てはまる2つの選択肢を選びなさい。(順不同) 標

① 周りの人からのアドバイスのおかげで、私たちは変わることができる。

*② コミュニケーションが上手になるのに、自信が重要だ。 間違いやすい選択肢！

③ 私たちの意図を友人に明らかにすることが重要だ。

④ チームメイトがお互いに与え合うサポートが役に立つ。

⑤ 私たちは、あることから学んだことを別のことに応用できる。

[37]、[38] の上の情報から、本文の内容一致問題だと理解します。①は、本文でベンが、第4段落第3文からトレント先生に

アドバイスをもらって、相手の動きを見るように変わりました。さらに、第6段落最終文から、ベンは兄のパトリックのアドバイスのおかげで、人とのコミュニケーションのヒントをもらいます。そして、ジョージへの返答をきっかけに第8段落第7文「パトリックの言葉が理解できた」とあり、同段落最終文で**「相手の意図を理解しようとしなければ、返答の仕方はわからないのだ」から、①が正解**と判断できます。**本文のトレント先生、パトリックの助言が、選択肢①のAdvice from people around usで抽象化されている**ことに注意しましょう。

続いて、⑤は、apply A to B「AをBに応用する」が使われています。上で見たように、第6段落最終文で、パトリックから、「相手の動きを分析して、次の動きに関して即座に決断をする卓球でのことは、コミュニケーションをとる際に使う技術と同じようなものだ」と教えられます。実際に、第8段落第7文で、パトリックの発言を理解して、**卓球での教えが、相手の意図を理解して、返答を考えるというコミュニケーションに応用できるとわかるので、⑤が正解**と判断できます。

誤りの選択肢を見ていくと、②は、最終段落第1文後半で～ but I definitely feel more confident in my communication skills now than before.「～が、**以前より今の方が自分のコミュニケーション能力に間違いなく自信を持っている」とあるだけで、「コミュニケーションが上手になるのに、自信が重要だ」とは書かれていない**ので、正解にはなりません。③は、第8段落最終文で「相手の意図を理解しようとしなければ、返答の仕方はわからないのだ」とあるだけで、「私たちの意図を友人に明らかにすることが重要だ」とは書かれていないので、正解にはなりません。

④は、「チームメイトがお互いに与え合うサポート」に関する記述は本文にないので、正解にはなりません。

本文の訳

あなたの英語の先生は、クラスの全員に感動的なストーリーを見つけて、メモを使って、ディスカッショングループにそれを発表するように言った。あなたは、イギリスの高校生が書いた、ある物語を見つけた。

卓球から得た教訓

ベン・カーター

(第1段落)

ボールが私のバックハンドに高速で飛んできた。それはまったくの予想外で、私には反応する時間がなかった。私はポイントを失って、その試合に敗れた。負けた…まただ！　私が卓球を始めて最初の数か月はこのようだった。それは落胆するものだったが、今ではそのスポーツが、単により優れたアスリートになる方法以上のことを私に教えてくれたと理解している。

(第2段落)

中学生のころは、私はサッカーが大好きだった。私は最も多く得点を取る選手の1人だったが、チームメイトとうまくいかなかった。コーチは私に、もっとチームプレーができる選手になるべきだとよく言っていた。私はその問題に取り組むべきだとわかっていたが、コミュニケーションだけは、まったく私の得意な分野ではなかった。

(第3段落)

私の家族が新しい町に引っ越したときに、サッカークラブを辞めなければならなかった。私はいずれにせよサッカーをするのを辞める決意をしていたので、動揺はしなかった。私の新しい学校には卓球クラブがあり、体育の教師であるトレント先生がコーチをしていたので、それに入部した。正直に言うと、私は個人でプレーする方が簡単だろうと思ったから、卓球を選んだ。

(第4段落)

初めは、試合に勝つより負ける方が多かった。私は落胆して、練習後、誰とも口をきかずにまっすぐ家に帰ることが多かった。しかし、ある日、トレント先生が「ベン、あなたはよい選手になれるはずだけど、自分の試合に関してもっと考える必要がある。あなたは何をする必要があると思う？」と私に言った。「わかりません。もっとボールに集中することですか？」と私は答えた。「そうだね」とトレント先生は続けて「しかし、あなたは対戦相手の動きをよく見て、それに応じて自分のプレーを調整する必要もある。あなたの相手はボールではなくて、人であると覚えておいて」と言った。これは私に深い印象を残した。

（第5段落）

私は意図的にプレースタイルを変えて、相手の動きにより注意を払うようになった。それは簡単ではなかったし、かなりの集中力を必要とした。しかし、私の努力は報われて、私のプレーは上達した。私は自信がついて、練習のあとに居残り練習をすることが多くなった。私はスター選手になっていき、クラスメイトは以前よりももっと私に話しかけてくるようになった。私は人気者になってきたと思ったが、私たちの会話は本格的に始まる前に終わってしまうようだった。私のプレーは上達したかもしれないが、コミュニケーション能力は明らかに上達していなかった。

（第6段落）

私の兄であるパトリックは、私がうまくコミュニケーションをとれる数少ない人の1人だった。ある日、私は自分のコミュニケーションに関する問題を彼に説明しようとしたが、理解してもらえなかった。私たちは話題を変えて、卓球について話した。「実のところ、お前はそれの何が楽しいんだ？」と彼は私に好奇心を持って尋ねた。私は、敵の動きを分析して、次の動きに関して即座に決断をすることが大好きなんだと言った。パトリックは考え込んでいるようだった。「それは私たちがコミュニケーションをとる際に使う技術と同じようなものだと思う」と彼は言った。

（第7段落）

そのとき私は理解していなかったが、会話のすぐあとに、卓球トーナメントで銀メダルを獲得した。私のクラスメイトは本当に喜んでいるようだった。クラスメイトの1人のジョージが駆け寄ってきた。「やあ、ベン！　お祝いにパーティーを開こう！」と彼は言った。私は何も考えず、「無理だ。練習があるから」と答えた。彼はちょっと傷ついたようで、他に何も言わずに去っていった。

（第8段落）

なぜ彼は気を悪くしたのか？　私は長い間、この出来事を考えていた。なぜ彼はパーティーを提案したのか？　私は違うことを言うべきだったのか？　たくさんの疑問が私の頭に浮かんだが、そのとき私は彼が親切にしていただけだったということに気づいた。もし私が「いいね。ありがとう！トレント先生に話して、練習を休めるかどうか確認させて」と言っていたら、たぶん結果はもっといいものになっていただろう。その瞬間、パトリックの言葉が理解できた。相手の意図を理解しようとしなければ、返答の仕方はわからないのだ。

（第9段落）
私は、まだ世界最高のコミュニケーション能力を持っているわけではないが、以前より今の方が自分のコミュニケーション能力に間違いなく自信を持っている。来年には、友人たちと私は他の学校との卓球リーグを組織する予定だ。

あなたのメモ：

卓球から得た教訓

著者（ベン・カーター）について

・中学校でサッカーをしていた。
・[30]ので、新しい学校では卓球を始めた。

他の重要な人々

・トレント先生：ベンが自分のプレーを上達させる手助けをした卓球のコーチ。
・パトリック：ベンの兄で、[31]。
・ジョージ：彼の勝利を祝いたがったベンのクラスメイト。

ベンがコミュニケーションが上手になる過程で影響を与えた出来事

卓球を始める→[32]→[33]→[34]→[35]

ベンがジョージとの会話後に気づいたこと

彼は[36]べきだった。

私たちがこの物語から学べること

・[37]
・[38]

語彙リスト

序文

- [ ] inspirational「心を動かす」
- [ ] present「発表する」
- [ ] note「メモ」

タイトル・第1段落

- [ ] lesson「教訓」
- [ ] at lightning speed「光速で」
- [ ] completely「まったく」
- [ ] react「反応する」
- [ ] match「試合」
- [ ] defeat「敗北」
- [ ] This is how ～.「このようにして～。」
- [ ] frustrating「落胆する」
- [ ] how to do「～する方法」
- [ ] athlete「運動選手」

第2段落

- [ ] middle school「中学校」
- [ ] scorer「得点者」
- [ ] get along with「～と仲良くやる」
- [ ] more of「むしろ～」
- [ ] work on「～に取り組む」
- [ ] just not「まったく～ではない」
- [ ] strong point「長所」

第3段落

- [ ] upset「気を悪くした」
- [ ] anyway「とにかく」
- [ ] to be honest「正直に言うと」
- [ ] individually「個人で」

第4段落

- [ ] at first「初めは～」
- [ ] straight「まっすぐ」
- [ ] practice「練習」
- [ ] reply「返答する」
- [ ] focus on「～に集中する」
- [ ] opponent「相手」
- [ ] adjust「調整する」
- [ ] accordingly「それに応じて」
- [ ] make an impression on「～に印象を与える」

第5段落

- [ ] deliberately「意図的に」
- [ ] modify「修正する」
- [ ] pay attention to「～に注意を払う」
- [ ] concentration「集中」
- [ ] effort「努力」
- [ ] pay off「報われる」
- [ ] confidence「自信」
- [ ] stay behind「居残りをする」
- [ ] turn into「～に変わる」
- [ ] conversation「会話」
- [ ] might have p.p.「～したかもしれない」
- [ ] obviously「明らかに」

第6段落

- [ ] switch to「～に切り替える」
- [ ] curiously「好奇心を持って」
- [ ] analyse「分析する」
- [ ] instant「すぐの」
- [ ] thoughtful「考え込んだ」
- [ ] sound like「～のように思える」

第7段落

- [ ] run over「駆け寄る」
- [ ] celebrate「祝う」
- [ ] hurt「傷ついた」
- [ ] walk off「立ち去る」

第8段落

□incident「出来事」 □suggest「提案する」 □see if「～かどうか確認する」
□off「～を休んで」 □maybe「たぶん」 □outcome「結果」
□moment「瞬間」 □make sense「意味を成す」
□attempt to do「～しようとする」 □grasp「理解する」
□intention「意図」

第9段落

□definitely「明確に」 □confident「自信のある」 □co-ordinate「組織する」
□option「選択肢」 □avoid「避ける」 □social「社交の」

設問と選択肢

□rearrange「並べ替える」 □order「順序」 □refuse「拒絶する」
□in one's honour「～に敬意を表して」 □motivation「動機」
□appreciation「感謝」 □one's point of view「～の観点」
□appropriately「適切に」 □advice「助言」 □one another「お互いに」
□apply A to B「AをBに応用する」

＊次も第5問の対策になりますが、解答の最短ルートは、解答・解説の中に掲載してあります。まずは、自分の手を動かして問題を解いてみてください。設問のキーワードからチェックして、本文を読み進めていきましょう。

第5問 (配点 15)

Your English teacher has told everyone in your class to choose a short story in English to read. You will introduce the following story to your classmates, using a worksheet.

Becoming an Artist

Lucy smiled in anticipation. In a moment she would walk onto the stage and receive her prize from the mayor and the judges of the drawing contest. The microphone screeched and then came the mayor's announcement. "And the winner of the drawing contest is... Robert McGinnis! Congratulations!"

Lucy stood up, still smiling. Then, her face blazing red with embarrassment, abruptly sat down again. What? There must be a mistake! But the boy named Robert McGinnis was already on the stage, shaking hands with the mayor and accepting the prize. She glanced at her parents, her eyes filled with tears of disappointment. They had expected her to do well, especially her father. "Oh Daddy, I'm sorry I didn't win," she whispered.

Lucy had enjoyed drawing since she was a little girl. She did her first drawing of her father when she was in kindergarten. Although it was only a child's drawing, it really looked like him. He was delighted, and, from that day, Lucy spent many happy hours drawing pictures to give to Mommy and Daddy.

As she got older, her parents continued to encourage her. Her mother, a busy translator, was happy that her daughter was doing something creative. Her father bought her art books. He was no artist himself, but sometimes gave her advice, suggesting that she look very carefully at what she was drawing and copy as accurately as possible. Lucy tried hard, wanting to improve her technique and please her father.

It had been Lucy's idea to enter the town drawing contest. She thought that if she won, her artistic ability would be recognized. She practiced every evening after school. She also spent all her weekends working quietly on her drawings, copying her subjects as carefully as she could.

Her failure to do well came as a great shock. She had worked so hard and her parents had been so supportive. Her father, however, was puzzled. Why did Lucy apologize at the end of the contest? There was no need to do so. Later, Lucy asked him why she had failed to win the competition. He answered sympathetically, "To me, your drawing was perfect." Then he smiled, and added, "But perhaps you should talk to your mother. She understands art better than I do."

Her mother was thoughtful. She wanted to give Lucy advice without damaging her daughter's self-esteem. "Your drawing was good," she told her, "but I think it lacked something. I think you only drew what you could see. When I translate a novel, I need to capture not only the meaning, but also the spirit of the original. To do that, I need to consider the meaning behind the words. Perhaps drawing is the same; you need to look under the surface."

Lucy continued to draw, but her art left her feeling unsatisfied. She couldn't understand what her mother meant. What was wrong with drawing what she could see? What else could she do?

Around this time, Lucy became friends with a girl called Cathy. They became close friends and Lucy grew to appreciate her for her kindness and humorous personality. Cathy often made Lucy laugh, telling jokes, saying ridiculous things, and making funny faces. One afternoon, Cathy had such a funny expression on her face that Lucy felt she had to draw it. "Hold that pose!" she told Cathy, laughing. She drew quickly, enjoying her friend's expression so much that she didn't really think about what she was doing.

When Lucy entered art college three years later, she still had that sketch. It had caught Cathy exactly, not only her odd expression but also her friend's kindness and her sense of humor — the things that are found under the surface.

Your worksheet:

1. Story title

"Becoming an Artist"

2. People in the story

Lucy: She loves to draw.

Lucy's father: He [30] .

Lucy's mother: She is a translator and supports Lucy.

Cathy: She becomes Lucy's close friend.

3. What the story is about

Lucy's growth as an artist:

[31]
↓
[32]
↓
[33]
↓
[34]

Her drawing improves thanks to [35] *and* [36] .

4. My favorite part of the story

When the result of the contest is announced, Lucy says, "Oh Daddy, I'm sorry I didn't win."

This shows that Lucy [37] .

5. Why I chose this story

Because I want to be a voice actor and this story taught me the importance of trying to [38] *to make the characters I play seem more real.*

問 1　Choose the best option for [30].

① gives Lucy some drawing tips
② has Lucy make drawings of him often
③ spends weekends drawing with Lucy
④ wants Lucy to work as an artist

問 2　Choose **four** out of the five descriptions (①～⑤) and rearrange them in the order they happened. [31] → [32] → [33] → [34]

① She becomes frustrated with her drawing.
② She decides not to show anyone her drawings.
③ She draws with her feelings as well as her eyes.
④ She has fun making drawings as gifts.
⑤ She works hard to prove her talent at drawing.

問 3　Choose the best two options for [35] and [36]. (The order does not matter.)

① a friend she couldn't help sketching
② a message she got from a novel
③ advice she received from her mother
④ her attempt to make a friend laugh
⑤ spending weekends drawing indoors

問 4　Choose the best option for [37].

① didn't practice as much as her father expected
② knew her father didn't like her entering the contest
③ thought she should have followed her father's advice
④ was worried she had disappointed her father

問 5　Choose the best option for [38].

① achieve a better understanding of people
② analyze my own feelings more deeply
③ describe accurately what is happening around me
④ use different techniques depending on the situation

（令和5年度　追・再試験）

解答・解説 1

解説

問1 [30] に最も良く当てはまる選択肢を選びなさい。 標

① **ルーシーに絵の助言をいくつか与える**

*② ルーシーに彼の絵をよく書かせる 間違いやすい選択肢！

③ ルーシーと一緒に絵を描いて週末を過ごす

④ ルーシーに芸術家として働いてもらいたい

解答の最短ルート

❶ [30] の周辺情報、Lucy's fatherをチェックします。

❷ 本文から**ルーシーの父親**について書かれている所をチェックして、選択肢から正解を選びます。

ルーシーの父親は、第2段落最終文で、ルーシーが受賞できなかったことで、父親に申し訳なく思った場面で初登場します。その後は、第3段落第2文で「幼稚園のころ初めて父親の絵を描いたこと」、第4段落で「美術の本を買ってくれたこと」が書かれています。そして第4段落第4文He was no artist himself, but sometimes **gave her advice**「彼自身は芸術家ではなかったけれども、**彼女にアドバイスをときどき与えた**」から、**①が正解**と判断できます。**本文のadviceが、選択肢の①ではtips「助言」にパラフレーズされている**ことを理解しましょう。

誤りの選択肢を見ていくと、**②は上で見たように、第3段落第2文で「父親を初めて描いた」と書かれていますが、それ以降で父親を描いた記述はない**ので、正解にはなりません。**often「よく」が言い過ぎの選択肢**になります。③は第5段落最終文でShe also spent all her weekends working quietly on her drawings, copying her subjects as carefully as she could.「彼女はまた、

第5問 物語・伝記文問題

週末すべてを費やして絵を描くことに黙々と取り組んで、彼女の対象物をできる限り注意深く写した」とあるが、「父親と一緒に」とは書かれていないので、正解にはなりません。

④は第4段落第1文で「彼女を励まし続けた」という記述はあっても、「芸術家として働いてもらいたい」という記述はないので、正解にはなりません。

問2 ①～⑤の5つの記述から**4つ**を選んで、起こった順番に並び替えなさい。

31 → 32 → 33 → 34

① 彼女は自分の絵に不満を感じるようになる。
② 彼女は誰にも自分の絵を見せないように決心する。
③ 彼女は目だけでなく感情を使って絵を描く。
④ 彼女はプレゼントとしての絵を描くことを楽しむ。
⑤ 彼女は絵を描く才能を証明しようと一生懸命頑張る。

解答の最短ルート

❶ **時系列把握問題**も、まずはworksheetをチェックします。
❷ ルーシーの芸術家としての成長過程を順に並べればよいと把握します。
❸ わかりやすい選択肢から並べていきます。本問では、⑤、①あたりから特定することをおすすめします。

第5段落第2文 She thought that if she won, her artistic ability would be recognized.「彼女は、もしコンテストで優勝したら、彼女の芸術的才能が認められるだろうと考えた」と第5段落第3文 She practiced every evening after school.「彼女は放課後毎晩練習した」から、とりあえず 31 に⑤を入れます。**本文のif she won, her artistic ability would be recognizedから、選択肢⑤のprove her talent at drawing「彼女の絵を描く才能を証明する」が推論**できて、**本文のShe practiced every evening after school.から、それを抽象化した⑤のworks hardが正しい**と推論できます。

続いて、第8段落第1文Lucy continued to draw, but **her art left her feeling unsatisfied**.「ルーシーは描き続けたが、**彼女は自分の絵に満足を感じなかった**」から、①が[32]に入るといったん判断します。**本文のher artが①のher drawing**に、**本文のunsatisfiedが①のfrustratedにパラフレーズされている**ことを理解しましょう。

続いて、最終段落最終文It had caught Cathy exactly, **not only her odd expression but also her friend's kindness and her sense of humor – the things that are found under the surface.**「それはキャシーを正確にとらえていたが、**彼女のおかしな表情だけではなく、その友人の親切さやユーモアのセンス、すなわち表面に見えているものの下にあるものを描いていた**」から、③が[33]に入ると判断できます。**本文のnot only A but also Bが③のB as well as Aに、本文のher odd expressionは③の「目を使って（わかるもの）」**、**本文のher friend's kindness and her sense of humorは③の「感情を使って（わかるもの）」と同意**であることをおさえておきましょう。

最後の④の「プレゼントとしての絵を描くことを楽しむ」は、第3段落最終文**Lucy spent many happy hours drawing pictures to give to Mommy and Daddy.**「**ルーシーは、母親と父親にあげるための絵を何時間もかけて描き、楽しく過ごした**」から、最初に持ってくるとわかるので、結果的には④が[31]、⑤が[32]、①が[33]、③が[34]に入るのが正解だとわかります。余った選択肢の②は、本文中に書かれておらず、使わない選択肢になります。

問3 [35]と[36]に最もよく当てはまる2つの選択肢を選びなさい。(順不同)。 標

① **彼女がスケッチせずにいられなかった友人**

第5問 物語・伝記文問題

② 彼女が小説から受け取ったメッセージ
③ 彼女が母親から受け取ったアドバイス
④ 友人を笑わせようとする彼女の試み
⑤ 週末を屋内で絵を描くことに費やすこと

解答の最短ルート

❶ 35 と 36 の周辺情報から、「**ルーシーの絵が上達したきっかけ**」を2つ探せばよいとわかります。
❷ 本文でルーシーの絵が上達した2つのきっかけを探して、選択肢と照らし合わせて正解を選びます。

第7段落最終文で**母親に「表面に表れていないものを見ることの必要性」を教えてもらい**、第9、第10段落で**キャシーのおかげで、「その表情だけでなく、友人の親切さやユーモアのセンスのような表面に見えているものの下にあるもの」を描くことができた**とあるので、母親とキャシーが入るとわかります。よって、35、36 **には、①、③が入る**とわかります。

①、③ともに 名詞 SVの構造なので、①はfriendとsheの間、③はadviceとsheの間に関係詞が省略されています。第9段落第4文One afternoon, Cathy had such a funny expression on her face that Lucy felt she had to draw it.「ある午後、キャシーがとてもおかしな表情を顔に浮かべるので、ルーシーはそれを描かなければいけないと感じた」から、①のa friend she couldn't help sketching「彼女がスケッチせずにいられなかった友人」が正しいと推論できます。

問4 37 に最もよく当てはまる選択肢を選びなさい。 標
① 彼女の父親が期待したほど練習しなかった
② 彼女の父親は、彼女がコンテストに参加することを好んでいないと知っていた

③ 彼女の父親のアドバイスに従うべきだったと考えた
④ 彼女が父親を失望させたと心配していた

解答の 最短ルート

● [37] の周辺情報を拾うと、Thisが前文を指すので、「コンテストの結果が公表されたとき、ルーシーが『ああ、お父さん、受賞できなくてごめんなさい』と言う」ことは、ルーシーがどういうことかを示すのかを、本文から探して、選択肢から正解を選びます。

上の発言は第2段落最終文にあり、その前文でThey had expected her to do well, **especially her father**.「両親、特に**父親は**彼女がいい結果を出すことを期待していた」とあるので、**父親を失望させてしまったとルーシーが思ったことによる涙と推測**できます。よって、**④が正解**と判断できます。

誤りの選択肢を見ていくと、①は第6段落第2文She had worked so hard and her parents had been so supportive.「彼女はとても熱心に頑張ったし、両親はとても協力的だった」と矛盾します。②は本文に書かれていません。③は、「彼女が父親のアドバイスに従わなかった」という記述は本文にありません。

問5 [38] に最も良く当てはまる選択肢を選びなさい。 

① 人間をよりよく理解する
*② 自分自身の感情をもっと深く分析する　間違いやすい選択肢！
③ 自分の周りで起こっていることを正確に説明する
④ 状況に応じて異なる技術を使う

解答の 最短ルート

❶ 38 の周辺情報を拾うと、「声優になりたいので、この物語から、私が演じる登場人物が本物らしく見えるようにするために 38 よう努めることの重要性を私は学んだ」と理解します。
❷ よって、本文から「**声優に共通する教訓**」を確認して、選択肢から正解を選びます。

本文での教訓は、第7段落最終文、最終段落最終文で「**表面に表れていないものを見ること**」とわかります。そこから、①、②に正解の候補を絞り込みます。声優であれば、**「その演じる人の表面だけでは見えない内面の資質を見ること」と類推できるので、①が正解**と判断できます。

誤りの選択肢を見ていくと、②は本文の第7段落最終文look under the surface、最終段落最終文the things that are found under the surfaceから、②のmore deeplyとの共通点は見られますが、**声優ならば、あくまで演じる対象が問題で、②のような自分自身の感情は問題にならないので、正解にはなりません。**③、④は本文に記述はないので、正解にはなりません。

解答

問1 ①　**問2** ④→⑤→①→③
問3 ①・③　**問4** ④　**問5** ①

本文の訳

あなたの英語の先生は、クラスの全員に、読むべき英語の短い物語を選ぶように言った。あなたはワークシートを使って、次の物語をクラスメイトに紹介する予定だ。

芸術家になること

（第1段落）

ルーシーは期待をしてほほえんでいた。すぐに、彼女はステージに上がって、市長と絵画コンテストの審査員から賞を受け取るだろう。マイクがキーンと鳴ってから、市長のアナウンスが始まった。「それでは、絵画コンテストの最優秀賞は…ロバート・マクギニスさん！　おめでとう！」

（第2段落）

ルーシーはまだ笑顔のまま立ち上がった。それから、彼女の顔は恥ずかしさで紅潮して、突然再び座った。何ですって？　間違いに決まってる！しかし、ロバート・マクギニスという名の少年はすでに壇上にいて、市長と握手をして、賞を受け取っていた。彼女は両親をちらりと見たが、目は失意の涙であふれていた。両親、特に父親は彼女がいい結果を出すことを期待していた。「ああ、お父さん、受賞できなくてごめんなさい」と彼女はささやいた。

（第3段落）

ルーシーは幼いころから絵を描くのを楽しんでいた。幼稚園のころ、彼女は父親を初めて描いた。子どもの描いたものにすぎなかったけれど、父親に本当によく似ていた。父親は喜んで、その日から、ルーシーは、母親と父親にあげるための絵を何時間もかけて描き、楽しく過ごした。

（第4段落）

彼女が大きくなる間も、両親は彼女を励まし続けた。彼女の母親は忙しい翻訳家だったが、娘が創造的なことをやっていることが嬉しかった。彼女の父親は、彼女に美術の本を買ってあげた。彼自身は芸術家ではなかったけれども、彼女にアドバイスをときどき与えて、自分が描いているものをとても注意して見て、できる限り正確に模倣するように提案した。ルーシーは、自分の技術を向上させて、父親を喜ばせたいと思い、一生懸命頑張った。

（第5段落）

町の絵画コンテストに参加することは、ルーシーの考えだった。彼女は、もしコンテストで優勝したら、彼女の芸術的才能が認められるだろうと考えた。彼女は放課後毎晩練習した。彼女はまた、週末すべてを費やして絵を描くことに黙々と取り組んで、彼女の対象物をできる限り注意深く写した。

(第6段落)

彼女は結果を出せなかったことが、大きなショックだった。彼女はとても熱心に頑張ったし、両親はとても協力的だった。しかし、彼女の父親は困惑していた。ルーシーは、なぜコンテストの最後に謝ったのか？　そうする必要は一切なかった。あとになって、ルーシーは彼になぜ彼女はその大会で賞を取れなかったかを尋ねた。彼は思いやりを込めて、答えた。「私にとっては、お前の描いたものは完璧だったよ」。それから、彼はほほえんでこう付け加えた。「けど、おそらくお前はお母さんに話すべきかもしれない。彼女は私よりも芸術をより理解しているから」

(第7段落)

彼女の母親は考え込んでいた。彼女はルーシーの自尊心を傷つけずに、娘にアドバイスをしたかった。「あなたの絵はよかったよ」と彼女は娘に言った。「けど、私は何かが欠けていたと思う。私は、あなたは目に見えるものを描いただけだと思う。私が小説を翻訳するとき、意味だけではなく、原書の精神もとらえる必要があるの。そうするために、私は言葉の背後にある意味を考慮する必要がある。おそらく、絵を描くことも同じかもしれない。あなたは表面に表れていないものを見る必要があるんだわ」

(第8段落)

ルーシーは描き続けたが、彼女は自分の絵に満足を感じなかった。彼女は母親の言おうとしたことを理解できなかった。彼女が目に見えるものを描くことの何が間違っていたのか？　他に何ができるというのか？

(第9段落)

そのころ、ルーシーはキャシーと呼ばれる女の子と友だちになった。2人は親しい友だちになって、ルーシーは彼女の親切心やユーモアのある性格がとてもいいと思うようになっていった。キャシーは、冗談を言ったり、馬鹿なことを言ったり、おかしな顔をしたりして、よくルーシーを笑わせた。ある午後、キャシーがとてもおかしな表情を顔に浮かべるので、ルーシーはそれを描かなければいけないと感じた。「そのポーズのままでいて！」と彼女は笑いながらキャシーに言った。彼女は素早く描いたが、友人の表情がとても楽しかったので、自分のやっていることをあまり考えていなかった。

（第10段落）

ルーシーは3年後に美術大学に入ったとき、いまだにそのスケッチを持っていた。それはキャシーを正確にとらえていたが、彼女のおかしな表情だけではなく、その友人の親切さやユーモアのセンス、すなわち表面に見えているものの下にあるものを描いていた。

あなたのワークシート：

1. 物語のタイトル

「芸術家になること」

2. 物語の人物

ルーシー：彼女は絵を描くのが大好きだ。

ルーシーの父親：彼は［30］。

ルーシーの母親：翻訳家でルーシーを応援する。

キャシー：ルーシーの親しい友人になる。

3. 物語に関して

ルーシーの芸術家としての成長：

［31］
↓
［32］
↓
［33］
↓
［34］

彼女の絵は、［35］と［36］のおかげで上達する。

4. 物語の中で大好きな部分

コンテストの結果が公表されたとき、ルーシーが「ああ、お父さん、受賞できなくてごめんなさい」と言う。

これは、ルーシーが［37］ことを示している。

5. この物語を選んだ理由

私は声優になりたくて、この物語は私が演じる登場人物をより本物らしく見えるようにするために、［38］よう努めることの重要性を教えてくれたから。

語彙リスト

序文

- □ introduce A to B「AをBに紹介する」
- □ worksheet「ワークシート」

第1段落

- □ anticipation「期待」
- □ in a moment「すぐに」
- □ onto「～の上に」
- □ receive「受け取る」
- □ prize「賞」
- □ mayor「市長」
- □ judge「審査員」
- □ screech「キーンと鳴る」
- □ announcement「アナウンス」
- □ winner「受賞者」
- □ Congratulations!「おめでとう！」

第2段落

- □ blazing「燃え上がる」
- □ embarrassment「気恥ずかしさ」
- □ abruptly「突然」
- □ mistake「間違い」
- □ shake hands with「～と握手する」
- □ accept「受け入れる」
- □ glance at「～をちらりと見る」
- □ tear「涙」
- □ disappointment「失望」
- □ expect O to do「Oに～することを期待する」
- □ especially「特に」
- □ whisper「ささやく」

第3段落

- □ kindergarten「幼稚園」
- □ be delighted「喜ぶ」
- □ spend O doing「Oを～するのに費やす」

第4段落

- □ continue to do「～し続ける」
- □ encourage「励ます」
- □ translator「翻訳家」
- □ creative「創造的な」
- □ advice「アドバイス」
- □ suggest「すすめる」
- □ copy「模倣する」
- □ as～as possible「できる限り～」
- □ accurately「正確に」
- □ technique「技術」
- □ please「喜ばせる」

第5段落

- □ artistic「芸術的な」
- □ recognize「認識する」
- □ practice「練習する」
- □ work on「～に取り組む」
- □ subject「テーマ」

第6段落

- □ failure「失敗」
- □ come as a shock「ショックになる」
- □ supportive「協力的な」
- □ be puzzled「困惑する」
- □ apologize「謝る」
- □ fail to do「～しない」
- □ competition「大会」
- □ sympathetically「同情して」
- □ add「付け加える」
- □ perhaps「おそらく」

第7段落

- □ thoughtful「考え込んだ」
- □ self-esteem「自尊心」
- □ capture「とらえる」
- □ spirit「精神」
- □ original「原典」
- □ under the surface「表に出ない」

第8段落

☐ What is wrong with～?「～の何が間違っているのか？」

第9段落

☐ around this time「そのころ」

☐ grow to do「～するようになる」 ☐ appreciate「よさを認める」

☐ personality「性格」 ☐ ridiculous「馬鹿らしい」 ☐ funny「おかしな」

☐ expression「表情」 ☐ pose「姿勢」

第10段落

☐ exactly「正確に」 ☐ odd「おかしな」

設問と選択肢

☐ tip「助言」 ☐ description「描写」 ☐ rearrange「並べ替える」

☐ frustrated「いらいらした」 ☐ have fun doing「～して楽しむ」

☐ talent「才能」 ☐ can't help doing「～せずにいられない」

☐ attempt「試み」 ☐ disappoint「失望させる」 ☐ depending on「～次第で」

過去問にチャレンジ 2

制限時間 12 分

第5問 (配点 15)

In your English class, you will give a presentation about a great inventor. You found the following article and prepared notes for your presentation.

Who invented television? It is not an easy question to answer. In the early years of the 20th century, there was something called a mechanical television system, but it was not a success. Inventors were also competing to develop an electronic television system, which later became the basis of what we have today. In the US, there was a battle over the patent for the electronic television system, which attracted people's attention because it was between a young man and a giant corporation. This patent would give the inventor the official right to be the only person to develop, use, or sell the system.

Farnsworth in 1939

Philo Taylor Farnsworth was born in a log cabin in Utah in 1906. His family did not have electricity until he was 12 years old, and he was excited to find a generator—a machine that produces electricity—when they moved into a new home. He was very interested in mechanical and electrical technology, reading any information he could find on the subject. He would often repair the old generator and even changed his mother's hand-powered washing machine into an electricity-powered one.

One day, while working in his father's potato field, he looked behind him and saw all the straight parallel rows of soil that he had made. Suddenly, it occurred to him that it might be possible to create an electronic image on a screen using parallel lines, just like the rows in the field. In 1922, during the spring semester of his first year at high school, he presented this idea to his chemistry teacher, Justin Tolman, and asked for advice about his concept of an electronic television system. With sketches and diagrams on blackboards, he showed the teacher how it might be accomplished, and Tolman encouraged him to develop his ideas.

On September 7, 1927, Farnsworth succeeded in sending his first electronic image. In the following years, he further improved the system so that it could successfully broadcast live images. The US government gave him a patent for this system in 1930.

However, Farnsworth was not the only one working on such a system. A giant company, RCA (Radio Corporation of America), also saw a bright future for television and did not want to miss the opportunity. They recruited Vladimir Zworykin, who had already worked on an electronic television system and had earned a patent as early as 1923. Yet, in 1931, they offered Farnsworth a large sum of money to sell them his patent as his system was superior to that of Zworykin's. He refused this offer, which started a patent war between Farnsworth and RCA.

The company took legal action against Farnsworth, claiming that Zworykin's 1923 patent had priority even though he had never made a working version of his system. Farnsworth lost the first two rounds of the court case. However, in the final round, the teacher who had copied Farnsworth's blackboard drawings gave evidence that Farnsworth did have the idea of an electronic television system at least a year before Zworykin's patent was issued. In 1934, a judge approved Farnsworth's patent claim on the strength of handwritten notes made by his old high school teacher, Tolman.

Farnsworth died in 1971 at the age of 64. He held about 300 US and foreign patents, mostly in radio and television, and in 1999, *TIME* magazine included Farnsworth in *Time 100: The Most Important People of the Century*. In an interview after his death, Farnsworth's wife Pem recalled Neil Armstrong's moon landing being broadcast. Watching the television with her, Farnsworth had said, "Pem, this has made it all worthwhile." His story will always be tied to his teenage dream of sending moving pictures through the air and those blackboard drawings at his high school.

Your presentation notes:

Philo Taylor Farnsworth (1906–1971)

— 30 —

Early Days

- born in a log cabin without electricity
- 31
- 32

Sequence of Key Events

33

34

Farnsworth successfully sent his first image.

35

36

RCA took Farnsworth to court.

Outcome

- Farnsworth won the patent battle against RCA thanks to 37 .

Achievements and Recognition

- Farnsworth had about 300 patents.
- *TIME* magazine listed him as one of the century's most important figures.
- 38

問 1　Which is the best subtitle for your presentation?　[30]

① A Young Inventor Against a Giant Company
② From High School Teacher to Successful Inventor
③ Never-Ending Passion for Generating Electricity
④ The Future of Electronic Television

問 2　Choose the best two options for [31] and [32] to complete Early Days. (The order does not matter.)

① bought a generator to provide his family with electricity
② built a log cabin that had electricity with the help of his father
③ enjoyed reading books on every subject in school
④ fixed and improved household equipment for his family
⑤ got the idea for an electronic television system while working in a field

問 3　Choose **four** out of the five events (①～⑤) in the order they happened to complete Sequence of Key Events.

[33] → [34] → [35] → [36]

① Farnsworth rejected RCA's offer.
② Farnsworth shared his idea with his high school teacher.
③ RCA won the first stage of the battle.
④ The US government gave Farnsworth the patent.
⑤ Zworykin was granted a patent for his television system.

問 4 Choose the best option for [37] to complete Outcome.

① the acceptance of his rival's technological inferiority
② the financial assistance provided by Tolman
③ the sketches his teacher had kept for many years
④ the withdrawal of RCA from the battle

問 5 Choose the best option for [38] to complete Achievements and Recognition.

① He and his wife were given an award for their work with RCA.
② He appeared on TV when Armstrong's first moon landing was broadcast.
③ His invention has enabled us to watch historic events live.
④ Many teenagers have followed their dreams after watching him on TV.

（令和4年度　本試験）

解答・解説 2

解説

問1 あなたのプレゼンテーションの副題として最も適切なのはどれか。

30 やや難

① **若い発明家対巨大企業**
② 高校の教師から成功した発明家へ
③ 発電への終わりのない情熱
④ 電子式テレビジョン装置の未来

解答の最短ルート

❶ 設問のsubtitle「副題」とnotesから、全文をまとめた内容が入ると判断します。
❷ 問2～問5を先に解きます。

問5を解き終えたあとに、問1を解いていきます。消去法で解答を絞り込むと、②は第3段落第3文や、第6段落第3文からも、高校時代の化学の先生はファーンズワースの研究を支持してくれただけで、テレビジョンを発明したわけではないので、正解にはなりません。④も電子式テレビジョン装置の未来に関する言及は本文にありません。③の「発電への終わりのない情熱」に関しては、第2段落第2文で、「電気を作る機械である発電機を見つけて、彼は興奮した」とありますが、発電機への言及はこの段落だけで、部分的言及なので、正解にはなりません。

残った**①が正解**になります。「若い発明家対巨大企業」への言及は、第1段落第5文In the US, there was a battle over the patent for the electronic television system, which attracted people's attention because it was **between a young man and a giant corporation**.「アメリカでは、電子式テレビジョン装置の特許を巡って争いがあり、**それがある若者と巨大企業の間の争いだっ**

第5問 物語・伝記文問題

たのでで、人々の関心を集めた」や、第5段落、第6段落を通じて、巨大企業とファーンズワースの争いを描写しているので、①**が正解**と特定できます。

得点力アップの POINT 22

タイトル問題の解法

タイトル問題は、共通テストのみならず、他の大学入試でも出題されますが、**消去法**を使って選択肢を絞り込みます。**本文と矛盾するもの、まったく言及されていないもの**を正解の候補から外すと、最終的に2つの選択肢に絞られることが多くなります。正解を選ぶ決め手は、**一部分だけの言及か、より広い範囲で本文に言及しているかで判断**します。

実際に問1でも、②は**本文と矛盾**、④は**本文に言及なし**、①と③の比較では③は**一部しか言及しておらず**、①はより広い範囲で言及されているので、①が正解になります。

問2 若いころを完成させるのに［ 31 ］と［ 32 ］に最もよく当てはまる選択肢を2つ選びなさい。(順不同) 標

① 家族に電気を供給するために発電機を買った
② 彼の父の助けを借りて、電気の通っている丸太小屋を建てた
③ 学校であらゆる話題に関する本を読むことを楽しんだ
④ **家族のために家庭用の機器を修理したり改良したりした**
⑤ **畑仕事をしている間に、電子式テレビジョン装置のアイデアを思いついた**

解答の最短ルート

❶ 設問のtwoとEarly Daysをチェックして、notesの［ 31 ］に移ります。
❷ ［ 31 ］の上の文から、**「電気のない丸太小屋で生まれた」あとの情報**をチェックすると判断します。

本文の**第2段落第1文以降**を読み進めていって、正解を絞り込みます。第2段落第4文**He would often repair the old generator and even changed his mother's hand-powered washing machine into an electricity-powered one.**「彼はよく、古い発電機を修理したり、母親の手動洗濯機を電動洗濯機に変えたりさえしたものだった」から、**④が正解**と判断できます。**本文のrepairが選択肢④のfixed**にパラフレーズされて、**本文のthe old generatorとhis mother's hand-powered washing machineが④のhousehold equipment「家庭用の機器」にまとめられています。**p.067 得点力アップのPOINT 7の基本動詞のパラフレーズ、p.170 得点力アップのPOINT 18の上位概念のパラフレーズが使われています。

続いて、第3段落第1文、第2文から、⑤が正解と判断できます。**本文第3段落第1文のwhile working in his father's potato fieldが、選択肢⑤のwhile working in a field**に、**同段落第2文のit occurred to him that it might be possible to create an electronic image on a screen using parallel lines, just like the rows in the field**「ちょうど畑の列のように、平行線を使って、画面上に電子画像を作ることが可能かもしれないと、彼は思いついた」が**⑤のgot the idea for an electronic television systemに抽象化されている**ことを理解しましょう。本文の**it occurred to 人 that〜**「〜が人の心に浮かんだ」＝「〜を人は思いついた」が⑤のgot the ideaにパラフレーズされているので、おさえておきましょう。

誤りの選択肢を見ていくと、①は第2段落第2文で「電気を作る機械である発電機を見つけて彼は興奮した」とあるだけで、①のように「買った」とは書かれていないので、正解にはなりません。②は同段落第1文で「丸太小屋で生まれた」とは書かれていますが、②のように「丸太小屋を建てた」とは書かれていないので、正解にはなりません。③は第2段落第3文で「**機械技術や電子技術**にとても興味があったので、その話題に関して見つけることのできるどんな情報でも読んだ」と書いてあるだけで、③のような「学校で**あらゆる話題に関する本**を読むことを楽しんだ」とは書かれていないので、正解にはなりません。p.171 得点力アップの POINT 19 で扱った、いわゆる**言い過ぎの選択肢**です。

問3 一連の重要な出来事を完成させるのに、①～⑤の5つの選択肢から**4つ**を選んで、起こった順番に並び替えなさい。 やや難

[33] → [34] → [35] → [36]

① ファーンズワースはRCAの申し出を拒絶した。
② ファーンズワースは彼のアイデアを高校の先生と共有した。
③ RCAは争いの第1段階に勝利した。
④ アメリカ政府はファーンズワースに特許を与えた。
⑤ ツヴォルキンは、彼のテレビジョン装置で特許が認められた。

解答の最短ルート

❶ notesの [33] の周辺を見て、重要な出来事の順序を尋ねる問題と理解します。
❷ [34] と [35] の間に「ファーンズワースは彼の最初の映像の送信に成功した」があることをふまえて、本文と選択肢を見ながら、順番に並べていきます。

②は第3段落第3文から、[33] に入ると推定します。**本文のhe presented this idea to his chemistry teacherが、選択肢②のFarnsworth shared his idea with his high school teacher.にパラフレーズ**されています。**本文ではpresent A to B「AをBに提示する」が、②ではshare A with B「AをBと共有する」にパラフレーズされていること**を理解しましょう。

続いて、第4段落最終文から、**④を [34] に入れる**と予測します。そして、第5段落第3文から、ツヴォルキンが特許を獲得したのは1923年とわかりますが、先ほどの第4段落最終文から、ファーンズワースの特許は1930年に与えられたとわかるので、先ほどの予

測を修正して、34 に⑤、35 に④と特定します。第5段落第4文に1931、最終文で**He refused this offer**とあるので、1930年の④のあとに①が続くと特定して、36 に①が入ると決定します。正解は 33 から順に、**②→⑤→④→①**になります。

notesの 36 の下に、「RCAはファーンズワースを裁判所に訴えた」とありますが、第6段落第2文からも、③はそれ以降の話なので、33 〜 36 には使わない選択肢です。

問4 結果を完成させるのに、37 に最も当てはまる選択肢を選びなさい。 標

① 彼のライバルが技術的に劣っていることが認められたこと
② トールマンによって提供された金銭的援助
③ **彼の先生が何年もとっておいたスケッチ**
④ その争いからのRCAの撤退

解答の最短ルート

❶ **設問から、notesのOutcomeに目を移して、「ファーンズワースがRCAとの特許争いに勝ったのは、何のおかげか」を本文から探します。**
❷ **第6段落から情報を探して、選択肢に戻ります。**

第6段落最終文から、**③が正解**と判断します。**本文のhandwritten notes made by his old high school teacher, Tolmanが、選択肢③のthe sketches his teacher had kept for many yearsにパラフレーズされている**ことを理解しましょう。特に**handwritten notes「手書きのメモ」がsketches「スケッチ」**に言い換えられています。

誤りの選択肢を見ていくと、第5段落第4文his system was superior to that of Zworykin's「彼(ファーンズワース)の装置がツヴォルキンのものより優れていた」とありますが、それがきっか

第5問 物語・伝記文問題

けでRCAとの特許をめぐる争いに勝利したとは書かれていないので、①は正解にはなりません。②は、第6段落最終文で、トールマンはファーンズワースの特許の証拠を提示して彼を助けてはいますが、②のような金銭的援助はしていないので、正解にはなりません。④のような「RCAがその争い（特許争い）から撤退した」という記述は本文にはありません。

問5 業績と評価を完成させるのに、[38]に最も ふさわしい選択肢を選びなさい。 標

① 彼と妻はRCAとの仕事で賞を授与された。

*② アームストロングの最初の月面着陸が放映されたときに、彼はテレビに出演した。 間違いやすい選択肢！

③ 彼の発明のおかげで、私たちは歴史的な出来事を生で見ることができるようになった。

④ 多くのティーンエージャーは、テレビで彼を見たあとに、自分たちの夢を追った。

解答の最短ルート

❶ [38]の周辺情報を拾うと、業績と評価で、ファーンズワースの特許の数と、TIME誌掲載の話をチェックします。

❷ 上記以外の業績、評価を本文の最終段落からチェックして、選択肢から正解を選びます。

最終段落第2文前半の約300の特許、第2文後半のTIME誌の『タイム100：今世紀の最も重要な人物』への選出の次に、第3文、第4文から、アームストロングの月面着陸がテレビで放映されてから、すべてが報われたと妻に語っていたことがわかるので、**③が正解**と判断できます。**アームストロングの月面着陸が、選択肢③のhistoric events「歴史的な出来事」にパラフレーズされている**ことに注意しましょう。いわゆる**抽象化の技術**です。

誤りの選択肢を見ていくと、①は本文に書かれていません。②は、

最終段落第4文で、**「彼女とテレビを見ながら、ファーンズワースは『ペム、これですべてが報われた』と言った」とあることから、②のように「テレビに出演した」わけではない**とわかります。④は、最終段落最終文で、「彼の物語はいつも、動画を空中送信するという彼の10代の夢、そして高校で黒板に描いた図に結び付けられるだろう」とあるだけで、④のような「多くのティーンエージャーが、テレビで彼を見たあとに自分たちの夢を追った」というような記述はないので、正解にはなりません。

解答

問1	①	問2	④・⑤	問3	②→⑤→④→①
問4	③	問5	③		

本文の訳

英語の授業で、あなたは偉大な発明家に関するプレゼンテーションをする予定だ。あなたは次の記事を見つけて、プレゼンテーションのためにメモを準備した。

（第1段落）

ファーンズワース
（1939年）

誰がテレビを発明したか？　それは答えるのが簡単な質問ではない。20世紀の初期に、機械式テレビジョン装置と呼ばれるものがあったが、それはうまくはいかなかった。発明家はまた、電子式テレビジョン装置を開発しようと競っていたが、それがのちに今日私たちが持っているものの原型となった。アメリカでは、電子式テレビジョン装置の特許を巡って争いがあり、それがある若者と巨大企業の間の争いだったので、人々の関心を集めた。この特許によって、発明者はその装置を開発、使用、販売する唯一の人になる公式の権利を手に入れることになっていた。

（第2段落）

フィロ・テイラー・ファーンズワースは1906年にユタ州の丸太小屋で生まれた。彼の家には、彼が12歳になるまで電気がなかったので、新しい家に引っ越したときに、電気を作る機械である発電機を見つけて興奮した。彼は、機械技術や電子技術にとても興味があったので、その話題に関して見つけることのできるどんな情報でも読んだ。彼はよく、古い発電機を修理したり、母親の手動洗濯機を電動洗濯機に変えたりさえしたものだった。

(第3段落)

ある日、彼が父親のジャガイモ畑で作業をしている間に、自分の背後を見て、自分が作った土壌のまっすぐで平行なすべての列を見た。突然、ちょうど畑の列のように、平行線を使って、画面上に電子画像を作ることが可能かもしれないと、彼は思いついた。1922年の高校1年生の春学期に、彼はこのアイデアを化学の教師であるジャスティン・トールマンに提示して、電子式テレビジョン装置の概念についてアドバイスを求めた。黒板に描いたスケッチと図を使って、その教師にどうすればそれを成り立たせられそうかを示すと、トールマンは彼にそのアイデアを発展させるように促した。

(第4段落)

1927年9月7日に、ファーンズワースは、彼の最初の電子映像の送信に成功した。その後の数年で、彼はその装置がうまく生の映像を放送できるように、さらに改良した。アメリカ政府は、1930年にこの装置の特許を彼に与えた。

(第5段落)

しかし、ファーンズワースだけがそのような装置に取り組んでいたわけではなかった。RCA(アメリカ・ラジオ会社)という巨大企業もまた、テレビの明るい未来を予測して、その機会を逃したくなかった。彼らは、すでに電子式テレビジョン装置に取り組み、1923年という早い段階で特許を獲得していたウラジミール・ツヴォルキンを採用した。しかしファーンズワースの装置がツヴォルキンのものより優れていたので、1931年に、彼らはファーンズワースに特許を売ってもらうために、多額のお金を提示した。彼はこの申し出を拒絶して、それがファーンズワースとRCAの特許を巡る争いの始まりとなった。

(第6段落)

その会社は、ツヴォルキンの1923年の特許が、一度も彼の装置の稼働版は作れなかったけれども、優先権があると主張してファーンズワースに法的訴訟を起こした。ファーンズワースは、最初の2回の裁判に敗れた。しかし、最後の法廷で、ファーンズワースが黒板に描いたものを写していた教師が、ファーンズワースは、ツヴォルキンの特許が発行される少なくとも1年前に、電子式テレビジョン装置のアイデアを実際に抱いていたという証拠を提示した。1934年に、裁判官が、彼の昔の高校の教師であるトールマンが作った手書きのメモを根拠にして、ファーンズワースの特許請求を認めた。

（第7段落）

ファーンズワースは、1971年に64歳で亡くなった。彼は主にラジオやテレビに関するおよそ300のアメリカや外国の特許を得ており、1999年にTIME誌はファーンズワースを『タイム100：今世紀の最も重要な人物』に含めた。彼の死後のインタビューで、ファーンズワースの妻のペムは、ニール・アームストロングの月面着陸が放映されていたことを思い返した。彼女とテレビを見ながら、ファーンズワースは「ペム、これですべてが報われた」と言った。彼の物語はいつも、動画を空中送信するという彼の10代の夢、そして高校で黒板に描いた図に結び付けられるだろう。

あなたのプレゼンテーションメモ：

フィロ・テイラー・ファーンズワース（1906-1971）

―［30］―

若いころ

―電気のない丸太小屋で生まれた

―［31］

―［32］

一連の重要な出来事

［33］

［34］

ファーンズワースは彼の最初の映像の送信に成功した。

［35］

［36］

RCAはファーンズワースを裁判所に訴えた。

結果

―ファーンズワースは［37］のおかげで、RCAとの特許争いに勝利した。

業績と評価

―ファーンズワースはおよそ300の特許を持っていた。

―TIME誌は彼をその世紀の最も重要な人物の1人として掲載した。

―［38］

語彙リスト

序文

- □give a presentation「プレゼンテーションをする」
- □inventor「発明家」
- □following「次の」
- □article「記事」
- □prepare「準備する」
- □notes「メモ書き」

第1段落

- □early「初期の」
- □mechanical「機械の」
- □success「成功」
- □compete「競争する」
- □electronic「電子の」
- □basis「基礎」
- □battle「争い」
- □patent「特許」
- □attract「引き付ける」
- □attention「関心」
- □giant「巨大な」
- □corporation「企業」
- □official「公式の」
- □right「権利」

第2段落

- □log cabin「丸太小屋」
- □electricity「電気」
- □generator「発電機」
- □subject「話題」
- □would often do「よく～したものだった」
- □repair「修理する」
- □change A into B「AをBに変える」
- □hand-powered「手動の」
- □washing machine「洗濯機」

第3段落

- □straight「まっすぐの」
- □parallel「平行の」
- □row「列」
- □soil「土壌」
- □suddenly「突然」
- □It occurred to 人 that ～.「～が人の心に浮かんだ」
- □image「画像」
- □semester「学期」
- □present A to B「AをBに提示する」
- □chemistry「化学」
- □ask for「～を求める」
- □concept「概念」
- □sketch「スケッチ」
- □diagram「図」
- □blackboard「黒板」
- □accomplish「達成する」
- □encourage O to do「Oを～するように促す」

第4段落

- □succeed in「～に成功する」
- □send「送る」
- □further「さらに」
- □improve「改良する」
- □so that S 助動詞「Sが～するように」
- □successfully「うまく」
- □broadcast「放送する」
- □live「生の」
- □government「政府」

第5段落

- □work on「～に取り組む」
- □bright「明るい」
- □miss「逃す」
- □opportunity「機会」
- □recruit「採用する」
- □earn「稼ぐ」
- □as early as「早くも～に」
- □yet「しかし」
- □offer O_1 O_2「O_1にO_2を提示する」
- □a large sum of「多額の～」
- □be superior to「～より優れている」

第6段落

- □ legal「法的な」
- □ action「訴訟」
- □ claim「主張する」
- □ priority「優先」
- □ court case「裁判」
- □ copy「写す」
- □ evidence「証拠」
- □ at least「少なくとも」
- □ issue「発行する」
- □ judge「裁判官」
- □ approve「認める」
- □ on the strength of「～を根拠に」
- □ handwritten「手書きの」

第7段落

- □ mostly「主に」
- □ include「含む」
- □ recall「思い返す」
- □ landing「着陸」
- □ worthwhile「価値のある」
- □ be tied to「～に結び付けられる」

プレゼンテーションのメモ

- □ sequence「連続」
- □ key「重要な」
- □ event「出来事」
- □ outcome「結果」
- □ thanks to「～のおかげで」
- □ achievement「業績」
- □ recognition「評価」
- □ list A as B「AをBと掲載する」
- □ figure「人物」

設問と選択肢

- □ subtitle「副題」
- □ never-ending「終わることのない」
- □ passion「情熱」
- □ generate「生み出す」
- □ provide A with B「AにBを供給する」
- □ fix「修理する」
- □ household equipment「家庭用機器」
- □ share A with B「AをBと共有する」
- □ grant「認める」
- □ acceptance「受け入れること」
- □ inferiority「劣っていること」
- □ financial「金銭的な」
- □ assistance「援助」
- □ withdrawal「撤退」
- □ award「賞」
- □ enable O to do「Oが～するのを可能にする」
- □ historic「歴史的な」
- □ follow one's dream「～の夢を追う」

第6問

評論文問題

A問題 ここできめる!

- notes、slides、draftなどからキーワードを拾って、本文と選択肢を行き来する！！
- 最後に出題されることのある推測問題は、最後の2段落中心に、消去法も使って解答する！！

B問題 ここできめる!

- 問1は最初の2段落程度では解けないことが多いので、問2を先に解く！！
- 推測問題は、最後の2段落や本文全体の理解を中心に、消去法を用いて解く！！

第6問の全体像をつかむ

ここが問われる! B問題がリーディング最大の難所!

ここできめる!
- B問題の問1は最初の2段落程度では解けないことが多いので、問2を先に解く! 推測問題は最後の2段落や本文全体の理解を中心に、消去法を用いて解く!

第6問はどんな問題が出ますか?

第6問は、文章が長くなり、評論文が出題されるので、**最大の難所**と言えます。**第5問までにいかに時間をかけずに、第6問にどれだけ時間を残せるかが鍵**になります。全文に目を通す時間はないので、**設問を解くのに必要な情報に絞って、メリハリをつけて読むことが重要**です。

第6問の配点と時間配分を教えてください。

AとBからなり、問題数はAが4問、Bが3～5問です。Aは3点の問題が4題で12点、Bは3点の問題が2題、2点の問題が3題(5問の場合)で計12点の合計24点です。**配点は、リーディング全体の100点中24点**です。

第6問はAを12分、Bを15分の計**27分で解く**とよいでしょう。**第6問Aを始めてから12分が経過している場合は、そのときに選べる最善の選択肢をマークして、Bに進みましょう。**

第6問を最短で解くには、どうしたらよいですか?

第6問でも、**設問のキーワードからチェック、すぐに空所がある**

notesなどに移って、空所の周辺情報を拾います。本文を最初から読んでいき、**キーワードにぶつかったら、問題を解きます。選択肢に戻って、正解を選択します**。第6問は時間配分が厳しいので、序文は読み飛ばして構いません。具体的に、次で**解答の最短ルート**を示すので、自分でも同じように解いてみてください。

第6問が得意になるには、どうしたらよいですか？

第6問では、出題される英文の量が非常に長くなります。にもかかわらず、解答時間は27分しかないので、全文を同じように読むのではなく、メリハリをつけて、**設問を解くのに必要な情報を探す力が重要**になります。速読力に加え、速く解く力が重要になるので、次ページで紹介する解答の最短ルートを意識してください。

第6問が難しい理由の1つに、**Bの問1が、最初の1、2段落を読んだだけでは解けないこと**が挙げられます。この特徴をあらかじめ理解しておいて、Bの問1には、数段落の理解が必要なことを念頭に、**しっかりと文章を読むことに専念**してください。

第6問のまとめ

- **B問題が最大の難所！　問1は、最初の2段落程度読むだけでは解けないことが多いので、問2を先に解く！　推測問題は、最後の2段落や本文全体の理解を中心に、消去法で解く！**
- 第6問は、文量が多く、リーディング全体でも最も難しい評論文が出題される。
- 配点はリーディング全体の100点中の24点で、**解答時間は27分**を目安にする。
- 第6問を最短で解くには、**設問のキーワードからチェック**して、**notesなどの空所の周辺情報をチェック**して、本文を最初から読んでいき、**キーワードにぶつかったら、問題を解く**。「1問解いたら、次の設問に移って、notesの空所の周辺情報を拾って、また本文に戻る」の繰り返し。**解答の最短ルート**で具体的に見ていく。**Bの問1は、数段落文章をしっかりと読むことが必要**。

A問題 評論文問題

STEP 1 解答の最短ルートを知る

第 6 問 (配点 24)

A You are in a discussion group in school. You have been asked to summarize the following article. You will speak about it, using only notes.

Collecting

Collecting has existed at all levels of society, across cultures and age groups since early times. Museums are proof that things have been collected, saved, and passed down for future generations. There are various reasons for starting a collection. For example, Ms. A enjoys going to yard sales every Saturday morning with her children. At yard sales, people sell unwanted things in front of their houses. One day, while looking for antique dishes, an unusual painting caught her eye and she bought it for only a few dollars. Over time, she found similar pieces that left an impression on her, and she now has a modest collection of artwork, some of which may be worth more than she paid. One person's trash can be another person's treasure. Regardless of how someone's collection was started, it is human nature to collect things.

In 1988, researchers Brenda Danet and Tamar Katriel analyzed 80 years of studies on children under the age of 10, and found that about 90% collected something. This shows us that people like to gather things from an early age. Even after becoming adults, people continue collecting stuff. Researchers in the field generally agree that approximately one third of adults maintain this behavior. Why is this? The primary explanation is related to emotions. Some save greeting cards from friends and family, dried flowers from special events, seashells from a day at the beach, old photos, and so on. For others, their collection is a connection to their youth. They may have baseball cards, comic books, dolls, or miniature cars that they have kept since they were small.

③ ②でチェックした情報の周辺を読んで、問1の選択肢に戻って、正解を選びます。

⑥ ⑤でチェックした情報の周辺を読んで、問2の選択肢に戻って、正解を選びます。

⑨ ⑧でチェックした情報の周辺を読んで、問3の選択肢に戻って、正解を選びます。

＊番号の順に矢印（　　　）に沿ってチェックしましょう。

1 2 3 ＝問1の最短ルート　4 5 6 ＝問2の最短ルート　7 8 9 ＝問3の最短ルート

10 11 12 ＝問4の最短ルート

Others have an attachment to history; they seek and hold onto historical documents, signed letters and autographs from famous people, and so forth.

For some individuals there is a social reason. People collect things such as pins to share, show, and even trade, making new friends this way. Others, like some holders of Guinness World Records, appreciate the fame they achieve for their unique collection. Cards, stickers, stamps, coins, and toys have topped the "usual" collection list, but some collectors lean toward the more unexpected. In September 2014, Guinness World Records recognized Harry Sperl, of Germany, for having the largest hamburger-related collection in the world, with 3,724 items; from T-shirts to pillows to dog toys, Sperl's room is filled with all things "hamburger." Similarly, Liu Fuchang, of China, is a collector of playing cards. He has 11,087 different sets.

Perhaps the easiest motivation to understand is pleasure. Some people start collections for pure enjoyment. They may purchase and put up paintings just to gaze at frequently, or they may collect audio recordings and old-fashioned vinyl records to enjoy listening to their favorite music. This type of collector is unlikely to be very interested in the monetary value of their treasured music, while others collect objects specifically as an investment. While it is possible to download certain classic games for free, having the same game unopened in its original packaging, in "mint condition," can make the game worth a lot. Owning various valuable "collector's items" could ensure some financial security.

⑫ ⑪でチェックした情報の周辺を読んで、選択肢に戻って、正解を選びます。

This behavior of collecting things will definitely continue into the distant future. Although the reasons why people keep things will likely remain the same, advances in technology will have an influence on collections. As technology can remove physical constraints, it is now possible for an individual to have vast digital libraries of music and art that would have been unimaginable 30 years ago. It is unclear, though, what other impacts technology will have on collections. Can you even imagine the form and scale that the next generation's collections will take?

② The yard sale storyをチェックして、本文に進みます。

Your notes:

Collecting

Introduction

- ◆ Collecting has long been part of the human experience.
- ◆ The yard sale story tells us that [39].

Facts

- ◆ [40]
- ◆ Guinness World Records
  - ◇ Sperl: 3,724 hamburger-related items
  - ◇ Liu: 11,087 sets of playing cards

Reasons for collecting

- ◆ Motivation for collecting can be emotional or social.
- ◆ Various reasons mentioned: [41], [42], interest in history, childhood excitement, becoming famous, sharing, etc.

Collections in the future

- ◆ [43]

③へ！

⑤ Facts、Guinness World Recordsをチェックして、本文に戻ります。

⑥へ！

⑧ Reasons for collecting、emotional、socialをチェックして、本文に戻ります。

⑨へ！

⑪ Collections in the futureをチェックして、本文に戻ります。

問 1　Choose the best option for [39].

❶ [39] にとびます。

① a great place for people to sell things to collectors at a high price is a yard sale
② people can evaluate items incorrectly and end up paying too much money for junk
③ something not important to one person may be of value to someone else
④ things once collected and thrown in another person's yard may be valuable to others

問 2　Choose the best option for [40].

❹ [40] にとびます。

① About two thirds of children do not collect ordinary things.
② Almost one third of adults start collecting things for pleasure.
③ Approximately 10% of kids have collections similar to their friends.
④ Roughly 30% of people keep collecting into adulthood.

問 3　Choose the best options for [41] and [42]. (The order does not matter.)

❼ [41]、[42] にとびます。

① desire to advance technology
② fear of missing unexpected opportunities
③ filling a sense of emptiness
④ reminder of precious events
⑤ reusing objects for the future
⑥ seeking some sort of profit

問 4　Choose the best option for [43].

❿ [43] にとびます。

① Collections will likely continue to change in size and shape.
② Collectors of mint-condition games will have more digital copies of them.
③ People who have lost their passion for collecting will start again.
④ Reasons for collecting will change because of advances in technology.

（令和5年度　本試験）

＊それでは、次のページから実際に問題を解いてみましょう！

STEP 2 問題を解く　制限時間 12 分

第6問 (配点　24)

A　You are in a discussion group in school. You have been asked to summarize the following article. You will speak about it, using only notes.

Collecting

Collecting has existed at all levels of society, across cultures and age groups since early times. Museums are proof that things have been collected, saved, and passed down for future generations. There are various reasons for starting a collection. For example, Ms. A enjoys going to yard sales every Saturday morning with her children. At yard sales, people sell unwanted things in front of their houses. One day, while looking for antique dishes, an unusual painting caught her eye and she bought it for only a few dollars. Over time, she found similar pieces that left an impression on her, and she now has a modest collection of artwork, some of which may be worth more than she paid. One person's trash can be another person's treasure. Regardless of how someone's collection was started, it is human nature to collect things.

In 1988, researchers Brenda Danet and Tamar Katriel analyzed 80 years of studies on children under the age of 10, and found that about 90% collected something. This shows us that people like to gather things from an early age. Even after becoming adults, people continue collecting stuff. Researchers in the field generally agree that approximately one third of adults maintain this behavior. Why is this? The primary explanation is related to emotions. Some save greeting cards from friends and family, dried flowers from special events, seashells from a day at the beach, old photos, and so on. For others, their collection is a connection to their youth. They may have baseball cards, comic books, dolls, or miniature cars that they have kept since they were small.

Others have an attachment to history; they seek and hold onto historical documents, signed letters and autographs from famous people, and so forth.

For some individuals there is a social reason. People collect things such as pins to share, show, and even trade, making new friends this way. Others, like some holders of Guinness World Records, appreciate the fame they achieve for their unique collection. Cards, stickers, stamps, coins, and toys have topped the "usual" collection list, but some collectors lean toward the more unexpected. In September 2014, Guinness World Records recognized Harry Sperl, of Germany, for having the largest hamburger-related collection in the world, with 3,724 items; from T-shirts to pillows to dog toys, Sperl's room is filled with all things "hamburger." Similarly, Liu Fuchang, of China, is a collector of playing cards. He has 11,087 different sets.

Perhaps the easiest motivation to understand is pleasure. Some people start collections for pure enjoyment. They may purchase and put up paintings just to gaze at frequently, or they may collect audio recordings and old-fashioned vinyl records to enjoy listening to their favorite music. This type of collector is unlikely to be very interested in the monetary value of their treasured music, while others collect objects specifically as an investment. While it is possible to download certain classic games for free, having the same game unopened in its original packaging, in "mint condition," can make the game worth a lot. Owning various valuable "collector's items" could ensure some financial security.

This behavior of collecting things will definitely continue into the distant future. Although the reasons why people keep things will likely remain the same, advances in technology will have an influence on collections. As technology can remove physical constraints, it is now possible for an individual to have vast digital libraries of music and art that would have been unimaginable 30 years ago. It is unclear, though, what other impacts technology will have on collections. Can you even imagine the form and scale that the next generation's collections will take?

Your notes:

Collecting

Introduction

- ◆ Collecting has long been part of the human experience.
- ◆ The yard sale story tells us that [39] .

Facts

- ◆ [40]
- ◆ Guinness World Records
  - ✧ Sperl: 3,724 hamburger-related items
  - ✧ Liu: 11,087 sets of playing cards

Reasons for collecting

- ◆ Motivation for collecting can be emotional or social.
- ◆ Various reasons mentioned: [41] , [42] , interest in history, childhood excitement, becoming famous, sharing, etc.

Collections in the future

- ◆ [43]

問 1　Choose the best option for [39].

① a great place for people to sell things to collectors at a high price is a yard sale
② people can evaluate items incorrectly and end up paying too much money for junk
③ something not important to one person may be of value to someone else
④ things once collected and thrown in another person's yard may be valuable to others

問 2　Choose the best option for [40].

① About two thirds of children do not collect ordinary things.
② Almost one third of adults start collecting things for pleasure.
③ Approximately 10% of kids have collections similar to their friends.
④ Roughly 30% of people keep collecting into adulthood.

問 3　Choose the best options for [41] and [42]. (The order does not matter.)

① desire to advance technology
② fear of missing unexpected opportunities
③ filling a sense of emptiness
④ reminder of precious events
⑤ reusing objects for the future
⑥ seeking some sort of profit

問 4　Choose the best option for [43].

① Collections will likely continue to change in size and shape.
② Collectors of mint-condition games will have more digital copies of them.
③ People who have lost their passion for collecting will start again.
④ Reasons for collecting will change because of advances in technology.

（令和5年度　本試験）

STEP 3 解答のプロセスを理解する

解答 問1 ③ 問2 ④ 問3 ④・⑥ 問4 ①

解説

問1 [39] に最も よく当てはまる選択肢を選びなさい。 標

① 人が高い値段でものを収集家に売るのにとてもいい場所が、ヤードセールだ

② 人は商品を不正確に評価して、最終的にガラクタのためにお金を払いすぎることがある

③ **ある人には重要ではないものが、他の人には価値があるかもしれない**

④ 一度集められて別の人の庭に捨てられたものが、他の人には価値があるかもしれない

notesの[39]の周辺情報であるThe yard sale storyをチェックします。本文に戻って、第1段落第4文から、ヤードセールの話がスタートするとわかります。同段落第5文でヤードセールとは、「家の前で不要品を売ること」とわかります。同段落第8文**One person's trash can be another person's treasure.「ある人のごみは、別の人の宝物になりうる」から、③が正しい**と判断します。**本文のOne person's trashが選択肢③のsomething not important to one person**に、**本文のcan be another person's treasureが③のmay be of value to someone elseにパラフレーズされている**ことを理解しましょう。

誤りの選択肢を見ていくと、①は、ヤードセールは第1段落第5文で「不要品を売ること」とありますが、高い値段でものを売るのにいい場所という記述はないので、正解にはなりません。②は本文に書いていません。④は第1段落第5文で「不要品を自分の家の前で売る」とあるだけで、④のような「一度集められて別の人の庭に捨てられたもの」というような表現はないので、正解にはなりません。

問2 [40] に最も良く当てはまる選択肢を選びなさい。 標

① 子どもたちのおよそ3分の2は、ありきたりの物を集めない。
② 成人のほぼ3分の1が楽しみのために物の収集を始める。
③ 子どもの約10%が友人と同じようなコレクションを持っている。
④ 人々のおよそ30%が大人になっても収集を続ける。

notesの [40] の周辺情報を拾うと、Factsとだけしか書かれていないので、選択肢も見ます。①～④すべてに共通するのが、数字やパーセンテージなので、本文にある**数字の記述**を探していきます。第2段落第4文のthat節で**approximately one third of adults maintain this behaviorとあります。this behaviorは前文のcollecting stuff「物を集めること」を指すので、④が正解**と判断できます。**本文のapproximately one thirdが選択肢④のRoughly 30%**に、**本文のmaintain this behaviorが④のkeep collectingにパラフレーズされていること**を理解しましょう。maintainとkeepは、p.067 得点力アップのPOINT 7 の**基本動詞のパラフレーズ**で説明しました。

誤りの選択肢を見ていくと、②のAlmost one thirdは、第2段落第4文のapproximately one thirdと同じですが、②ではstart collecting「(成人が) 収集を始める」となっているのに対して、本文では「成人したあとでさえ、人は物を集め続ける」とあること、それからfor pleasure「楽しみのために」とは書かれていないので、正解にはなりません。①、③は本文に書かれていません。

問3 [41] と [42] に最もよく当てはまる選択肢を2つ選びなさい。(順不同) やや難

① テクノロジーを進歩させたいという願い
*② 予想外の好機を逃す恐れ　間違いやすい選択肢！
③ 空虚感を満たすこと
④ 大切な出来事を思い起こさせるもの
⑤ 将来のために物を再利用すること
⑥ ある種の利益を追求すること

第6問 評論文問題

41 ・ 42 の周辺情報から、Reasons for collectingの欄にあり、emotional、socialを具体化した、**「コレクションの理由」**が問われていることを把握します。かつ、interest in history、childhood excitement、becoming famous、sharingを除いたものになります。

本文の中心となる表現を見ていくと、第2段落第6文にemotionsが登場して、第8文でa connection to their youth「自分たちの青春時代に関係しているもの」という表現が続きます。そして第10文an attachment to history「歴史への愛着」と続きます。この時点で選択肢を見ると、**④ reminder of precious events「大切な出来事を思い起こさせるもの」が、先に見た第8文のa connection to their youthの言い換え**ではないかと類推します。

実際に第2段落第9文の具体例を見ると、④の「大切な出来事を思い起こさせるもの」の具体例にはあたりませんが、少し上の第7文に目を向けましょう。すると、**「友人や家族からのあいさつ状、特別な出来事のドライフラワーや、ビーチでのある日の貝殻、古い写真」など④の具体例を発見できるので、④が正解**と特定できます。

続いて、第3段落からは、第1文でa social reasonが具体化されると把握して、読み進めます。第2文が「新しい友人を作るためのピンバッジ」、第3文がギネスの世界記録保有者のように、「独自のコレクションで得た名声に価値を置く」とあります。第4文のbut以下で**the more unexpected「もっと予想外のもの」が登場します。具体例として、ハンバーガー関連のグッズとトランプの収集家**が挙げられています。ここで選択肢を見ると、the more unexpectedと近い表現が②で使われていますが、**②は「予想外の好機を逃す恐れ」で意味が異なるので、おそらく正解ではない**と判断します。それ以外の選択肢も該当しないので、さらに先を読み進めます。

第4段落に進むと、コレクションの動機づけとして、pleasure「楽しみ」が挙がります。一方で、第4文のwhile以下で、an investment「投資」が挙がります。最終文で**Owning various valuable "collector's items" could ensure some financial security.「さまざまな価値のある『コレクターアイテム』を所有することは、経済面の安全を保証する可能性がある」**から、**⑥が正解**と判断できます。**第4段落第4〜最終文を⑥seeking some sort of profit「ある種の利益を追求すること」で抽象化した表現**になります。

誤りの選択肢を見ていくと、①は、最終段落第2文advances in technology will have an influence on collections「テクノロジーの進歩がコレクションに影響を与えるだろう」とあるだけで、①のような「テクノロジーを進歩させたいという願い」が収集家の動機になるという文脈ではありません。③、⑤は本文に書かれていません。

問4 [43] に最も良く当てはまる選択肢を選びなさい。 やや難

① **コレクションは、おそらく規模や形を変え続けるだろう。**
② 新品同様のゲームの収集家は、そのデジタルコピーをより多く持つだろう。
③ 収集への情熱を失った人は、再開するだろう。
*④ 収集の理由が、テクノロジーの進歩が原因で変化するだろう。
間違いやすい選択肢！

[43] の周辺情報から、Collections in the futureの話とわかるので、最終段落に目を向けます。第4文 It is unclear, though, what other impacts technology will have on collections.「もっとも、テクノロジーがコレクションに与える影響には、他にどんなものがあるのかは明らかではない」、最終文**Can you even imagine the form and scale that the next generation's collections will take?「あなたは、次の世代のコレクションがたどる形や規模を想像することなどできるだろうか？」**から、**「(テクノロジーの影響で) 次の世代のコレクションは、形も規模も変化す**

るだろう」と類推できるので、①が正解と判断できます。

誤りの選択肢を見ていくと、④が紛らわしい選択肢です。①との大きな違いは、**Reasons for collecting will change「収集の理由が変化するだろう」で、①と違って「コレクション（の内容自体）が変わる」とは言っていない点**です。これはむしろ、最終段落第2文 Although **the reasons why people keep things will likely remain the same**, advances in technology will have an influence on collections.「**人が物を保持する理由はおそらく同じままだろうけれども**、テクノロジーの進歩がコレクションに影響を与えるだろう」**に反する**ので、正解にはなりません。

②は mint-condition「新品同様の状態」に着目すると、第4段落 第5文 に While it is possible to download certain classic games for free, having the same game unopened in its original packaging, in "**mint condition**," can make the game worth a lot.「ある昔のゲームを無料でダウンロードすることは可能だけれども、同じゲームを元の包装のまま『新品同様の状態』で未開封にしておくことは、そのゲームをとても価値のあるものにできる」とあるだけで、②のように「新品同様のゲームの収集家は、そのデジタルコピーをより多く持つだろう」とは書かれていないので、正解にはなりません。③は、本文に書かれていません。

本文の訳

A　あなたは学校のディスカッショングループに所属している。あなたは、次の記事を要約するように頼まれた。あなたはメモだけを使用して、それについて話すことになっている。

収集

（第1段落）

収集は、昔から、社会のあらゆる階層で、文化や年齢層を越えて、存在してきた。博物館は、物が収集され、保存され、未来の世代へと引き継がれてきたことの証拠だ。収集を始めるのにはさまざまな理由がある。例えば、Aさんは、彼女の子どもたちと毎週土曜の午前中に、ヤードセールに行くのを楽しみにしている。ヤードセールでは、人々が自分の家の前で、不要品を売る。ある日、アンティークの皿を探しているときに、珍しい絵画が彼女の目を引いて、彼女はそれをほんの数ドルで買った。時間が経つにつれて、彼女は印象的な、似たような作品を見つけて、現在では、ささやかな美術品のコレクションを持っており、その一部は彼女が支払った金額以上の価値があるかもしれない。ある人のごみは、別の人の宝物になりうる。ある人のコレクションがどのように始まったかに関係なく、物を集めるのが人間の性質だ。

（第2段落）

1988年に、研究者のブレンダ・ダネットとタマー・カトリエルが、10歳未満の子どもに関する80年に及ぶ研究を分析して、およそ90%が何かを集めていたとわかった。このことで、私たちは人々が幼年期から物を集めるのが好きだとわかる。成人したあとでさえ、人は物を集め続ける。その分野の研究者は、大人のおよそ3分の1はこの行動を維持するとおおむね同意する。これはなぜなのか？　第1の説明は感情に関係している。友人や家族からのあいさつ状、特別な出来事のドライフラワーや、ビーチで過ごした日の貝殻、古い写真などをとっておく人もいる。また、そのコレクションが自分たちの青春時代に関係している人もいる。その人たちは幼いころから取っておいた、野球カード、漫画本、人形、あるいはミニカーを持っているかもしれない。また、歴史に愛着を持つ人もいる。その人たちは、歴史的文書、有名人の署名入りの手紙やサインなどを探して大事にする。

(第3段落)

社会的な理由がある人もいる。人々は、ピンバッジのようなものを集めて、共有したり、見せたり、交換したりさえして、この方法で新しい友人を作る。また、ギネス世界記録保持者のように、独自のコレクションで得た名声に価値を置く人もいる。カード、ステッカー、切手、コイン、おもちゃが「通常の」コレクションリストの上位を占めるが、収集家の中には、もっと予想外のものに傾倒する人もいる。2014年9月に、ギネス世界記録は、ドイツ人のハリー・シュペールを、3,724のアイテムを持つ、ハンバーガー関連の世界最大のコレクション保有者として認定した。Tシャツから枕、犬のおもちゃまで、シュペールの部屋は「ハンバーガー」に関するあらゆるものでいっぱいだ。同様に、中国のリウ・フーチャンは、トランプの収集家だ。彼は11,087の異なるセットを持っている。

(第4段落)

ひょっとすると、最もわかりやすい動機は楽しみかもしれない。人々の中には、純粋な楽しみのためにコレクションを始める人もいる。彼らは、頻繁に眺めるだけのために絵画を購入して、飾ったり、大好きな音楽を聴くのを楽しむために、録音媒体や古いアナログレコードを集めたりするかもしれない。この種の収集家は、その希少価値のある音楽の金銭的価値には、あまり興味がありそうにはないが、中には、特に投資として物を集める人もいる。ある昔のゲームを無料でダウンロードすることは可能だけれども、同じゲームを元の包装のまま「新品同様の状態」で未開封にしておくことは、そのゲームをとても価値のあるものにできる。さまざまな価値のある「コレクターアイテム」を所有することは、経済面の安全を保証する可能性がある。

(第5段落)

物を集めるこうした行為は、遠い将来も間違いなく続いていくだろう。人が物を保持する理由はおそらく同じままだろうけれども、テクノロジーの進歩がコレクションに影響を与えるだろう。テクノロジーは物理的制約を取り除くことができるので、今では個人が30年前なら想像もできなかった、音楽やアートの膨大なデジタル蔵書(ぞうしょ)を持つことが可能だ。もっとも、テクノロジーがコレクションに与える影響には、他にどんなものがあるのかは明らかではない。あなたは、次の世代のコレクションがたどる形や規模を想像することなどできるだろうか?

あなたのメモ：

収集

導入

- ◆ 収集は、長い間人間の経験の一部だった。
- ◆ ヤードセールの話は、 39 ということを伝えている。

事実

- ◆ 40
- ◆ ギネス世界記録
  - ◇ シュペール：3,724のハンバーガー関連のアイテム
  - ◇ リウ：11,087組のトランプ

収集の理由

- ◆ 収集の動機は、感情的なものや社会的なものである可能性がある。
- ◆ 言及されているさまざまな理由： 41 、 42 、歴史への興味、子ども時代の興奮、有名になること、共有することなど。

未来のコレクション

- ◆ 43

第6問 評論文問題

語彙リスト

序文

- □ be asked to do「～するように頼まれる」
- □ summarize「要約する」

タイトル・第1段落

- □ collect「収集する」
- □ exist「存在する」
- □ museum「博物館」
- □ proof「証拠」
- □ save「残しておく」
- □ pass down「伝える」
- □ generation「世代」
- □ antique「アンティークの」
- □ dish「皿」
- □ unusual「珍しい」
- □ over time「やがて」
- □ similar「似たような」
- □ piece「作品」
- □ impression「印象」
- □ modest「ささやかな」
- □ artwork「芸術品」
- □ trash「ごみ」
- □ treasure「宝物」
- □ regardless of「～に関係なく」
- □ nature「性質」

第2段落

- □ researcher「研究者」
- □ analyze「分析する」
- □ gather「集める」
- □ stuff「もの」
- □ field「分野」
- □ generally「大まかに」
- □ approximately「およそ」
- □ maintain「維持する」
- □ behavior「行動」
- □ primary「第1の」
- □ explanation「説明」
- □ be related to「～に関係している」
- □ emotion「感情」
- □ greeting card「あいさつ状」
- □ seashell「貝殻」
- □ and so on「～など」
- □ connection「つながり」
- □ youth「青春時代」
- □ attachment「愛着」
- □ seek「探し求める」
- □ hold onto「～を手放さないでおく」
- □ document「文書」
- □ autograph「サイン」
- □ and so forth「～など」

第3段落

- □ individual「個人」
- □ pin「ピンバッジ」
- □ trade「交換する」
- □ holder「保有者」
- □ Guinness World Records「ギネス世界記録」
- □ appreciate「評価する」
- □ fame「名声」
- □ achieve「達成する」
- □ unique「独特の」
- □ stamp「切手」
- □ toy「おもちゃ」
- □ top「トップに載っている」
- □ lean toward「～に傾く」
- □ recognize A for B「AをBで表彰する」
- □ from A to B「AからBまで」
- □ pillow「まくら」
- □ be filled with「～でいっぱいだ」
- □ similarly「同様に」
- □ playing cards「トランプ」

第4段落

☐ perhaps「ひょっとすると」 ☐ motivation「動機づけ」
☐ pleasure「喜び」 ☐ purchase「購入する」 ☐ put up「～を飾る」
☐ gaze at「～をじっと見つめる」 ☐ frequently「頻繁に」
☐ audio recordings「録音媒体」 ☐ old-fashioned「古風な」
☐ vinyl「ビニール」 ☐ favorite「大好きな」
☐ be unlikely to do「～しそうにない」 ☐ monetary「貨幣の」
☐ object「物体」 ☐ specifically「特に」 ☐ investment「投資」
☐ certain「ある種の」 ☐ classic「古典的な」 ☐ for free「無料で」
☐ original「元の」 ☐ packaging「包装」
☐ mint condition「新品同様の状態」 ☐ own「所有する」
☐ valuable「価値のある」 ☐ ensure「保証する」 ☐ financial「金銭的な」
☐ security「安全」

第5段落

☐ definitely「明確に」 ☐ distant「遠い」 ☐ likely「おそらく～だろう」
☐ remain「～のままだ」 ☐ advance「進歩」
☐ have an influence on「～に影響を与える」 ☐ remove「取り除く」
☐ physical「物理的な」 ☐ constraint「制約」 ☐ vast「膨大な」
☐ library「蔵書」 ☐ unimaginable「想像できない」
☐ impact「影響」 ☐ form「形」 ☐ scale「規模」

メモ

☐ introduction「導入」 ☐ mention「言及する」 ☐ childhood「子ども時代」
☐ excitement「興奮」

設問と選択肢

☐ evaluate「評価する」 ☐ incorrectly「不正確に」
☐ end up doing「結局～する」 ☐ junk「ガラクタ」
☐ ordinary「ふつうの」 ☐ roughly「およそ」 ☐ adulthood「大人時代」
☐ fear「恐怖」 ☐ miss「見逃す」 ☐ opportunity「機会」
☐ emptiness「空虚」 ☐ reminder「思い出させるもの」
☐ precious「貴重な」 ☐ profit「利益」 ☐ passion「情熱」

＊次も第6問のＡ対策になりますが、解答の最短ルートは、解答・解説の中に掲載してあります。まずは、自分の手を動かして問題を解いてみてください。設問のキーワードからチェックして、本文を読み進めていきましょう。

過去問にチャレンジ 1

制限時間 12分

第6問 (配点 24)

A You belong to an English discussion group. Each week, members read an article, create a summary, and make a challenging quiz question to share. For the next meeting, you read the following article.

Getting to Know Aquatic Species

The mysteries of the deep blue sea have fascinated ocean-watchers for millennia. Aquatic beings, however, cannot easily get to us. What if we go to them? Despite what you may expect, certain ocean animals will come right up to you. Dan McSweeney, a Hawaii-based underwater research photographer, tells a fascinating story. While he was studying whales underwater, one came charging at him. Whales are huge, so he was worried. The whale stopped, opened its mouth, and "passed" him some tuna. He accepted the gift. McSweeney believes that because of the air bubbles coming from his tank, the whale recognized him as a similar animal and offered the *sashimi*. Later, the whale came back, and McSweeney returned the food.

Friendly interactions with dolphins or whales are possible, but how about octopuses? Science fiction sometimes describes aliens as looking like octopuses, so this animal group "cephalopods," which means "head-feet," may be perceived as being distant from humans. Yet, if you learn more about them, you might be convinced there is the possibility of interaction. Octopuses have long tentacles (arms/legs) extending from soft round bodies. Besides touch and motion, each tentacle experiences smell and taste and has sucking disks, called *suckers*, that grab and manipulate things. Their eyes, like two independent cameras, can move 80° and focus on two different things at once. UC Berkeley researcher, Alexander Stubbs, confirms that while octopuses sense light and color differently from humans, they do recognize color changes. These features might indicate that they are intelligent enough to interact with us. In fact, an article in *Everyday Mysteries* begins: "Question. Can an octopus get to know you? Answer. Yes."

Octopuses are known to "return your gaze" when you look at them. They may even remember you. This notion was tested by Roland C. Anderson and his colleagues, who conducted experiments with two similar-looking people wearing the same uniforms. The friendly person, who had fed and socialized with them, got a completely different reaction from the cephalopods than the other person who had not.

When taken from their natural habitat, octopuses can be mischievous, so watch out. They can push the lids off their tanks, escape, and go for a walk. Scientists sometimes get surprise visits. A paper from the Naples Zoological Station, written in 1959, talks about trying to teach three octopuses to pull a lever down for food. Two of them, Albert and Bertram, cooperated with the experiment, but Charles, a clever cephalopod, refused to do so. He shot water at the scientists and ended the experiment by breaking the equipment.

If you are interested in seeing their natural behavior and interactions, getting into the sea and having them come to you might work better. They may even raise a tentacle to motion you over. Around 2007, Peter Godfrey-Smith, a philosophy professor teaching at Harvard University, was home on vacation in Sydney, Australia. Exploring in the ocean, he came across a giant cephalopod. Godfrey-Smith was so impressed by the behavior he witnessed that he started developing philosophy theories based on his observations. Determined to find out what humans could learn from cephalopods, Godfrey-Smith let them guide him. On one ocean trip, another cephalopod took Godfrey-Smith's colleague by the hand on a 10-minute tour of the octopus's home, "as if he were being led across the sea floor by a very small, eight-legged child!"

How can you get sea creatures to come to you if you don't swim? The

Kahn family has solved this with "Coral World" in Eilat, Israel. The lowest floor of the building is actually constructed in the Red Sea, creating a "human display." Rather than the sea-life performances at many aquariums, you find yourself in a "people tank," where curious fish and sea creatures, swimming freely in the ocean, come to look at you. To make a good impression, you may want to wear nice clothes.

Your summary:

Getting to Know Aquatic Species

General information

The author mainly wants to say that [39].

Human-octopus interaction

Anderson's experiment suggests octopuses can [40].

The Naples Zoological Station experiment suggests octopuses can [41].

Godfrey-Smith's story suggests octopuses can be friendly.

The Kahn family

Established Coral World with the idea of [42]

Your quiz question:

Which of the following does not represent a story or episode from the article?

A

B

C

D

Answer [43]

第6問 評論文問題

問 1　Choose the best option for [39].

① a good place where people can interact with octopuses is the ocean
② eye contact is a key sign of friendship between different species
③ interactions with sea creatures can be started by either side
④ people should keep sea creatures at home to make friends with them

問 2　Choose the best options for [40] and [41].

① be a good source for creating philosophical theories
② be afraid of swimmers when they get close to their home
③ be uncooperative with humans in a laboratory setting
④ compete with other octopuses if they have chances to get treats
⑤ recognize that someone they have met before is kind
⑥ touch, smell, taste, and sense light and color like humans

問 3　Choose the best option for [42].

① attracting more people with a unique aquarium
② creating a convenient place to swim with sea life
③ raising more intelligent and cooperative octopuses
④ reversing the roles of people and sea creatures

問 4　The answer to your quiz question is [43].

① **A**
② **B**
③ **C**
④ **D**

（令和5年度　追・再試験）

解答・解説 1

解説

問1 [39] に最も良く当てはまる選択肢を選びなさい。 やや難

*① 人間がタコと交流できるよい場所は海の中だ 間違いやすい選択肢！

② アイコンタクトが異なる種の友情の重要なサインだ

③ 海洋生物との交流はどちら側からでも始めることができる

④ 人間は海洋生物と仲良くするために家で飼うべきだ

解答の最短ルート

❶ [39] の周辺情報である、author、mainly wants to sayをチェックします。

❷ **本文全体の要約問題**とわかるので、先に問2～4を解きます。

問4を解いたあとに、問1に戻ってきた前提で解説をします。文を最後まで読むと、タコの印象が強いように思えますが、**主観を排して、客観的に段落を見ていきます**。第1段落は、海洋生物の中でも**クジラと人間との交流の話**でした。第2段落は、**タコにも知性があり、人間と交流ができるという話**でした。第3段落も、引き続き**タコの知性の高さと、人間と交流ができることへの説明**が続きます。第4段落も、**タコとの交流ですが、実験を邪魔するタコ**が描写されています。第5段落は、**海中でタコに人が案内される様子**を描写しています。最終段落では、**「人間水槽」で、泳げなくても海中生物を見学できるCoral World（サンゴの世界）**が描写されています。

すると、**②の「アイコンタクトの話」は第3段落の第1文にしか登場しておらず、④のような「海洋生物と仲良くするために家で飼うべきだ」との話もないので、①と③に正解の候補を絞る**ことができます。タコの話は第2段落～第5段落にわたって登場しますが、すべてにおいて「**タコには知性があり、人と交流ができること**」が描かれているので、**①のようなタコと交流できる「場所」を主張と**

するものを正解とするには根拠が足りません。かつ、第1段落の「クジラとの交流」を無視した主張になってしまいます。

一方で、③は「海洋生物との交流はどちら側からでも始めることができる」とあり、「海洋生物と人との交流」に言及していることに着目します。③ならば、タコのみならず、第1段落のクジラとの交流にも言及している選択肢になります。実際に、第1段落第8文では、「心配していた人間に対して、クジラの方から、口を開けて、マグロの一部を『渡した』」とあります。さらに、第5段落第6文、7文で、「タコが人間を案内する様子」が描かれているので、③が正解と特定します。

問2　[40]と[41]に最も よく当てはまる選択肢を選びなさい。 

① 哲学的理論を作るためのよい源になる
② 泳いでいる人がその住処（すみか）に近づくと、怖がる
③ 研究所の環境では、人間に非協力的である（[41]）
④ ごほうびをもらう機会があるなら、他のタコと競争する
⑤ 以前に会ったことのある人が親切だと認識できる（[40]）
*⑥ 人間のように、触れ、嗅ぎ、味わい、光や色を感じる　間違いやすい選択肢！

解答の最短ルート

❶ [40]の周辺情報を拾うと、小見出しが Human-octopus interaction「人間とタコの交流」で、Anderson's experiment と octopuses をチェックします。
❷ 第3段落第3文に Anderson が登場するので、ここから重点的に読みます。

第3段落第3・4文で、2人の同じ制服を着た、似た外見の人がいて、「タコにえさをあげて、交流した友好的な人は cephalopod（タコ）からまったく異なる反応を得た」とあるので、「タコが人の好意を読み取れる」と理解します。よって、⑤が正解と判断します。⑤は、someone と they の間に関係詞が省略されており、they は

octopusesの代名詞です。

cephalopodは難単語で、受験生の誰しも戸惑ったでしょうが、タコと人の交流の文脈なので「タコの一種」程度の理解で構いません。第2段落第2文に"cephalopods," which means "head-feet," とありますが、厳密には「頭足類（とうそくるい）」で、「頭から足が出ているように見える、タコやイカの総称」のことです。

解答の最短ルート

❶ 続いて、 41 の周辺情報を拾って、The Naples Zoological Station experimentとoctopusesをチェックします。
❷ 第4段落第4文に登場するので、ここから重点的に読み進めます。

第4段落第5文、最終文に「3匹のうち2匹は実験に協力的だったが、**1匹は科学者に向けて水を飛ばして、装置を破壊して実験を終わらせた」とあるので、③が正解**と判断します。本文のshot water at the scientistsやby breaking the equipmentから、③の「(タコが) 人間に非協力的だった」ことは読み取れますし、③のin a laboratory settingも、breaking the equipmentなどから読み取ることができます。

誤りの選択肢を見ていくと、⑥がかなり紛らわしい選択肢です。第2段落第5文でtouch、smell、tasteとあるので、⑥のandの手前までは合っています。しかし、同段落第7文のthat節で、while **octopuses sense light and color differently from humans「タコが人間とは違ったように光や色を認識する」が、⑥のsense light and color like humans「人間のように光や色を感じる」と異なる**ので、正解にはなりません。

問3 [42] に最も当てはまる選択肢を選びなさい。 

*① 独自の水族館でより多くの人を引き付ける　間違いやすい選択肢！

② 海洋生物と泳ぐための便利な場所を作る

③ より知的で協力的なタコを育てる

④ **人間と海洋生物の役割を逆転させる**

解答の最短ルート

● [42] の周辺情報のThe Kahn familyとEstablished Coral Worldをチェックして、本文に戻ります。

最終段落の第2文に登場しますが、第1文との文脈で、Coral Worldが「泳げない人が海洋生物に近づく方法」と理解します。第3文で「その建物の最も低い階は、実は紅海の中に建てられている」や、第4文「**多くの水族館にある海洋生物のパフォーマンスとは違って**気づいたら『人間水槽』にいる」から、「**海の中にガラスで囲まれた場所を作って、海中を間近で観察できるもの**」と類推できます。④の「人間と海洋生物の役割を逆転させる」とは、**水槽で泳ぐ魚を外の人間が見るのが通常ですが、このCoral Worldでは逆転して、people tank「人間水槽」にいる人間を、外の魚が見る形式なので、④が正解**と判断できます。

誤りの選択肢を見ていくと、①が紛らわしい選択肢だったでしょう。a unique aquarium「独自の水族館」は正しいですが、**attracting more people「より多くの人を引き付ける」とは本文に書いていないので、正解にはなりません。**p.080 得点力アップのPOINT 8 の**一部合致・一部間違い**の選択肢になります。②はsea lifeが「海洋生物」の意味ですが、「海洋生物と泳ぐための便利な場所」とは本文には書かれていません。Coral Worldはあくまで「泳げない人のための場所」です。③も本文に書かれていません。

問4 クイズの質問への答えは［ 43 ］だ。 標

① A
② B
③ C
④ **D**

問3で最終段落の内容をしっかりと理解していれば、イラストのDがおかしいとわかるはずです。**Coral Worldは「泳げない人が海洋生物を観察する場所」であって、「スイムスーツの泳げる人間が水槽に入る場所」ではありません**。よって、**Dが正解**になります。Aは、第1段落第8文から正しいと言えるでしょう。Bは、第5段落第6文から正しいと言えるでしょう。Cは、第3段落から、研究者とタコが仕事をしている様子がうかがえるので、正しいと判断します。

解答

問1 ③　**問2** ⑤・③　**問3** ④　**問4** ④

本文の訳

A　あなたは英語のディスカッショングループに所属している。毎週、メンバーたちが記事を読んで、要約を作って、共有する難解なクイズ問題を作る。次の会合のため、あなたは次の記事を読んでいる。

水中生物と知り合いになる

（第1段落）

深海の謎は、何千年もの間、海を見る者たちを魅了してきた。しかし、水中生物は、容易に私たちに近づくことはできない。もし私たちが彼らのもとに行くとしたらどうだろう？　あなたの予想に反して、何種類かの海洋生物はあなたのすぐ近くにやってくるだろう。ハワイを拠点とした、水中研究写真家のダン・マックスウィーニーは、魅力的な話を語ってくれる。彼はクジラを水中で研究しているとき、1匹のクジラが、彼のもとに突進してきた。クジラは巨大だから、彼は心配した。クジラは止まって、口を開けて、彼にマグロの一部を「渡した」。彼はその贈り物を受け取った。マックスウィーニーは、彼のタンクから出る空気の泡が原因で、クジラは彼を似た動物だと認識して、「刺身」を提供してくれたと彼は思っている。のちに、そのクジラが戻ってきて、マックスウィーニーは、食料を返してあげた。

（第2段落）

イルカやクジラとの友好的な交流は可能だが、タコはどうだろうか？　SF小説ではときどき、宇宙人をタコのような姿に描くので、「頭と足」を意味する「頭足類」のこの動物集団は、人間から遠いものと認識されているかもしれない。しかし、もしあなたがそれらについてより多くを学ぶなら、交流できる可能性があると納得するかもしれない。タコは、柔らかくて丸い胴体から伸びる、長い触腕（しょくわん）（腕／脚）を持っている。触れたり動かしたりすることに加えて、それぞれの触腕がにおいや味を感じることができて、物をつかんで操作する吸盤（きゅうばん）と呼ばれる、吸着性の円盤がある。その目は、2つの独立したカメラのように、80度動かして、一度に2つの異なる物に焦点を当てることができる。カリフォルニア大学バークレー校の研究者であるアレクサンダー・スタッブスは、タコが人間とは違ったように光や色を認識するけれども、実際に、色の変化を認識すると言う。これらの特徴は、タコが私たちと交流できるほど知性があることを示している可能性がある。実際に、ある*Everyday Mysteries*の記事は、「Q.タコはあなたと知り合いになることができるでしょうか？　A.はい。」と始まる。

（第3段落）

タコはあなたが見ると、「あなたを見つめ返す」ことで知られている。それらは、あなたのことを覚えてさえいるかもしれない。この考えは、同じ制服を着た、2人の似たような外見の人を使って実験を行った、ローランド・C・アンダーソンと彼の同僚によって調査された。友好的な人は、えさをやり交流したので、そうしなかったもう1人の人とはまったく異なる反応をその頭足類から得た。

（第4段落）

タコを自然の生息域から連れ出すと、いたずらをする可能性があるので、注意しよう。タコは、水槽のふたを押し出し、脱出して、散歩することができる。科学者はときどきサプライズ訪問を受ける。1959年に書かれた、ナポリ動物学研究所からの論文では、3匹のタコに、食事を求めてレバーを押し下げることを試しに教えたことについて書かれている。そのうちの2匹のアルバートとバートラムは、その実験に協力したが、賢い頭足類のチャールズは、協力することを拒んだ。彼は科学者に向けて水を飛ばして、装置を破壊して実験を終わらせた。

（第5段落）

もしあなたがタコの自然な行動と反応を見るのに興味があるなら、海に入って、タコを自分のもとに連れて来させるのがよりうまくいくかもしれない。タコは触腕を上げて、あなたを手招きまでするかもしれない。2007年ごろに、ハーバード大学で教鞭（きょうべん）をとる哲学の教授であるピーター・ゴドフリー＝スミスは、オーストラリアのシドニーに、休暇で帰省していた。海中を探索していると、彼は偶然巨大な頭足類に出くわした。ゴドフリー＝スミスは、自分が目撃した行動にとても感動したので、自らの観察に基づいて、哲学的理論を展開し始めた。人間が頭足類から何を学べるかを知ろうと決意したゴドフリー＝スミスは、彼らに案内をしてもらった。ある海の旅では、別の頭足類が、ゴドフリー＝スミスの同僚の手をつかんで、タコの住処の10分間のツアーに連れて行ってくれた、「まるでとても小さい、8本足の子どもに海床を連れて歩かされているかのように！」

（第6段落）

泳げない場合は、あなたはどうやって海の生き物に自分の所へ来てもらえばいいだろう？　カーン一家は、これをイスラエルのエイラートにある「サンゴの世界」で解決した。その建物の最も低い階は、実は紅海の中に建てられており、「人間ディスプレイ」を作っている。多くの水族館にある海洋生物のパフォーマンスとは違って、あなたは気づいたら「人間水槽」におり、そこでは好奇心のある魚や海の生き物が、自由に海で泳ぎながら、あなたを見にやって来る。よい印象を与えるのに、おしゃれな洋服を着たいと思うかもしれない。

あなたの要約：

水中生物と知り合いになる

概説

著者は、主に［39］と言おうとしている。

人間とタコの交流

アンダーソンの実験はタコが［40］場合があると示唆する。
ナポリ動物学研究所の実験は、タコが［41］場合があると示唆する。
ゴドフリー＝スミスの話はタコが友好的になる場合があることを示唆する。

カーン一家

［42］というアイデアで「サンゴの世界」を設立した

あなたのクイズの質問：

この記事の話やエピソードを表していないのは、次のうちどれか？

A

B

C

D

答え［43］

語彙リスト

序文

□ article「記事」 □ summary「要約」 □ challenging「難解な」
□ share「共有する」

タイトル・第1段落

□ get to do「～するようになる」 □ aquatic「水中の」
□ species「種」 □ mystery「謎」 □ fascinate「魅了する」
□ being「生き物」 □ What if ～?「～したらどうなるか?」
□ despite「～に反して」 □ certain「一定の」
□ right「ちょうど」 □ underwater「海中の」 □ research「研究」
□ photographer「写真家」 □ fascinating「魅力的な」 □ whale「クジラ」
□ charge at「～に突進する」 □ huge「巨大な」
□ pass O_1 O_2「O_1にO_2を渡す」 □ tuna「マグロ」
□ accept「受け入れる」 □ gift「贈り物」 □ bubble「泡」
□ tank「タンク」 □ recognize A as B「AをBと認識する」
□ similar「似たような」 □ return「返す」

第2段落

□ friendly「友好的な」 □ interaction「やり取り」 □ dolphin「イルカ」
□ How about ～?「～はどうか?」 □ octopus「タコ」
□ science fiction「SF小説」 □ describe「描く」
□ alien「宇宙人」 □ look like「～のように見える」
□ cephalopod「頭足類」 □ perceive「認識する」 □ distant「遠い」
□ convince「納得させる」 □ possibility「可能性」 □ tentacle「触腕」
□ extend「広がる」 □ soft「柔らかい」 □ round「丸い」
□ besides「～に加えて」 □ touch「接触」 □ smell「におい」
□ taste「味」 □ sucking disk「吸盤」 □ grab「つかむ」
□ manipulate「操作する」 □ independent「独立した」
□ focus on「～に焦点を当てる」 □ at once「一度に」
□ confirm「確認する」 □ sense「感じる」 □ feature「特徴」
□ indicate「示す」 □ intelligent「知的な」
□ 形容詞 enough to do「～するほど十分に形容詞だ」
□ interact with「～とやり取りする」

□ 第3段落

□ gaze「凝視(ぎょうし)」 □ notion「概念」 □ test「検査する」
□ colleague「同僚」 □ conduct「行う」 □ experiment「実験」
□ uniform「制服」 □ feed「えさを与える」 □ socialize「交流する」

□completely「まったく」 □reaction「反応」

第4段落

□habitat「生息地」 □mischievous「いたずら好きな」
□watch out「気を付ける」 □lid「ふた」 □paper「論文」
□lever「レバー」 □cooperate「協力する」 □clever「賢い」
□refuse to do「～するのを拒絶する」 □shoot「発射する」
□equipment「装備」

第5段落

□behavior「行動」 □raise「上げる」
□motion ～ over「～を手招きする」 □around「およそ」
□philosophy「哲学」 □professor「教授」 □on vacation「休暇中で」
□come across「～に偶然出会う」
□be impressed「感動する」 □witness「目撃する」
□theory「理論」 □based on「～に基づいて」 □observation「観察」
□be determined to do「～する決意をする」 □find out「～を知る」
□guide「案内する」 □take O by the hand「Oの手を取る」
□as if「まるで～かのように」 □sea floor「海床」

第6段落

□get O to do「Oに～させる」 □solve「解決する」
□construct「建設する」 □the Red Sea「紅海」 □display「展示」
□rather than「～よりむしろ」
□performance「パフォーマンス」 □aquarium「水族館」
□find oneself ～「気づいたら～している」 □curious「好奇心のある」
□make an impression「印象を与える」

要約とクイズの質問

□general「一般的な」 □suggest「示唆する」 □represent「表す」

設問と選択肢

□key「重要な」 □sign「サイン」 □creature「生き物」
□either「どちらの～でも」 □make friends with「～と仲良くなる」
□source「源」 □get close to「～に近づく」
□laboratory「研究所」 □setting「状況」 □compete「競争する」
□chance「機会」 □treat「ほうび」 □attract「引き付ける」
□convenient「便利な」 □sea life「海洋生物」 □reverse「逆にする」

過去問にチャレンジ 2

制限時間 12分

第6問 (配点 24)

A Your study group is learning about "false memories." One group member has made partial notes. Read this article to complete the notes for your next study meeting.

False Memories

What are memories? Most people imagine them to be something like video recordings of events in our minds. Whether it is a memory of love that we treasure or something more like failure that we fear, most of us believe our memories are a permanent record of what happened. We may agree that they get harder to recall as time goes on, but we think we remember the truth. Psychologists now tell us that this is not the case. Our memories can change or even be changed. They can move anywhere from slightly incorrect to absolutely false! According to well-known researcher Elizabeth Loftus, rather than being a complete, correct, unchanging recording, "Memory works a little bit more like a Wikipedia page." Anyone, including the original author, can edit the information.

Serious research investigating "false memories" is relatively new. Scholars Hyman and Billings worked with a group of college students. For this experiment, first, the students' parents sent stories about some eventful episodes from their child's youth to the interviewers. Using this family information, they interviewed each student twice. They mentioned some actual experiences from the person's childhood; but, for their experiment, they added a made-up story about an eventful wedding, encouraging the student to believe the fake wedding had really happened. The following two sections contain actual conversations from the interviews of one student. Missing words are indicated by "..."; author's comments by "( )."

Interviewer: I　　Student: S

First Interview

I : ...looks like an eventful wedding...you were five years old...playing with some other kids...

(The interviewer, referring to the false event as if the information came from the student's parent, goes on to say that while playing with friends the student caused an accident and the bride's parents got all wet.)

S: I don't remember...that's pretty funny...

I: ...seems that would be kind of eventful...

S: ...a wedding. I wonder whose wedding...a wedding reception? I can totally see myself like running around with other kids...

I: You could see yourself doing that?

S: ...bumping into a table? Oh yeah, I would do that...maybe not a wedding... like a big picnic...

(The student is starting to believe that bumping into the table sounds familiar. As they finish, the student is asked to think over the conversation they had before the next session.)

Second Interview

(The interviewer has just asked about some real events from the student's childhood and once again returns to the wedding discussed in the previous session.)

I: The next one I have is an eventful wedding reception at age five.

S: Yeah, I thought about this one...

(The student goes on to describe the people he got wet.)

S: ...I picture him having a dark suit on...tall and big...square face...I see her in a light-colored dress...

(The student has new images in mind and can tell this story as if it were an actual memory.)

S: ...near a tree...drinks on the table...I bumped the glasses or something...

(This student then provides more information on the couple's clothing.)

The students participating in this experiment came to believe that the false experiences the interviewers planted were absolutely true. By the second interview some students thought everything previously discussed was based on information from their parents about real events. This suggests that, when talking about memories, word choice makes a big difference in responses. Certain words lead us to recall a situation differently. Because the interviewer mentioned an "eventful" wedding several times, the student started having a false memory of this wedding.

Since the time of Sigmund Freud, called "the father of modern psychology," mental therapy has asked people to think back to their childhood to understand their problems. In the late 20th century, people believed that recalling old memories was a good way to heal the mind, so there were exercises and interviewing techniques encouraging patients to imagine various old family situations. Now, we realize that such activities may lead to false memories because our memories are affected by many factors. It is not just what we remember, but when we remember, where we are when we remember, who is asking, and how they are asking. We may, therefore, believe something that comes from our imagination is actually true. Perhaps experts should start researching whether there is such a thing as "true memories."

Summary notes:

FALSE MEMORIES

Introduction

- When she says "Memory works a little bit more like a Wikipedia page," Elizabeth Loftus means that memories [39].

Research by Hyman & Billings

- The first interview indicates that the student [40].
- The results of their study suggest that [41] and [42].

Conclusions

People believe that memory is something exact, but our memories are affected by many things. While focusing on old events was a technique adapted to heal our minds, we must consider that [43].

問 1 Choose the best option to complete statement [39].

① are an account of one's true experiences
② can be modified by oneself or others
③ may get harder to remember as time goes by
④ should be shared with others freely

問 2 Choose the best option to complete statement [40].

① described all the wedding details to the interviewer
② knew about an accident at a wedding from childhood
③ was asked to create a false story about a wedding
④ was unsure about something the interviewer said

問 3 Choose the two best statements for [41] and [42]. (The order does not matter.)

① false events could be planted easily in young children's memories
② our confidence levels must be related to the truthfulness of our memories
③ people sometimes appear to recall things that never happened to them
④ planting false memories is frequently criticized by researchers
⑤ the phrases used to ask about memories affect the person's response
⑥ when a child experiences an eventful situation, it forms stable memories

問 4 Choose the best option for [43] to complete **Conclusions**.

① asking about our memories will help us remember more clearly
② the technique focuses on who, what, when, where, and how
③ this mental therapy approach may be less helpful than we thought
④ we have to work on our ability to remember events more precisely

（令和4年度　追・再試験）

解答・解説 2

解説

問1 [39] の説明を完成させるのに、最も良く当てはまる選択肢を選びなさい。 標

① 人の実体験の説明である

② 自分自身や他人によって修正できる

*③ 時が経つにつれて、思い出すのがもっと難しくなるかもしれない
間違いやすい選択肢！

④ 他人と自由に共有すべきである

解答の最短ルート

❶ [39] の周辺情報である、Elizabeth Loftus、memoriesをチェックします。

❷ 1行目から読み進めて、Elizabeth Loftusが出てきたら集中的に読んで、選択肢に戻って正解を選びます。

キーワードでチェックしたElizabeth Loftusは、第1段落第8文に登場します。この文の後半に、Memory works a little bit more like a Wikipedia page.という [39] の手前にある表現を見つけます。よって、同段落第9文の**Anyone, including the original author, can edit the information.**「元の著者を含めて、誰でも情報を編集できるのだ」から、**②を正解**と判断します。**本文のAnyone, including the original authorが選択肢の②のby oneself or othersに、本文のcan edit the informationが②のcan be modifiedにパラフレーズされている**ことに注意しましょう。

誤りの選択肢を見ていくと、①は、第1段落第4文を受けて、第5文で「私たちは真実を覚えていると考える」が打ち消されているので、正解にはなりません。③は、第1段落第4文**「時が経つにつれて、記憶を思い出すのがより難しくなることに同意するかもしれ**

ない」とありますが、これは一般の人の理解で、本書の主張では、Elizabeth Loftusが言うように、「記憶は少しずつ編集されている」とのことなので、正解にはなりません。④は、本文に書かれていません。

得点力アップの POINT 23 **筆者の主張をつかむ（その3）**

p.143 得点力アップの POINT 15 では、**譲歩⇒逆接⇒筆者の主張**を紹介しましたが、ここでは**一般論⇒逆接⇒筆者の主張**を紹介します。一般論の目印として、例えば**Many (Most) people think (believe) 〜.**「多くの人が〜と信じている。」が、「実は〜」と主張が続く論理展開があります。他にも、generally「一般的に」などが一般論の目印で有名なので、おさえておきましょう。

一般論の目印になる表現
Many (Most) people think (believe) 〜. ／ generally「一般的に」
usually「ふつうは」

本問でも、第1段落第2文のMost people、第3文のmost of us believeなどが一般論の目印で、「一般的には〜と思われているが、実は…」と筆者の主張が続く論理展開を見抜きましょう。そうすると、筆者の主張は第1段落第6文Our memories can change or even be changed.「私たちの記憶は、変わることがあるし、変えられることすらある」と判断できます。

問2 40 の説明を完成させるのに、最も よく当てはまる選択肢を選びなさい。 やや難

① 結婚式のあらゆる詳細を、インタビュアーに説明した
② 子ども時代から結婚式の事故について知っていた
③ 結婚式に関する偽の話を作るように頼まれた
④ **インタビュアーが言ったことに確信を持てなかった**

解答の 最短ルート

❶ 40 の周辺情報であるResearch by Hyman & Billingsと、The first interview、studentをチェックします。
❷ 第2段落第2文にHyman & Billingsが登場するので、ここから重点的に読みます。

First interviewのI（Interviewer）の第1発言「波乱の多かった結婚式のようで…、あなたは5歳で…他の子どもと遊んでいて…」に対して、**S（Student）の第1発言でI don't remember... that's pretty funny...「私は思い出せません…それはかなり面白い…」から、④が正解**と判断できます。

誤りの選択肢を見ていくと、①はSの第1発言のI don't remember...や、Sの第2発言第2文I wonder whose wedding ... a wedding reception?「誰の結婚式…結婚披露宴だったのかな？」からも、詳細をすべて説明していないので、正解にはなりません。

②は、First interviewのIの第1発言に続くカッコの中で「偽りの出来事に言及しながら」とあり、それが同じ文の後半で「友人と遊んでいるときに事故を起こした」とあるので、学生が事故に関して知っているわけではないので、正解にはなりません。③は本文に書かれていません。

問3 41 と 42 に最も当てはまる説明を2つ選びなさい。(順不同)

やや難

*① 幼い子どもの記憶に偽りの出来事を容易に植え付けることができる
間違いやすい選択肢！
② 私たちの自信の度合いが、記憶の真実性に関連しているに違いない
③ 人は自分たちに決して起こっていないことをときどき思い出すようである
④ 偽りの記憶を植え付けることは、研究者によく批判される
⑤ 記憶に関して尋ねるのに使われる言い回しは、その人の返答に影響を与

える
⑥ 子どもが波乱の多い状況を経験すると、安定した記憶を形成する

解答の 最短ルート

● 41 と 42 の周辺情報のresults、study、suggestをチェックして、本文に戻ります。

Second interviewのSの第2発言のカッコ内で「**その学生は、新しいイメージを心に抱いて、まるでこの話が実際の記憶であるかのように話すことができる**」から、**Sの第2発言、第3発言は「起こってもいないことを思い出している」とわかるので、③が正解**と判断できます。

さらに、Second interviewのあとの第3段落第3文後半**word choice makes a big difference in responses「言葉の選び方が返答に大きな違いを生み出す」**に着目します。続きの第4文**Certain words lead us to recall a situation differently.「特定の言葉によって、私たちはある状況を違ったように思い出す」**で、**その言葉が次の文でan "eventful" wedding「『波乱の多い』結婚式」とわかるので、⑤が正解**と判断できます。**選択肢⑤のthe phrases used to ask about memoriesが同段落第5文an "eventful" weddingのこと**で、**⑤のaffect the person's responseは、同段落第3文のmakes a big difference in responsesと同義**と判断できます。

p.162 得点力アップのPOINT 17 で説明したように、英語では、**過去と現在を対比**することで、現在の主張を強調する表現があります。この問題でも、最終段落第2文In the late 20th centuryと同段落第3文のNowで、**時の対比**が使われています。**「過去には古い記憶を思い出すことが心を癒すのによい方法と考えられていたけれど、現在では**

私たちの記憶は多くの要因に影響を受け、誤った記憶につながるかもしれないので、効果は定かではない」という対比に気づくことで、筆者の主張を理解して、問4も③を正解に選ぶことができます。

誤りの選択肢を見ていくと、①が紛らわしいです。確かに、Second interview のあとの第3段落第1文 The students participating in this experiment came to believe that the false experiences the interviewers planted were absolutely true.「この実験に参加している学生たちは、インタビュアーが植え付けた偽の経験が絶対的に正しいと信じるようになった。」とは書かれていますが、**①の easily「容易に」に相当する表現がありません**。むしろ、eventful という言葉を何度も使って、**2番目のインタビューで信じ込ませている点で easily とは言えない**ので、正解とはなりません。また、**実験の対象が幼い子どもではなく、学生であることも不正解の根拠**となります。②、④、⑥は本文に書かれていません。

問4 **結論**を完成させるのに［ 43 ］に最も良く当てはまる選択肢を選びなさい。 標

① 私たちの記憶について尋ねることで、私たちはもっとはっきりと思い出すことができる

*② その技術は、誰、何、いつ、どこで、どのように、に焦点を当てる
間違いやすい選択肢！

③ **この精神治療の方法は、私たちが思っていたよりも役に立たないかもしれない**

④ 私たちは、自分たちのより正確に出来事を思い出す能力に取り組まなければならない

解答の最短ルート

● ［ 43 ］の周辺情報の focusing on old events、heal our minds をチェックして、本文に戻ります。

最終段落第2文に**In the late 20th century**, people believed that **recalling old memories** was a good way to **heal the mind**, ~.「20世紀後半に、人々は古い記憶を思い出すことは心を癒すよい方法だと信じていたので、~」とキーワードを発見します。同段落第3文**Now, we realize that such activities may lead to false memories** because our memories are affected by many factors.「**今では**、私たちの記憶は多くの要因に影響を受けるので、**私たちはそのような活動は、誤った記憶につながるかもしれないと認識している」から、③が正解**と判断します。such activitiesは前文のexercises and interviewing ~ situationsの部分を指しており、③のthis mental therapyは、本文のSummery notesのfocusing on old eventsを指していると理解します。よって、**本文のsuch activitiesは③のthis mental therapyと、そして、本文のlead to false memoriesが③のless helpful than we thoughtと同義である**ことを理解しましょう。In the late 20th centuryとNowに注目すると、p.162 得点力アップのPOINT 17 で学んだ、**時の対比**に気づきます。

紛らわしい選択肢は、②を、最終段落第4文It is not just what we remember, but when we remember, where we are when we remember, who is asking, and how they are asking.「何を思い出すかだけではなく、いつ思い出すか、そして思い出すときにどこにいるか、誰が尋ねているか、どのように彼らが尋ねているかが関わってくる」から、正解と選んでしまいがちです。しかし、第4文の表現は、p.156 得点力アップのPOINT 16 で学んだように、**複数名詞である前文のmany factors「私たちの記憶が影響を受ける多くの要因」の具体例であって、focusing on old eventsに関係する説明ではない**ので、正解にはなりません。

①は、最終段落第1文で「精神療法は、人々にその問題を理解するのに、子ども時代を振り返るように頼むものだった」とあります

が、この方法は同段落第3文で現代では否定的であり、かつ①のような「記憶をもっとはっきりと思い出すことができる」とは書かれていません。④は本文に書かれていません。

解答

問1 ②　問2 ④　問3 ③・⑤　問4 ③

本文の訳

A あなたの学習グループは、「偽り(いつわ)の記憶」に関して学んでいる。あるグループのメンバーが部分的なメモを作った。この記事を読んで、あなたの次の学習ミーティングのためそのメモを完成させなさい。

偽りの記憶

（第1段落）

記憶とは何か。ほとんどの人は、記憶のことを、私たちの心の中で、出来事をビデオで撮影するようなものと想像する。それが、私たちが大事にする愛情の記憶であろうと、私たちが恐れる失敗のようなものの記憶であろうと、私たちのほとんどが自分たちの記憶は起こったことの永久的な記録だと信じている。私たちは時が経つにつれて、記憶を思い出すのがより難しくなることに同意するかもしれないが、私たちは真実を覚えていると考える。現在の心理学者は、私たちにこれが真実ではないと伝えている。私たちの記憶は、変わることがあるし、変えられることすらある。記憶というものは、ちょっと不正確から、まったくの偽りのところまでどんな形にも変容(へんよう)することがある！　著名な研究者であるエリザベス・ロフタスによると、完全で、正しく、不変の記録と言うよりは、「記憶はむしろウィキペディアのページにちょっと似た働きをする」と言う。元の著者を含めて、誰でも情報を編集できるのだ。

（第2段落）

「偽りの記憶」を調べる本格的な研究は、比較的新しい。学者のハイマンとビリングスは、大学生のグループを対象に研究した。この実験は、初めに、学生の親が子どもの青年期から、いくつかの波乱の多いエピソードについての話をインタビュアーに送った。この家族情報を使って、彼らはそれぞれの学生に

2回インタビューをした。インタビュアーは、その人の子ども時代からの実際の経験のいくつかに言及した。しかし、その実験では、インタビュアーは、波乱の多かった結婚式のでっちあげ話を追加し、学生に偽の結婚式が本当に起こったと信じるように誘導した。次の2つの部分では、ある学生のインタビューに、実際の会話が含まれる。言葉が欠けているときは「…」で示されており、著者のコメントは「(　)」で示されている。

インタビュアー：I　　　学生：S

1回目のインタビュー

I：波乱の多かった結婚式のようで…、あなたは5歳で…他の子どもと遊んでいて…

(インタビュアーは、その情報を学生の親から聞いたかのように偽りの出来事に言及しながら、友人と遊んでいる間に、その学生が事故を起こして、花嫁の親が全身びしょ濡れになったと続けて言う。)

S：私は思い出せません…それはかなり面白い…

I：…それはちょっと波乱が多かったように思える…

S：…結婚式。誰の結婚式…結婚披露宴だったのかな？　私は自分が他の子たちと走り回っているのがまるで目に浮かぶようです。

I：あなたは自分がそうしているのが目に浮かぶ？

S：…テーブルに激突したこと？　ああ、そうですね、そんなことがよくありました…もしかしたら結婚式ではないかもしれません…大きなピクニックのような…

(その学生はテーブルに激突するのが身に覚えのあることだと信じ始めている。彼らが終わると、その学生は次のセッションの前に、彼らの行ったその会話について考えるように求められている。)

2回目のインタビュー

(インタビュアーは、学生の子ども時代から、実際の出来事のいくつかについて尋ねたところで、前回のセッションで議論された結婚式にもう一度戻ってくる。)

I：次のものは、5歳の波乱の多かった結婚披露宴のことです。

S：ええ、私はこのことについて考えてみました…

（その学生は、続けて、彼がびしょ濡れにした人々の説明をする。）

S：…私は彼がダークスーツを着ていて…、背が高く、体格がよくて…、角ばった顔立ちだったイメージがあって…彼女は薄い色のドレスを着ている姿が浮かびます…

（その学生は、新しいイメージを心に抱いて、まるでこの話が実際の記憶であるかのように話すことができる。）

S：…木の近くで…テーブルに飲み物があり…私はグラスか何かにぶつかって…

（それから、この学生がその夫婦の服装に関して、より多くの情報を提供する。）

（第3段落）

この実験に参加している学生たちは、インタビュアーが植え付けた偽の経験が絶対的に正しいと信じるようになった。2回目のインタビューまでに、一部の学生は、以前議論されたすべてが、実際の出来事について親からの情報に基づいていたと考えるようになった。これは、記憶について話すとき、言葉の選び方が返答に大きな違いを生み出すことを示唆している。特定の言葉によって、私たちはある状況を違ったように思い出す。インタビュアーは、「波乱の多い」結婚式と数回言ったので、その学生はこの結婚式について偽りの記憶を持ち始めた。

（第4段落）

「現代心理学の父」と呼ばれる、ジークムント・フロイトの時代から、精神療法は、人々にその問題を理解するのに、子ども時代を振り返るように求めるものだった。20世紀後半に、人々は古い記憶を思い出すことは心を癒すよい方法だと信じていたので、患者がさまざまな昔の家族の状況を想像するように促す課題や面接の技術があった。今では、私たちの記憶は多くの要因に影響を受けるので、私たちはそのような活動は、誤った記憶につながるかもしれないと認識している。何を思い出すかだけではなく、いつ思い出すか、そして思い出すときにどこにいるか、誰が尋ねているか、どのように彼らが尋ねているかも関わってくる。それゆえ、私たちは想像から生まれたものを実際に真実だと信じるかもしれない。ひょっとすると、専門家は「本物の記憶」などというものがあるかどうかを研究し始めるべきかもしれない。

要約メモ：

○ **偽りの記憶**

○ **導入**

● エリザベス・ロフトスが、「記憶はむしろウィキペディアのページにちょっと似た働きをする」というとき、記憶は［ 39 ］ことを意味している。

○ **ハイマン＆ビリングスの研究**

● 1回目のインタビューは、その学生が［ 40 ］ことを示している。

● その研究結果は、［ 41 ］ことと［ 42 ］ことを示唆している。

○ **結論**

人は記憶が正確なものだと信じているが、私たちの記憶は多くのものに影響を受けている。昔の出来事に焦点を当てることは、私たちの心を癒すために適応された技術ではあるが、私たちは［ 43 ］と考えなければならない。

第6問

評論文問題

語彙リスト

序文

- □ false「偽りの」
- □ memory「記憶」
- □ partial「部分的な」

第1段落

- □ imagine O to be C「OがCだと想像する」
- □ recording「録画」
- □ mind「精神」
- □ treasure「大事にする」
- □ failure「失敗」
- □ permanent「永久の」
- □ record「記録」
- □ recall「思い出す」
- □ as time goes on「時が経過するにつれて」
- □ psychologist「心理学者」
- □ be the case「真実だ」
- □ anywhere「どこでも」
- □ slightly「かすかに」
- □ incorrect「不正確な」
- □ absolutely「絶対的に」
- □ according to「～によると」
- □ well-known「有名な」
- □ researcher「研究者」
- □ rather than「～よりむしろ」
- □ complete「完全な」
- □ correct「正しい」
- □ a little bit「ちょっと」
- □ anyone「誰でも」
- □ including「～を含めて」
- □ original「元の」
- □ author「著者」
- □ edit「編集する」

第2段落

- □ serious「本格的な」
- □ investigate「研究する」
- □ relatively「比較的」
- □ scholar「学者」
- □ experiment「実験」
- □ eventful「波乱の多い」
- □ episode「エピソード」
- □ youth「青年期」
- □ interview「インタビューする」
- □ mention「言及する」
- □ actual「実際の」
- □ experience「経験」
- □ childhood「子ども時代」
- □ add「加える」
- □ made-up「でっちあげた」
- □ encourage O to do「Oに～するように働きかける」
- □ fake「偽の」
- □ wedding「結婚式」
- □ section「部分」
- □ contain「含んでいる」
- □ conversation「会話」
- □ missing「欠けている」
- □ indicate「示す」
- □ comment「コメント」

First Interview ／ Second Interview

- □ refer to「～に言及する」
- □ as if「まるで～かのように」
- □ go on to do「続けて～する」
- □ bride「花嫁」
- □ wet「濡れた」

第3段落

- □ word choice「言葉の選択」
- □ make a difference「違いを生む」
- □ response「返答」
- □ certain「特定の」
- □ lead O to do「Oを～させる」
- □ situation「状況」
- □ differently「違ったように」

第4段落

- □ mental「精神の」
- □ therapy「治療」
- □ late「後半の」
- □ exercise「課題」
- □ technique「技術」
- □ lead to「～を引き起こす」
- □ perhaps「ひょっとすると」
- □ expert「専門家」
- □ such A as B「BのようなA」

要約メモ

- □ introduction「導入」
- □ suggest「示唆する」
- □ conclusion「結論」
- □ exact「正確な」
- □ focus on「～に焦点を当てる」
- □ adapt「適合させる」

設問と選択肢

- □ statement「説明」
- □ account「説明」
- □ modify「修正する」
- □ detail「詳細」
- □ be unsure about「～に自信がない」
- □ plant「植え付ける」
- □ confidence「自信」
- □ be related to「～に関係している」
- □ frequently「頻繁に」
- □ criticize「批判する」
- □ form「形成する」
- □ stable「安定した」
- □ approach「方法」
- □ helpful「役に立つ」
- □ work on「～に取り組む」
- □ precisely「正確に」

＊続いて、第6問B対策に移ります。まずは、解答の最短ルートをおさえて、問題演習へと進みましょう。

B問題 **評論文問題**

 解答の最短ルートを知る

B You are in a student group preparing for an international science presentation contest. You are using the following passage to create your part of the presentation on extraordinary creatures.

Ask someone to name the world's toughest animal, and they might say the Bactrian camel as it can survive in temperatures as high as 50℃, or the Arctic fox which can survive in temperatures lower than −58℃. However, both answers would be wrong as it is widely believed that the tardigrade is the toughest creature on earth.

Tardigrades, also known as water bears, are microscopic creatures, which are between 0.1 mm to 1.5 mm in length. They live almost everywhere, from 6,000-meter-high mountains to 4,600 meters below the ocean's surface. They can even be found under thick ice and in hot springs. Most live in water, but some tardigrades can be found in some of the driest places on earth. One researcher reported finding tardigrades living under rocks in a desert without any recorded rainfall for 25 years. All they need are a few drops or a thin layer of water to live in. When the water dries up, so do they. They lose all but three percent of their body's water and their metabolism slows down to 0.01% of its normal speed. The dried-out tardigrade is now in a state called "tun," a kind of deep sleep. It will continue in this state until it is once again soaked in water. Then, like a sponge, it absorbs the water and springs back to life again as if nothing had happened. Whether the tardigrade is in tun for 1 week or 10 years does not really matter. The moment it is surrounded by water, it comes alive again. When tardigrades are in a state of tun, they are so tough that they can survive in temperatures as low as −272℃ and as high as 151℃. Exactly how they achieve this is still not fully understood.

Perhaps even more amazing than their ability to survive on earth — they have been on earth for some 540 million years — is their ability to survive in space. In 2007, a team of European researchers sent a number of living

3 tardigradesの特徴を発見して、選択肢と1つずつ照らし合わせていきます。第2段落までで解けないので、問2を先に解答します。

 tardigradesの生存の秘訣が書かれている箇所を探して、選択肢と照らし合わせます。

*番号の順に矢印(←)に沿ってチェックしましょう。

1 2 3 =問1の最短ルート　4 5 6 =問2の最短ルート　7 8 9 =問3の最短ルート

10 =問4の最短ルート　11 =問5の最短ルート

tardigrades into space on the outside of a rocket for 10 days. On their return to earth, the researchers were surprised to see that 68% were still alive. This means that for 10 days most were able to survive X-rays and ultraviolet radiation 1,000 times more intense than here on earth. Later, in 2019, an Israeli spacecraft crashed onto the moon and thousands of tardigrades in a state of tun were spilled onto its surface. Whether these are still alive or not is unknown as no one has gone to collect them — which is a pity.

Tardigrades are shaped like a short cucumber. They have four short legs on each side of their bodies. Some species have sticky pads at the end of each leg, while others have claws. There are 16 known claw variations, which help identify those species with claws. All tardigrades have a place for eyes, but not all species have eyes. Their eyes are primitive, only having five cells in total — just one of which is light sensitive.

Basically, tardigrades can be divided into those that eat plant matter, and those that eat other creatures. Those that eat vegetation have a ventral mouth — a mouth located in the lower part of the head, like a shark. The type that eats other creatures has a terminal mouth, which means the mouth is at the very front of the head, like a tuna. The mouths of tardigrades do not have teeth. They do, however, have two sharp needles, called stylets, that they use to pierce plant cells or the bodies of smaller creatures so the contents can be sucked out.

Both types of tardigrade have rather simple digestive systems. The mouth leads to the pharynx (throat), where digestive juices and food are mixed. Located above the pharynx is a salivary gland. This produces the juices that flow into the mouth and help with digestion. After the pharynx, there is a tube which transports food toward the gut. This tube is called the esophagus. The middle gut, a simple stomach/intestine type of organ, digests the food and absorbs the nutrients. The leftovers then eventually move through to the anus.

9
tardigradesの体の器官に関する場所をチェックして、スライドと選択肢を照らし合わせます。

❸へ

Your presentation slides:

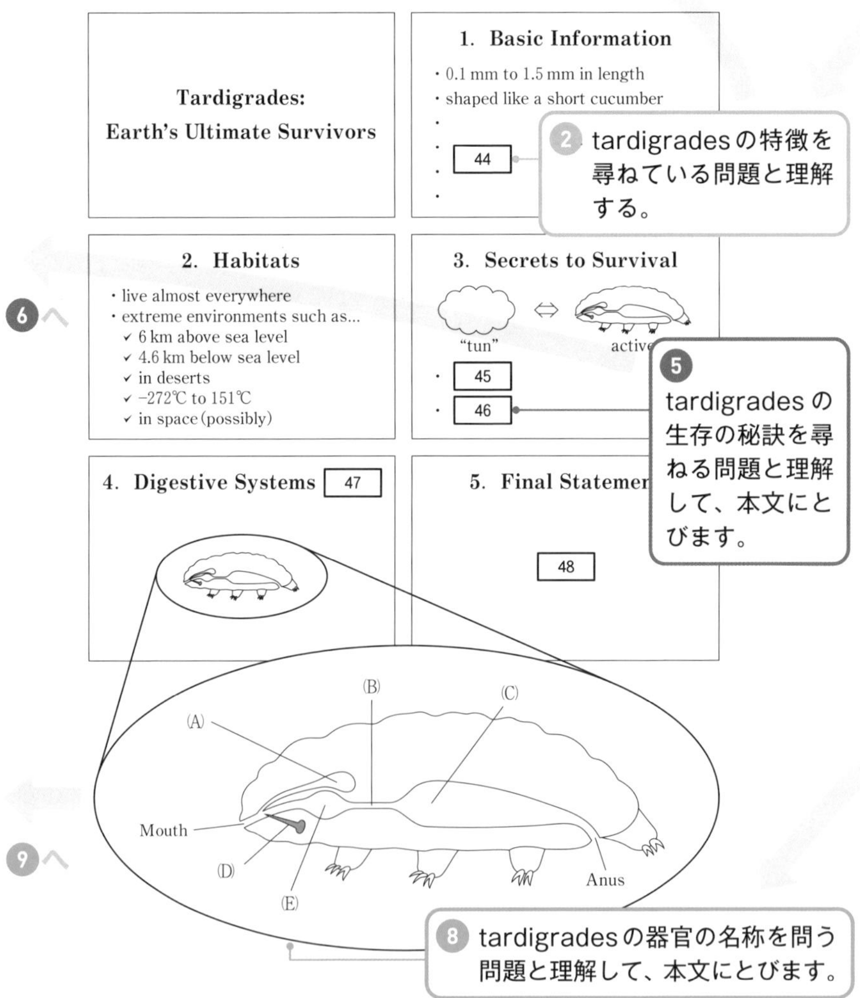
Tardigrades:
Earth's Ultimate Survivors
1. Basic Information
・0.1 mm to 1.5 mm in length
・shaped like a short cucumber
・
・
・ 44
・
・
2. Habitats
・live almost everywhere
・extreme environments such as...
✓ 6 km above sea level
✓ 4.6 km below sea level
✓ in deserts
✓ −272℃ to 151℃
✓ in space (possibly)
3. Secrets to Survival
"tun"
active
・ 45
・ 46
4. Digestive Systems 47
5. Final Statemen
48
(A)
(B)
(C)
(D)
(E)
Mouth
Anus

❷ tardigradesの特徴を尋ねている問題と理解する。

❺ tardigradesの生存の秘訣を尋ねる問題と理解して、本文にとびます。

❻へ

❽ tardigradesの器官の名称を問う問題と理解して、本文にとびます。

❾へ

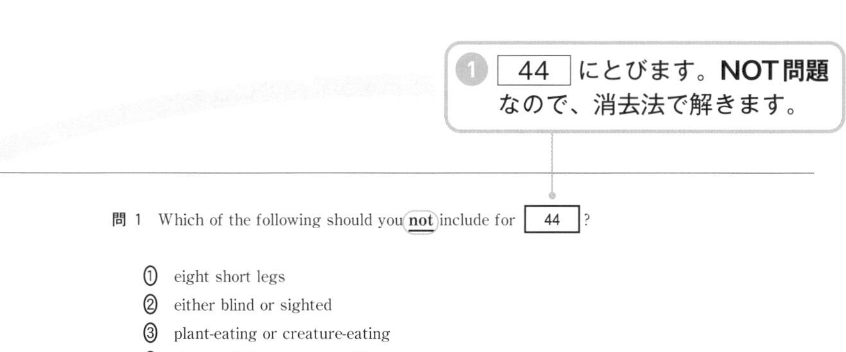

1 44 にとびます。NOT問題
なので、消去法で解きます。

問 1　Which of the following should you **not** include for 44 ?

① eight short legs
② either blind or sighted
③ plant-eating or creature-eating
④ sixteen different types of feet
⑤ two stylets rather than teeth

問 2　For the **Secrets to Survival** slide, select two features of the tardigrade which best help it survive. (The order does not matter.) 45 ・ 46

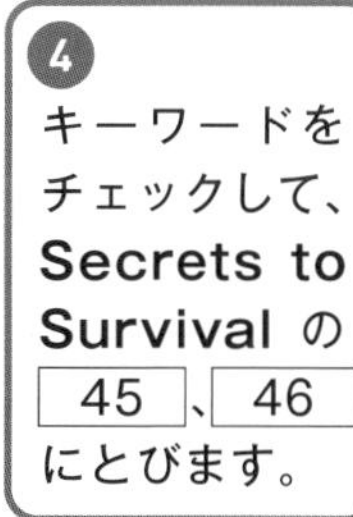

4
キーワードを
チェックして、
Secrets to
Survival の
45 、46
にとびます。

① In dry conditions, their metabolism drops to less than one percent of normal.
② Tardigrades in a state of tun are able to survive in temperatures exceeding 151℃.
③ The state of tun will cease when the water in a tardigrade's body is above 0.01%.
④ Their shark-like mouths allow them to more easily eat other creatures.
⑤ They have an ability to withstand extreme levels of radiation.

問 3　Complete the missing labels on the illustration of a tardigrade for the **Digestive Systems** slide. 47

7
キーワードを
チェックして、
Digestive Systems の
47 にとびます。

① (A) Esophagus　(B) Pharynx　(C) Middle gut
　(D) Stylets　(E) Salivary gland
② (A) Pharynx　(B) Stylets　(C) Salivary gland
　(D) Esophagus　(E) Middle gut
③ (A) Salivary gland　(B) Esophagus　(C) Middle gut
　(D) Stylets　(E) Pharynx
④ (A) Salivary gland　(B) Middle gut　(C) Stylets
　(D) Esophagus　(E) Pharynx
⑤ (A) Stylets　(B) Salivary gland　(C) Pharynx
　(D) Middle gut　(E) Esophagus

❿ final slideにとぶと**要約問題**とわかるので、選択肢をひとつひとつ消去法で絞り込みます。本文の表現を根拠にしましょう。選択肢のキーワードをチェックします。

問 4　Which is the best statement for the final slide?　48

① For thousands of years, tardigrades have survived some of the harshest conditions on earth and in space. They will live longer than humankind.

② Tardigrades are from space and can live in temperatures exceeding the limits of the Arctic fox and Bactrian camel, so they are surely stronger than human beings.

③ Tardigrades are, without a doubt, the toughest creatures on earth. They can survive on the top of mountains; at the bottom of the sea; in the waters of hot springs; and they can also thrive on the moon.

④ Tardigrades have survived some of the harshest conditions on earth, and at least one trip into space. This remarkable creature might outlive the human species.

⓫ infer「推測する」から、消去法で解きます。本文の表現を根拠に正解を絞り込みます。

問 5　What can be inferred about sending tardigrades into space?　49

① Finding out whether the tardigrades can survive in space was never thought to be important.

② Tardigrades, along with other creatures that have been on earth for millions of years, can withstand X-rays and ultraviolet radiation.

③ The Israeli researchers did not expect so many tardigrades to survive the harsh environment of space.

④ The reason why no one has been to see if tardigrades can survive on the moon's surface attracted the author's attention.

（令和5年度　本試験）

＊それでは、次のページから実際に問題を解いてみましょう！

B You are in a student group preparing for an international science presentation contest. You are using the following passage to create your part of the presentation on extraordinary creatures.

Ask someone to name the world's toughest animal, and they might say the Bactrian camel as it can survive in temperatures as high as 50℃, or the Arctic fox which can survive in temperatures lower than −58℃. However, both answers would be wrong as it is widely believed that the tardigrade is the toughest creature on earth.

Tardigrades, also known as water bears, are microscopic creatures, which are between 0.1 mm to 1.5 mm in length. They live almost everywhere, from 6,000-meter-high mountains to 4,600 meters below the ocean's surface. They can even be found under thick ice and in hot springs. Most live in water, but some tardigrades can be found in some of the driest places on earth. One researcher reported finding tardigrades living under rocks in a desert without any recorded rainfall for 25 years. All they need are a few drops or a thin layer of water to live in. When the water dries up, so do they. They lose all but three percent of their body's water and their metabolism slows down to 0.01% of its normal speed. The dried-out tardigrade is now in a state called "tun," a kind of deep sleep. It will continue in this state until it is once again soaked in water. Then, like a sponge, it absorbs the water and springs back to life again as if nothing had happened. Whether the tardigrade is in tun for 1 week or 10 years does not really matter. The moment it is surrounded by water, it comes alive again. When tardigrades are in a state of tun, they are so tough that they can survive in temperatures as low as −272℃ and as high as 151℃. Exactly how they achieve this is still not fully understood.

Perhaps even more amazing than their ability to survive on earth — they have been on earth for some 540 million years — is their ability to survive in space. In 2007, a team of European researchers sent a number of living tardigrades into space on the outside of a rocket for 10 days. On their return to earth, the researchers were surprised to see that 68% were still alive. This means that for 10 days most were able to survive X-rays and ultraviolet radiation 1,000 times more intense than here on earth. Later, in 2019, an Israeli spacecraft crashed onto the moon and thousands of tardigrades in a state of tun were spilled onto its surface. Whether these are still alive or not is unknown as no one has gone to collect them — which is a pity.

Tardigrades are shaped like a short cucumber. They have four short legs on each side of their bodies. Some species have sticky pads at the end of each leg, while others have claws. There are 16 known claw variations, which help identify those species with claws. All tardigrades have a place for eyes, but not all species have eyes. Their eyes are primitive, only having five cells in total — just one of which is light sensitive.

Basically, tardigrades can be divided into those that eat plant matter, and those that eat other creatures. Those that eat vegetation have a ventral mouth — a mouth located in the lower part of the head, like a shark. The type that eats other creatures has a terminal mouth, which means the mouth is at the very front of the head, like a tuna. The mouths of tardigrades do not have teeth. They do, however, have two sharp needles, called stylets, that they use to pierce plant cells or the bodies of smaller creatures so the contents can be sucked out.

Both types of tardigrade have rather simple digestive systems. The mouth leads to the pharynx (throat), where digestive juices and food are mixed. Located above the pharynx is a salivary gland. This produces the juices that flow into the mouth and help with digestion. After the pharynx, there is a tube which transports food toward the gut. This tube is called the esophagus. The middle gut, a simple stomach/intestine type of organ, digests the food and absorbs the nutrients. The leftovers then eventually move through to the anus.

Your presentation slides:

Tardigrades:
Earth's Ultimate Survivors

1. Basic Information

- 0.1 mm to 1.5 mm in length
- shaped like a short cucumber
-
- [44]
-
-

2. Habitats

- live almost everywhere
- extreme environments such as...
  - ✓ 6 km above sea level
  - ✓ 4.6 km below sea level
  - ✓ in deserts
  - ✓ −272℃ to 151℃
  - ✓ in space (possibly)

3. Secrets to Survival

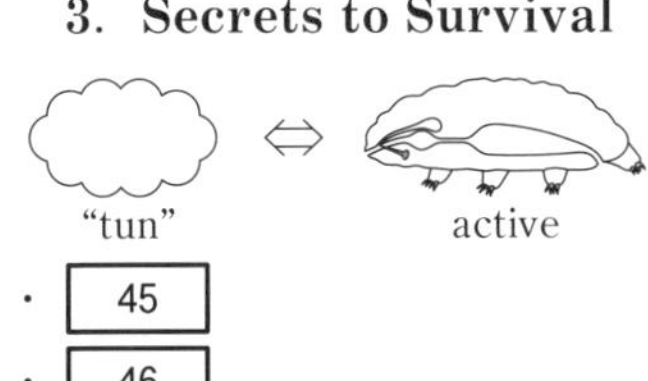

- [45]
- [46]

4. Digestive Systems [47]

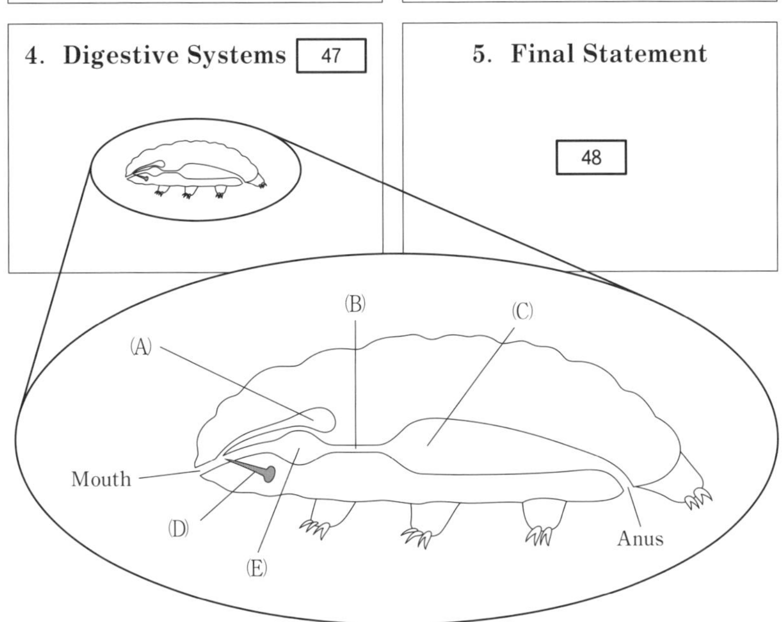

5. Final Statement

[48]

第6問
評論文問題

問 1 Which of the following should you **not** include for [44]?

① eight short legs
② either blind or sighted
③ plant-eating or creature-eating
④ sixteen different types of feet
⑤ two stylets rather than teeth

問 2 For the **Secrets to Survival** slide, select two features of the tardigrade which best help it survive. (The order does not matter.) [45] · [46]

① In dry conditions, their metabolism drops to less than one percent of normal.
② Tardigrades in a state of tun are able to survive in temperatures exceeding 151℃.
③ The state of tun will cease when the water in a tardigrade's body is above 0.01%.
④ Their shark-like mouths allow them to more easily eat other creatures.
⑤ They have an ability to withstand extreme levels of radiation.

問 3 Complete the missing labels on the illustration of a tardigrade for the **Digestive Systems** slide. [47]

① (A) Esophagus (B) Pharynx (C) Middle gut
(D) Stylets (E) Salivary gland
② (A) Pharynx (B) Stylets (C) Salivary gland
(D) Esophagus (E) Middle gut
③ (A) Salivary gland (B) Esophagus (C) Middle gut
(D) Stylets (E) Pharynx
④ (A) Salivary gland (B) Middle gut (C) Stylets
(D) Esophagus (E) Pharynx
⑤ (A) Stylets (B) Salivary gland (C) Pharynx
(D) Middle gut (E) Esophagus

問 4 Which is the best statement for the final slide? 48

① For thousands of years, tardigrades have survived some of the harshest conditions on earth and in space. They will live longer than humankind.

② Tardigrades are from space and can live in temperatures exceeding the limits of the Arctic fox and Bactrian camel, so they are surely stronger than human beings.

③ Tardigrades are, without a doubt, the toughest creatures on earth. They can survive on the top of mountains; at the bottom of the sea; in the waters of hot springs; and they can also thrive on the moon.

④ Tardigrades have survived some of the harshest conditions on earth, and at least one trip into space. This remarkable creature might outlive the human species.

問 5 What can be inferred about sending tardigrades into space? 49

① Finding out whether the tardigrades can survive in space was never thought to be important.

② Tardigrades, along with other creatures that have been on earth for millions of years, can withstand X-rays and ultraviolet radiation.

③ The Israeli researchers did not expect so many tardigrades to survive the harsh environment of space.

④ The reason why no one has been to see if tardigrades can survive on the moon's surface attracted the author's attention.

（令和5年度　本試験）

STEP 3 解答のプロセスを理解する

解答　問1 ④　問2 ①・⑤　問3 ③　問4 ④　問5 ④

解説

*tardigradesは「クマムシ」の意味ですが、試験本番ではほとんどの受験生が、意味がわからないので、解説でもtardigradesのままで説明します。問3のクマムシの体の器官も同じ事情で、解説では英語の表記を使います。単語の意味が不明でも、答えを導くことができることを証明していきます。

問1　次のうち、[44]に入れるべき**ではない**ものはどれか。　やや難

① 8本の短い脚

*② 目が見えないか見えるかのどちらか　間違いやすい選択肢！

③ 植物を食べるか生き物を食べる

④ 16種類の異なる足

⑤ 歯ではなく2つの口針（こうしん）

NOT問題なので、消去法で解答します。**基本情報**のスライドを見ると、tardigradesの特徴として「**0.1mm～1.5mmの長さ**」と「**短いキュウリのような形**」が挙げられています。これら以外の特徴を本文で探して、選択肢を絞り込んでいきます。第4段落第2文でThey have four short legs on each side of their bodies.「それらは体のそれぞれの側に4本ずつの短い脚が生えている」から、「**合計で8本の短い脚がある**」とわかるので、①は正解にはなりません。続いて、同段落第4文There are 16 known claw variations「知られているだけで16種類のかぎ爪がある」とありますが、**選択肢④のsixteen different types of feet「16種類の異なる足」とは、claw「かぎ爪」とfeet「足」で異なる情報と判断して、④を正解の候補**として残します。

また、第4段落第5文**All tardigrades have a place for eyes, but not all species have eyes.**「すべてのtardigradesには、

目の場所があるが、すべての種に目があるわけではない」から、「目が見えるものと目が見えないものがいる」と類推できるので、②も正解にはなりません。間違えやすい選択肢としては、②が挙げられるでしょう。blind「目の見えない」の意味はわかっても、sighted「目の見える」の意味を正確に出すのが難しいからです。これを機に覚えるべき単語の1つですが、sight「視界」が分詞になってsighted「目が見える」と類推して意味を理解します。何より、**②と④を比較したときに、④のfeetとclawは明らかに異なることから、④を正解と判断するとよい**でしょう。

さらに、第5段落第1文Basically, tardigrades can be divided into those that eat plant matter, and those that eat other creatures.「基本的に、tardigradesは植物を食べるものと、他の生き物を食べるものに分けられる」から、③も正解にはなりません。第5段落の最後の2文で「歯がない。しかし、2本の鋭い口針がある」から、⑤も正解にはなりません。よって、消去法でも**④が正解**と特定できます。

問2 **生存の秘訣**のスライドで、生き残るのに最も役に立つクマムシの特徴を2つ選びなさい。(順不同) 45 · 46 標

① **乾燥した状況では、その代謝は標準の1%未満まで落ちる。**
② タンの状態のクマムシは、151度を超える温度でも生き延びることができる。
③ クマムシの体内の水が0.01%を超えると、タンの状態は終わるだろう。
④ サメのような口のおかげで、それらは他の生き物が食べやすくなる。
⑤ **それらは、放射線の極端なレベルに耐える能力がある。**

「**生存の秘訣**」のスライドでは、tunの状態とactiveの状態を行き来するイラストが描かれています。第2段落第9文にtunが登場するので、その前後を集中的に読みます。第2段落第7文「**水が干上がると、tardigradesも干上がる」と同段落第8文で「その代謝は標準速度の0.01%にまで低下する」から、①が正解**と判断できます。**本文のWhen the water dries upが選択肢①のIn dry**

conditions「乾燥した状況では」に、本文のslows downが①のdropsにパラフレーズされていることに注意しましょう。

続いて、第3段落第4文で「**ほとんどのtardigradesが、ここ地球よりも、1000倍激しいX線や紫外線の放射を10日間耐え抜くことができた」から、⑤が正解**と判断できます。本文の**were able toが選択肢⑤のhave an ability toに、本文のsurvive ~ radiation 1,000 times more intenseが⑤のwithstand extreme levels of radiationにパラフレーズされている**ことに注意しましょう。

誤りの選択肢を見ていくと、②は「タンの状態のtardigradesは、**151度を超える温度**でも生き延びることができる」とありますが、本文第2段落第14文they can survive in temperatures as low as −272℃ and **as high as 151℃**.「それら（=tardigrades）は、マイナス272度もの低温でも**151度もの高温**でも生き残ることができる」と矛盾するので、正解にはなりません。**exceeding 151℃「151度を超える」とas high as 151℃「151度もの高温」は異なる**と、しっかり認識しましょう。③は、第2段落第10文「それが再び水に濡れるまで、この状態（タン）を続ける」とあるだけで、これ以降も③にあるような「tardigradesの体内の水が0.01%を超える」という表現はないので、正解にはなりません。

④は、第5段落第1文で、「tardigradesは植物を食べるものと、他の生き物を食べるものに分けられる」、同段落第2文で「植物を食べるtardigradeが、サメのような口を持つ」とあることから、④は「サメのような口のおかげで、それらは他の生き物が食べやすくなる」と矛盾するので、正解にはなりません。本文は「**植物を食べるタイプ**がサメのような口を持つ」、④は「**他の生き物を食べるタイプ**がサメのような口を持つ」と述べているので、一致しません。

問3　消化システムのスライドで、クマムシのイラストで抜けている名称を記入しなさい。 47 標

① (A) 食道　(B) 咽頭（いんとう）　(C) 中腸（ちゅうちょう）
(D) 口針　(E) 唾液腺（だえきせん）

② (A) 咽頭　(B) 口針　(C) 唾液腺
(D) 食道　(E) 中腸

③ (A) 唾液腺　(B) 食道　(C) 中腸
(D) 口針　(E) 咽頭

④ (A) 唾液腺　(B) 中腸　(C) 口針
(D) 食道　(E) 咽頭

⑤ (A) 口針　(B) 唾液腺　(C) 咽頭
(D) 中腸　(E) 食道

消化システムのスライドは、本文の第6段落第1文にdigestive systemsとあることから、ここの表現をもとに問題を解いていくと判断します。**第2文で「口はpharynxにつながる」とあるので、(A) か (E) がPharynxに相当する**と判断します。よって、②、③、④に正解の候補を絞ります。第3文**Located above the pharynx is a salivary gland.**「pharynxの上に位置しているのが、salivary glandである」と**位置関係がわかるので、ここから、先ほどのpharynxが (E) で、その上にある (A) がsalivary gland**だとわかります。続いて第5文で、**「pharynxのあとに、tubeがある」、そして、第6文で「このtubeはesophagusと呼ばれている」から、(E) pharynxの後ろにある (B) がesophagusと特定**します。よって、**③が正解**になります。試験本番は、時間が足りないので、この時点で問4へと進みます。

第6段落第7文にmiddle gutが登場して、最終文でanusが現れるので、(C) がmiddle gutと特定できます。第5段落最終文でtwo sharp needles, called stylets「styletsと呼ばれる2本の鋭い針」とあるので、スライドの針のような形態と合致するので、(D) がstyletとなり、やはり③が正しいとわかります。おそらく、スライドの図は半面を映したもので、反対側の半面にもう一本のstylet

があるのでしょう。

問4 最後のスライドの説明で最も よく当てはまるのはどれか。 48

やや難

*① 何千年もの間、クマムシは地球上や宇宙の最も過酷な状況のいくつかを生き延びてきた。それらは人類より長生きするだろう。
間違いやすい選択肢！

② クマムシは宇宙から来て、ホッキョクギツネやフタコブラクダの限界を超えた温度で生息できるので、それらは人間より確実に強い。

③ クマムシは、間違いなく、地球上で最も丈夫な生き物だ。それらは山の頂上でも、海の底でも、温泉の湯の中でも生きていけるし、月面でも繁栄できる。

④ クマムシは地球上の最も過酷な状況のいくつか、そして少なくとも1回の宇宙への旅を生き延びてきた。この注目すべき生き物は、人類より長生きするかもしれない。

最後のスライドには周辺情報がないので、本文の情報をもとに消去法で、正解を選ぶしかありません。①は、「tardigradesが最も過酷な状況のいくつかを生き延びてきた」という内容なので、第3段落第1文から、集中的に読んでいきます。

まずこの文は、倒置が起こっており、もともとはTheir ability to survive in space is perhaps even more amazing than their ability to survive on earthというSVCの第2文型の文であることを理解します。Cにあたるperhaps even more amazing ~が文頭に出て、Their ability to survive ~ とisが倒置して、後ろに回った形です。「ひょっとすると地球で約5億4千万年生きた生存能力よりもさらに驚きなのが、宇宙空間で生き残る力だ」という文になります。すると、①は、「地球上で何千年もの間生き延びてきた」は正しいですが、**「宇宙空間でも何千年もの間生き延びてきた」という情報は読み取れません**。特に、後ろの2つの文で「10日間、68%が宇宙空間で生き残った」とあるだけなので、①は正解にはなりません。p.080 得点力アップのPOINT 8 の**一部合致・一部間違い**の選択肢がここでも使われています。

②は「tardigradesが宇宙から来た」という記述が、本文にないので、正解にはなりません。③は最後の表現の「月面でも繁栄できる」が、第3段落第5・第6文「何千ものtardigradesが、月の表面にばらまかれたが、生存不明だ」とあるので、正解にはなりません。消去法から**④が正解**と判断できます。実際に、**第2段落の最後から2番目の文で、④の前半の「地球上の最も過酷な状況のいくつかを生き延びてきた」は正しい**とわかります。それから、**第3段落第3文、第4文から、「少なくとも1回の宇宙への旅を生き延びてきた」も正しい**とわかります。④の**1文目は当然人間が生存できる条件ではないので、2文目も正しいと判断して、④が正解**になります。

問5 クマムシを宇宙に送ることに関して、何が推測できるか。 49

難

*① クマムシが宇宙で生き残れるかどうかを知ることは、重要だとはまったく考えられていなかった。 間違いやすい選択肢！

*② クマムシは、何百万年もの間地球にいた他の生き物と一緒に、X線や紫外線の放射に耐えることができる。 間違いやすい選択肢！

③ イスラエルの研究者は、そんなに多くのクマムシが宇宙の厳しい環境を生き延びるとは思っていなかった。

④ **クマムシが月の表面で生き残れるかどうかを誰も確認しに行っていない理由は、著者の注意を引き付けた。**

本文の第3段落最終文**Whether these are still alive or not is unknown as no one has gone to collect them – which is a pity.**「回収に行った人が誰もいないので、これら（月面にばらまかれたtardigrades）がまだ生きているかどうかはわからないし、それは残念なことだ」から、**④が正解**と判断できます。特に最後の**「それは残念なことだ」という表現は、「月面にばらまかれたtardigradesの生存情報がわかれば、さらにtardigradesの**

生態がわかったのに」という著者の心情が読み取れるので、④のattracted the author's attention「著者の注意を引き付けた」も正しいと推測できます。

誤りの選択肢を見ていくと、①は、第3段落第1文～第4文までで、tardigradesの宇宙での生存能力を実験しているので、「tardigradesが宇宙で生き残れるかどうかを知ることは、重要だとはまったく考えられていなかった」とは言えないと判断します。この選択肢を選んでしまいがちなのが、第3段落最終文で「月面にばらまかれたtardigradesの生存確認を誰もしていない」から、①を類推してしまいがちですが、やはり手前の第1文～第4文で生存能力を実験していることから、正解にはなりません。

②は、第3段落第4文から、「tardigradesはX線や紫外線の放射を生き残ることができた」とわかりますが、他の生き物への言及はないので、正解にはなりません。p.080 得点力アップの POINT 8 の一部合致・一部間違いの選択肢です。③は、第3段落第3文は、「宇宙で10日間過ごしたtardigradesが68%も生きていて研究者たちは驚いた」という内容ですが、同段落第2文から、この研究者たちはヨーロッパの研究者たちで、イスラエルの研究者たちではないので、正解にはなりません。

本文の訳

B　あなたは国際科学プレゼンテーション大会の準備をしている学生グループに所属している。あなたは次の文章を使って、並外れた生き物に関するプレゼンテーションの自分の担当部分を作っている。

（第1段落）

誰かに世界で最も丈夫な生き物の名前を挙げるように頼んでみよう。するとその人たちは、50度もの高温で生き残ることができるので、フタコブラクダと答えるかもしれないし、マイナス58度以下でも生きていけるので、ホッキョクギツネと答えるかもしれない。しかし、クマムシが地球上で最も丈夫な生き物と広く信じられているので、両方の答えが間違いになるだろう。

（第2段落）

クマムシは、ウォーターベアとしても知られているが、体長0.1mm～1.5mmの微生物である。それらは、標高6,000メートルの山から海面下4,600メートルまで、ほぼあらゆる所に生息している。分厚い氷の下や温泉の中ですら発見することができる。ほとんどが水中で暮らしているが、クマムシの中には、地球で最も乾燥した場所の一部で発見されるものもある。ある研究者は、25年間降雨が観察されていない砂漠の岩の下で、クマムシが生息しているのを見つけたと報告した。クマムシが生きていくのに、数滴か薄い層の水があればよい。水が干上がると、クマムシも干上がる。クマムシは、体内の水分の3%を除いてすべてを失い、その代謝は標準速度の0.01%にまで低下する。そのとき、干からびたクマムシは、一種の深い眠りである「樽（タン）」と呼ばれる状態になる。それが再び水に濡れるまで、この状態（タン）を続ける。その後、クマムシは、スポンジのように水を吸収して、何事もなかったかのように、息を吹き返す。クマムシがタンの状態にあるのが1週間でも10年でも、あまり重要ではない。それが水に囲まれるとすぐに、生き返る。クマムシがタンの状態になると、とても丈夫なので、マイナス272度もの低温でも151度もの高温でも生き残ることができる。クマムシが正確にはどのようにこれを成し遂げるのかは、いまだに十分には理解されていない。

（第3段落）

ひょっとすると、約5億4千万年生きてきた地球でのこの生存能力よりもさらに驚きなのが、宇宙空間で生き残る力かもしれない。2007年に、ヨーロッパの研究者のチームは、何匹もの生きているクマムシを10日間ロケットの外の宇宙空間に送った。地球に戻ってくると、68%がまだ生きているとわかって、研究者たちは驚いた。このことは、ほとんどのクマムシが、ここ地球よりも、1000倍激しいX線や紫外線の放射を10日間耐え抜くことができたことを意味する。あとになって、2019年に、イスラエルの宇宙船が月に衝突して、タンの状態の何千ものクマムシが月の表面にばらまかれた。回収に行った人が誰もいないので、これらがまだ生きているかどうかはわからないし、それは残念なことだ。

（第4段落）

クマムシは短いキュウリのような形状だ。それらは体のそれぞれの側に4本ずつの短い脚が生えている。一部の種には、それぞれの脚先に粘着性の肉球があるが、別の種にはかぎ爪がある。知られているだけで16種類のかぎ爪があり、そのおかげで、かぎ爪で種を特定できる。すべてのクマムシには、目の場所があるが、すべての種に目があるわけではない。その目は原始的で、合計で5つの細胞しかなく、光に敏感なのはそのうちの1つだけだ。

（第5段落）

基本的に、クマムシは植物を食べるものと、他の生き物を食べるものに分けられる。植物を食べるクマムシは、腹側に口があり、サメのように、口が頭のより低い部分に位置している。他の生き物を食べる種には、末端に口があり、口がマグロのように、頭の一番前にある。クマムシの口には、歯がない。しかし、口針と呼ばれる2本の鋭い針ならあり、中身を吸い出せるように、植物の細胞や、より小さな生き物の体に刺して使う。

（第6段落）

どちらの種類のクマムシにも、かなり単純な消化システムがある。口は咽頭（喉）につながり、そこで消化液と食べ物が混ぜられる。咽頭の上に位置しているのが、唾液腺である。これが口に流れ込んで消化を助ける消化液を作り出す。咽頭のあとに、食べ物を腸に運ぶ管がある。この管は食道と呼ばれている。中腸は、単純な胃と腸のような臓器だが、食べ物を消化して、栄養を吸収する。そして、残ったものは最終的に肛門へと運ばれる。

あなたのプレゼンテーション用のスライド：

クマムシ：
地球の究極の生存者

1. 基本情報

- 体長0.1mmから1.5mm
- 短いキュウリのような形
-
- 44
-
-

2. 生息地

- ほぼどこでも生息している
- 以下のような極端な環境
  - ✓海抜6キロメートル
  - ✓海面下4.6キロメートル
  - ✓砂漠の中
  - ✓マイナス272度～151度
  - ✓宇宙（可能性あり）

3. 生存の秘訣

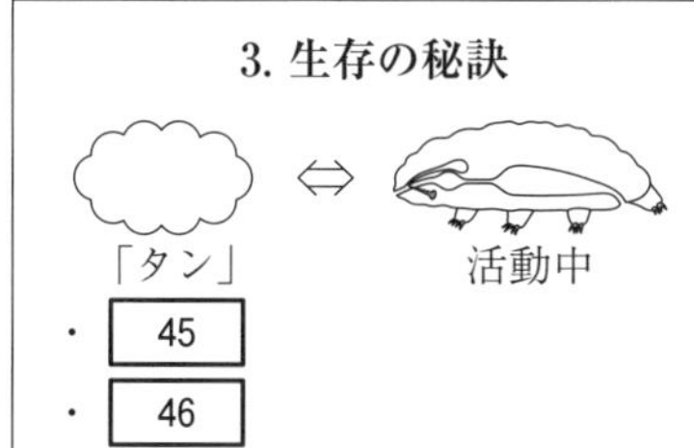

- 45
- 46

4. 消化システム 47

5. 最後の説明

48

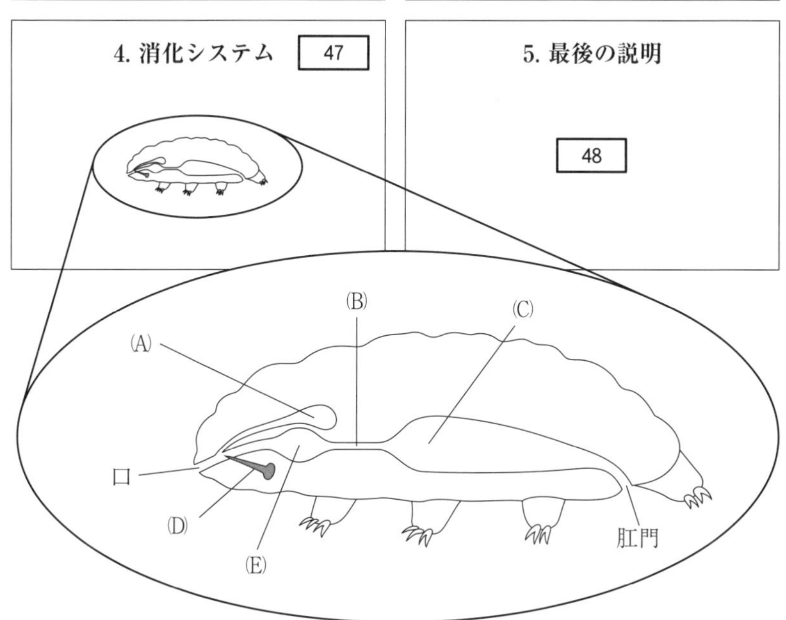

語彙リスト

序文

- □ passage「文章」 □ extraordinary「並外れた」
- □ creature「生き物」

第1段落

- □ ask O to do「Oに～するように頼む」 □ name「名前を挙げる」
- □ tough「丈夫な」 □ camel「ラクダ」 □ survive「生き残る」
- □ temperature「温度」 □ Arctic「北極の」 □ wrong「間違っている」

第2段落

- □ microscopic「微細な」 □ in length「長さが」 □ almost「ほぼ」
- □ everywhere「あらゆる所に」 □ surface「表面」
- □ thick「厚い」 □ hot spring「温泉」 □ researcher「研究者」
- □ report「報告する」 □ rock「岩」 □ desert「砂漠」
- □ rainfall「降雨」 □ dry up「干上がる」 □ all but「～を除いたすべて」
- □ metabolism「代謝」 □ slow down to「～に低下する」
- □ state「状態」 □ a kind of「一種の～」 □ once again「もう一度」
- □ soak「浸す」 □ absorb「吸収する」
- □ spring back to life「息を吹き返す」
- □ as if「まるで～かのように」 □ matter「重要だ」
- □ the moment ～「～するとすぐに」 □ surround「取り囲む」
- □ alive「生きている」 □ exactly「正確に」
- □ not fully「完全に～なわけではない」

第3段落

- □ perhaps「ひょっとすると」 □ even「(比較級を強調して) さらに」
- □ amazing「驚くべき」 □ space「宇宙」
- □ a number of「多数の～」 □ return「帰還」
- □ X-rays「X線」 □ ultraviolet「紫外線の」 □ radiation「放射」
- □ intense「激しい」 □ spacecraft「宇宙船」
- □ crash onto「～に衝突する」
- □ thousands of「何千もの～」
- □ spill「こぼす」 □ collect「回収する」 □ pity「残念なこと」

第4段落

- [ ] cucumber「キュウリ」
- [ ] species「種」
- [ ] sticky「粘着性の」
- [ ] claw「かぎ爪」
- [ ] variation「種類」
- [ ] help do「～するのに役立つ」
- [ ] identify「特定する」
- [ ] primitive「原始的な」
- [ ] cell「細胞」
- [ ] in total「合計で」
- [ ] sensitive「敏感な」

第5段落

- [ ] basically「基本的に」
- [ ] be divided into「～に分類される」
- [ ] matter「物質」
- [ ] ventral「腹側の」
- [ ] located in「～に位置している」
- [ ] shark「サメ」
- [ ] terminal「末端の」
- [ ] the very front「一番前」
- [ ] tuna「マグロ」
- [ ] teeth「歯（tooth）の複数形」
- [ ] sharp「鋭い」
- [ ] needle「針」
- [ ] pierce「貫く」
- [ ] content「中身」
- [ ] suck out「吸い出す」

第6段落

- [ ] rather「かなり」
- [ ] digestive「消化の」
- [ ] lead to「～につながる」
- [ ] pharynx「咽頭」
- [ ] salivary gland「唾液腺」
- [ ] flow「流れる」
- [ ] digestion「消化」
- [ ] tube「管」
- [ ] transport「運ぶ」
- [ ] esophagus「食道」
- [ ] stomach「胃」
- [ ] intestine「腸」
- [ ] organ「臓器」
- [ ] nutrient「栄養素」
- [ ] leftover「残り物」
- [ ] eventually「最終的に」
- [ ] anus「肛門」

プレゼンテーション用のスライド

- [ ] ultimate「究極の」
- [ ] extreme「極端な」
- [ ] secret「秘訣」
- [ ] survival「生存」
- [ ] statement「説明」

設問と選択肢

- [ ] include「含める」
- [ ] blind「目の見えない」
- [ ] sighted「目の見える」
- [ ] feature「特徴」
- [ ] exceed「超える」
- [ ] cease「終わる」
- [ ] withstand「耐える」
- [ ] missing「欠けている」
- [ ] label「名札」
- [ ] illustration「イラスト」
- [ ] harsh「厳しい」
- [ ] humankind「人類」
- [ ] without a doubt「間違いなく」
- [ ] thrive「繁栄する」
- [ ] remarkable「注目すべき」
- [ ] outlive「より長生きする」
- [ ] infer「推測する」
- [ ] along with「～と一緒に」
- [ ] millions of「何百万の～」
- [ ] attract「引き付ける」
- [ ] attention「関心」

＊次も第6問のＢ対策になりますが、解答の最短ルートは、解答・解説の中に掲載してあります。まずは、自分の手を動かして問題を解いてみてください。設問のキーワードからチェックして、本文を読み進めていきましょう。

過去問にチャレンジ 1

制限時間 15 分

B You are preparing a poster for an in-school presentation on a scientific discovery, using the following article.

As you are reading this, you probably have a pencil in your hand. In the center of every pencil is something called “lead.” This dark gray material is not actually lead (Pb), but a different substance, graphite. Graphite has been a major area of research for many years. It is made up of thin layers of carbon that can be easily separated. Indeed, it is this ease of separation that enables the pencil to write. As the pencil rubs against the paper, thin layers of carbon are pulled off the pencil lead and left on the paper as lines or writing.

In 2004, two scientists, Andre Geim and Konstantin Novoselov, were investigating graphite at the University of Manchester, in the UK. They were trying to see if they could obtain a very thin slice of graphite to study. Their goal was to get a slice of carbon which was between 10 and 100 layers thick. Even though their university laboratory had the latest scientific equipment, they made their incredible breakthrough — for what was later to become a Nobel Prize-winning discovery — with only a cheap roll of sticky tape.

In a BBC News interview, Professor Geim described their technique. He said that the first step was to put sticky tape on a piece of graphite. Then, when the tape is pulled off, a flake of graphite will come off on the tape. Next, fold the tape in half, sticking the flake onto the other side of the tape. Then pull the tape apart to split the flake. You now have two flakes, roughly half as thick as before. Fold the tape together once more in a slightly different position to avoid having the flakes touch each other. Pull it apart again, and you will now have four thinner flakes than before. Repeat this procedure 10 or 20 times, and you’re left with many very thin flakes attached to your tape. Finally, you dissolve the tape using chemicals so everything goes into a solution.

Geim and Novoselov then looked at the solution, and were surprised to see that the thin flakes were flat and not rolled up — and even more surprised that the flakes were as thin as only 10 layers of graphite. As graphite conducts electricity, it was only a matter of weeks before they were studying whether these thin sheets could be used in computer chips. By 2005, they had succeeded in separating a single layer of graphite. As this does not exist naturally, this new material was given a new name: graphene. Graphene is only one atom thick, and perhaps the thinnest material in the universe. It is one of the few two-dimensional (2D) materials known, and forms a six-sided, honeycomb-patterned structure. In addition, it is possibly the lightest and strongest substance known on earth. It is also excellent at carrying electricity. In fact, at laboratory temperatures (20-25℃), graphene conducts electricity faster than any known substance. This has led to manufacturers investing in further research because graphene-based batteries could last three times longer and be charged five times faster than lithium-ion batteries.

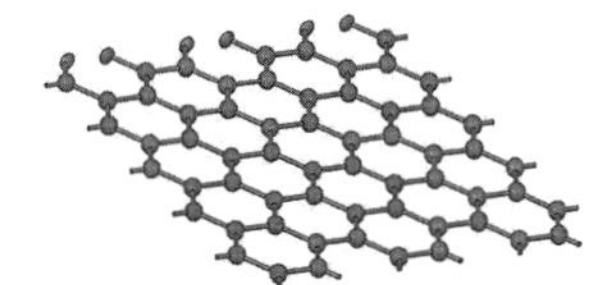

Figure 1. Structure of Graphene

Graphene has been called a super-material because of its amazing properties. It is 1,000 times lighter than paper and close to being totally transparent. It allows 98% of light to pass through it while at the same time it is so dense that even one molecule of helium gas cannot pass through it. It can also convert light into electricity. It is 200 times stronger than steel by weight: So strong in fact, that if you could make a 1 m^2 sheet of graphene, it would weigh less than a human hair and be strong enough to hold the weight of a cat. Quite simply, this material found in pencil lead has the potential to revolutionize the development of computer chips, rechargeable batteries, and strong, light-weight materials.

Your presentation poster draft:

Graphene

Basic information 44

Graphene. . .

A. is a 2D material.

B. is a separated layer of graphite.

C. is an extremely thin sheet of metal.

D. is not a naturally occurring substance.

E. looks like a sheet of wire mesh.

F. was isolated without advanced equipment.

How Geim and Novoselov separated graphite (5 steps)

Step 1. Press sticky tape on graphite and remove.

Step 2.
Step 3. } 45
Step 4.

Step 5. Dissolve tape in a chemical solution and collect the flakes.

The properties of graphene

46

47

Future use

48

問 1 You are checking your poster. You spotted an error in the basic information section. Which of the following should you **remove**? 44

① A
② B
③ C
④ D
⑤ E
⑥ F

問 2 You are going to summarize the five-step process used to separate layers of graphite. Choose the best combination of steps to complete the process. 45

A. Do this process over and over again.
B. Fold tape in two again so another part of the tape touches the graphite.
C. Fold tape in two and pull it apart.
D. Place tape on the thinner flakes and press down.
E. Pull a flake of graphite off some sticky tape.

① C → B → A
② C → E → D
③ D → C → B
④ D → E → A
⑤ E → C → A
⑥ E → C → D

問 3 From the list below, select the two which best describe graphene's properties. (The order does not matter.) [46] ・ [47]

① At average room temperature, it is the world's most efficient material for carrying electricity.

② Gram for gram, graphene is stronger and more resistant to electricity.

③ Graphene weighs slightly more than graphite per cm^2.

④ It allows almost all light to pass through its structure.

⑤ Its six-sided honeycomb structure allows gas particles to pass from one side to another.

問 4 From this passage, which of the following might graphene be used for in the future? [48]

① A material for filtering small gas molecules from large ones

② Developing light-sensitive chips

③ Electricity resistant materials

④ Increasing the weight and strength of batteries

問 5 From this passage, we can infer that the writer [49].

① believed that many great Nobel Prize-winning discoveries have been made with low-cost equipment

② knew about the potential of graphene to reduce the production costs and recharging times of rechargeable batteries

③ was impressed by the fact that graphene and all its properties had lain hidden in every pencil mark until being revealed by Geim and Novoselov

④ was surprised at how long it took for Geim and Novoselov to realize the potential of using thin sheets of graphene in computer chips

（令和5年度　追・再試験）

解答・解説 1

解説

問1 あなたは自分のポスターを確認している。あなたは基本情報の箇所に間違いを発見した。次のうち、どれを**取り除く**べきか。 44 難

① A
② B
③ **C**
④ D
*⑤ E 間違いやすい選択肢！
*⑥ F 間違いやすい選択肢！

解答の最短ルート

❶ 問題のspotted an error、removeをチェックします。
❷ draftのA～Fに目を移して、Grapheneの特徴の話と理解します。
❸ 第3段落から、問2を解く根拠となる箇所とわかるので、先に問2を解きます。

第6問Bの問1は、**最初の1段落、2段落程度ではなく、ある程度の長さを読まないと解けないもの**と思っていてよいでしょう。焦らずに、数段落しっかりと読むことに専念して、問題を解いていきます。

これは該当箇所に気づくのがかなり難しいですが、第2段落最終文から、Fは正しいので、正解の候補から外します。**Fのadvanced equipmentから、第2段落最終文のthe latest scientific equipmentの言い換えに気づくしかないでしょう。第2段落最終文は、「彼らの大学の研究所には、最新の科学的設備があったけれども、彼らは、安価な粘着テープ1巻きだけで、後にノーベル賞を受賞する発見となる、信じられない大発見をした」という文ですが、このノーベル賞を取る大発見とは、第4段落第4文からグラフェンとわかるので、Fは正しいとして、正解から外します。**

続いて、第4段落第3文でhad succeeded in separating a single layer of graphite「単一のグラファイトの層を分離することに成功した」とあり、次の文で「この新しい物質はグラフェンという新しい名前が付けられた」とあり、Bも正しいので、正解の候補から外します。そして、同段落第4文から、Dが正しいと判断して正解から外します。**本文のthis（= graphene）does not exist naturallyが、Dのnot a naturally occurring substanceにパラフレーズされている**ことに注意しましょう。さらに、同段落第6文から、Aが正しいと判断して、正解から外します。**本文のtwo-dimensional（2D）materialsがAのa 2D materialと同じ表現**になります。

Fと並んで判断が難しいのがEですが、**図1で、まさにwire mesh「金網」のような形状と認識できるので、ここから正しいと判断して正解の候補から外します。Cは、第4段落第3文、4文から、grapheneとはgraphiteの薄い層で、this new materialとあることから、metal「金属」ではないので、正しくないと判断して、正解**とします。きわめて難しい問題と言えるでしょう。

問2　あなたはグラファイトの層を分離するのに使われた、5段階の過程を要約しようとしている。その過程を完成するのに、最も良く当てはまる過程の組み合わせを選びなさい。［45］　標

A. この工程を何度も繰り返す。
B. テープの別の部分がグラファイトに触れるように、再び2つ折りにする。
C. テープを2つに折って、引き離す。
D. テープをより薄い薄片（はくへん）に置いて、圧迫する。
E. グラファイトの薄片を粘着テープから離す。

① **C → B → A**
② C → E → D
③ D → C → B
④ D → E → A
⑤ E → C → A
⑥ E → C → D

解答の最短ルート

❶ 問題のthe five-step process、separate layers of graphiteをチェックします。
❷ draftのStep 1のPress sticky tape、graphite、removeをチェックして、本文に戻ります。

下書きにあるStep 1のPress sticky tape on graphite and remove.が、第3段落の第2文、第3文に該当するとわかります。第2文のput sticky tape on a piece of graphiteがStep 1のPress sticky tape on graphiteに、第3文のthe tape is pulled offがStep 1のremoveにパラフレーズされていることを理解しましょう。

よって、第3段落第3文の続きになる、同段落第4文、第5文をまとめたCが先頭に来ると判断して、正解の候補を①、②に絞ります。第4文のfold the tape in halfがCのFold tape in twoに、第5文のpull the tape apartがCのpull it apartにパラフレーズされていることを理解しましょう。

続いて、同段落第7文のFold the tape together once moreが、BのFold tape in two againに、同じ文のin a slightly different position to avoid having the flakes touch each other「その薄片がお互いに接触するのを避けるために、そのテープを少し違う位置で」がBのso another part of the tape touches the graphite「テープの別の部分がグラファイトに触れるように」と同じ内容なので、Cの後ろにBが来ると判断します。要は最初に折り曲げたflakes「薄片」にグラファイトがついているので、「別の部分がグラファイトに触れる」とは、「最初の薄片同士が触れることを避ける」と理解できます。

さらに、同段落第9文Repeat this procedure 10 or 20 timesがAのDo this process over and over againに置き換えられていると見抜いて、Aが最後に来るので、①が正解と判断できます。実際に、下書きのStep 5にあるDissolve tape in a chemical solution ~.に相当する内容が、第3段落最終文に書かれています。

問3 下の一覧から、グラフェンの性質を最もよく表しているものを2つ選びなさい。(順不同) [46]・[47] 標

① **常温では、それは電気を通す効率が世界で最もよい素材だ。**
② 同一重量で、グラフェンはより強く、より電気抵抗が強い。
③ グラフェンは、1平方センチあたり、グラファイトよりかすかに重い。
④ **その構造はほぼすべての光を通過させる。**
⑤ 六角形のハニカム構造のおかげで、気体の粒子が一方からもう一方へと通過できる。

解答の最短ルート

❶ 問題のgraphene's propertiesをチェックします。
❷ draftに周辺情報がないので、本文の第4段落から読み始めます。

グラフェンの性質なので、第4段落第4文で新物質はグラフェンと名付けられたとあることから、この周辺を集中的に読んでいきます。同段落第9文から、①が正解と判断できます。本文のat laboratory temperatures (20-25℃)「研究所の室温 (20~25度) では」が、①のAt average room temperaturesに、本文のgraphene conducts electricity faster than any known substance「グラフェンは知られているどの物質よりも電気を速く伝導する」が①のit is the world's most efficient material for carrying electricityにパラフレーズされていることを理解しましょう。「どの物質よりも電気を速く伝導する」とは「電気を通す効率が最もよい」を意味します。

続いて、最終段落第3文から、**④が正解**と判断できます。本文のIt allows 98% of light to pass through itが、④のIt allows almost all light to pass through its structure.にパラフレーズされていることを理解しましょう。98%がalmost all「ほぼすべて」に置き換えられているだけなので、これは容易に正解できるでしょう。

誤りの選択肢を見ていくと、②はstrongerに関しては、本文の第4段落第7文でstrongestと書いてあるので問題ないですが、more resistant to electricity「より電気抵抗が強い」が誤りの表現になります。p.080 得点力アップのPOINT 8 の**一部合致・一部間違い**の選択肢です。「電気抵抗が強い」とは「電気を伝導させない」という意味になります。逆に、本文第4段落第8文で「電気を運ぶのにも優れている」とあるので、正解にはなりません。

③は、第4段落第3・4文で「グラファイトの薄い層がグラフェン」とわかるので、正解にはなりません。⑤は第5段落第3文のwhile以下で、「ヘリウムガスの1つの粒子ですら、それを通過できない」とあるので、正解にはなりません。

問4 この文章によると、次のうち、グラフェンが将来使用されるかもしれないのはどれか。 48 標

① 小さな気体分子を大きなものからろ過する素材
② **感光性のチップの開発**
③ 電気抵抗のある物質
④ 電池の重さや強さを高めること

第6問 評論文問題

解答の最短ルート

❶ 問題のgraphene、futureをチェックします。
❷ draftに周辺情報がないので、最終段落から読み進めます。

設問や下書きの周辺情報から、「グラフェンの将来の用途」を本文から探します。最終段落最終文にthis material found in pencil lead has the potential to revolutionize **the development of computer chips**「鉛筆の芯（しん）から見つかったこの物質は、**コンピューターチップの開発**に革命を起こす可能性を秘めている」から、**this materialはグラフェンを指す**ので、ここが解答の根拠となる箇所と判断します。revolutionizeの目的語に**the development of computer chips**とあり、**②のlight-sensitive「感光性の（光を通す）」は、最終段落第3文から正しいとわかる**ので、**②を正解**と判断します。

誤りの選択肢を見ていくと、①は最終段落第3文後半で「ヘリウムガスの1つの粒子ですら、グラフェンを通過できない」に反するので、正解にはなりません。③は、第4段落第8文「電気を運ぶのにも優れている」と矛盾します。④は、第4段落最終文で「グラフェンを基にした電池は、リチウムイオンの電池より3倍長持ちして、5倍の速さで充電できる」とあるので、④のIncreasing ~ strength of batteriesは正しいと判断できても、Increasing the weightが正しくありません。第4段落第7文の「グラフェンが最も軽い」に反します。p.080 得点力アップの POINT 8 の**一部合致・一部間違いの選択肢**です。

問5　この文章から、私たちは筆者が［ 49 ］と推測できる。　**難**

① ノーベル賞に輝く多くの偉大な発見が、低コストの装置でなされたと信じていた

*② 充電式電池の生産コストと再充電回数を減らす、グラフェンが持つ可能性について知っていた　間違いやすい選択肢！

③ ガイムとノボセロフに明らかにされるまで、グラフェンとその性質のすべてがあらゆる鉛筆の跡に隠されていたという事実に感銘を受けた

*④ ガイムとノボセロフがコンピューターチップの中にグラフェンの薄いシートを使う可能性を認識するのに、どれほどの時間がかかったかに驚いた　間違いやすい選択肢！

解答の最短ルート

❶ 問題のinferをチェックします。

❷ 推測問題は、消去法を使って、本文を根拠にして選択肢をチェックしていきます。

③は、**第2段落最終文のtheir incredible breakthrough「彼らの信じられない大発見」から、筆者が感銘を受けているとわかり、第4段落第3・4文から、「ガイムとノボセロフがグラフェンを発見した」とわかるので、正解と判断**します。

誤りの選択肢を見ていくと、①は、第2段落最終文から、本文の**グラフェンに関して**は、「安価な粘着テープだけで、大発見をした」とありますが、①のような「**多くの偉大なノーベル賞を取った発見が**低コストの装置でなされた」とは書かれていないので、正解にはなりません。p.171 得点力アップの POINT 19 で紹介した、いわゆる「**言い過ぎ**」の選択肢です。②は、recharging times「再充電回数」を減らすことに関しては、第4段落最終文で「グラフェンを基にした電池は、リチウムイオンの電池より3倍長持ち」するとあるので正しいですが、**the production costs「生産コスト」を減らすことに関しては、本文に言及がない**ので、正解にはなりません。p.080 得点力アップの POINT 8 の**一部合致・一部間違い**の選択肢です。

④は、第4段落第2文 As graphite conducts electricity, it was only a matter of weeks before they were studying whether these thin sheets could be used in computer chips.「グラファイトは電気を伝導するので、わずか数週間後には彼らはこれらの薄いシートがコンピューターチップで使用できるかどうかを研究し始めた」から、一見正解と思ってしまいます。しかし、この文の a matter of weeks は期間が短かったことを強調しており、④の how long it took「どれほどの（長い）時間がかかったか」とは合致しません。また、**④のように、このことに対して「驚いた」とは書かれていません。**

解答

問1 ③　問2 ①　問3 ①・④　問4 ②　問5 ③

本文の訳

B　あなたは次の記事を使って、科学の発見に関する校内プレゼンテーションのポスターを準備しているところだ。

（第1段落）

あなたがこれを読んでいるとき、おそらく手に鉛筆を持っているだろう。すべての鉛筆の中央に、「lead＝芯」と呼ばれているものがある。この濃い灰色の物質は、実際にはlead＝鉛（Pb）ではなくて、グラファイトという違う物質だ。グラファイトは何年もの間、重要な研究分野であった。それは、簡単に分離できる炭素の薄い層から構成されている。実際、鉛筆が書けるのは、このはがれやすさのおかげだ。鉛筆が紙とこすれると、炭素の薄い層が鉛筆の芯から引きはがされて、線や文字として紙に残る。

（第2段落）

2004年に、アンドレ・ガイムとコンスタンチン・ノボセロフという2人の科学者が、イギリスのマンチェスター大学でグラファイトを研究しているところだった。2人は、研究するのにとても薄いグラファイトの薄片を得られるかどうかを確認しようとしていた。彼らの目標は、10～100層の厚さの炭素の断片を手に入れることだった。彼らの大学の研究所には、最新の科学的設備があったけれども、彼らは、安価な粘着テープ1巻きだけで、後にノーベル賞を受賞する発見となる、信じられない大発見をした。

(第3段落)

BBCのニュースのインタビューで、ガイム教授は、その手法を説明した。彼の話では、第1段階は、粘着テープを一片のグラファイトに貼ることだった。それから、そのテープを引きはがすと、グラファイトの薄片がテープに付いていく。次に、そのテープを半分に折って、その薄片をテープのもう一方の側にも接着させる。それから、そのテープを引きはがして薄片を2つに分ける。これで、以前のおよそ半分の厚さになる2つの薄片ができる。その薄片がお互いに接触するのを避けるために、そのテープを少し違う位置でもう一度折りたたむ。それを再び引き離すと、今度は以前より薄い4枚の薄片ができる。この工程を10あるいは20回繰り返すと、テープに付着したとても薄い多くの薄片が残る。最終的に、化学物質を使って、そのテープを溶かすと、すべてが1つの溶液になる。

(第4段落)

ガイムとノボセロフは、そのとき、その溶液を見て、薄い薄片が平らで、丸まっていないことがわかって驚き、またその薄片がグラファイトのたった10枚の層の薄さであることがわかって、より一層驚いた。グラファイトは電気を伝導するので、わずか数週間後には彼らはこれらの薄いシートがコンピューターチップで使用できるかどうかを研究し始めた。2005年までに、彼らは単一のグラファイトの層を分離することに成功した。これは自然界には存在しないので、この新しい物質は、グラフェンという新しい名前が付けられた。グラフェンは、原子たった1つ分の厚さしかなく、おそらく宇宙で1番薄い物質である。それは、2次元の物質であることが知られている数少ない物質の1つで、六角形のハニカムパターンの構造を形成している。さらに、それは地球上で知られている中で、おそらく最も軽くて強い物質である。それはまた、電気を運ぶのにも優れている。実際に、研究所の室温(20～25度)では、グラフェンは知られているどの物質よりも電気を速く伝導する。グラフェンを基にした電池は、リチウムイオンの電池より3倍長持ちして、5倍の速さで充電できるので、このことはメーカーがさらなる研究に投資をすることにつながっている。

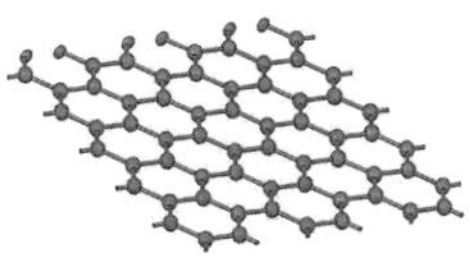

図1　グラフェンの構造

（第5段落）

グラフェンはその驚異（きょうい）の性質が原因で、スーパーマテリアルと呼ばれている。それは紙の1000倍軽くて、完全な透明に近い。光の98%がそれを通過することができて、同時にそれはとても密度が濃いので、ヘリウムガスの分子1つですら、それを通過できない。それはまた、光を電気に変換できる。それは同じ重さの鋼鉄の200倍強い。実際にとても強いので、もし1平方メートルのグラフェンのシートを作れるなら、それは人間の髪の毛1本より軽く、猫1匹の重さに耐えられるほど強いだろう。要するに、鉛筆の芯から見つかったこの物質は、コンピューターチップ、充電式電池、そして強くて軽量の物質の開発に革命を起こす可能性を秘めている。

あなたのプレゼンテーションポスター用の下書き：

グラフェン

基本情報　[44]

グラフェンは…

A. 2次元の素材である。
B. グラファイトの分離した層である。
C. 金属製のきわめて薄いシートである。
D. 自然に発生する物質ではない。
E. 金網のような見た目をしている。
F. 最新機器なしで分離された。

ガイムとノボセロフがグラファイトを分離した方法（5つの段階）

第１段階　粘着テープをグラファイトに押し付けて取り外す。
第２段階
第３段階　} [45]
第４段階

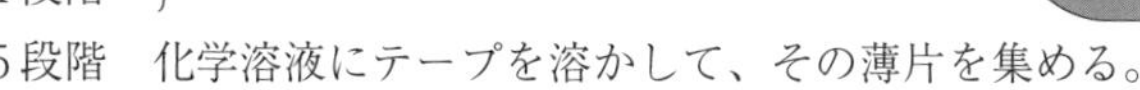

第５段階　化学溶液にテープを溶かして、その薄片を集める。

グラフェンの性質

[46]
[47]

将来の用途

[48]

語彙リスト

序文

- scientific「科学的な」
- discovery「発見」

第1段落

- probably「おそらく」
- pencil「鉛筆」
- center「中央」
- lead「(鉛筆の)芯、鉛」
- material「物質」
- substance「物質」
- major「重要な」
- area「分野」
- be made up of「～で構成されている」
- layer「層」
- carbon「炭素」
- separate「分離する」
- indeed「実際に」
- ease「簡単さ」
- separation「分離」
- enable O to do「Oが～するのを可能にする」
- line「線」

第2段落

- investigate「研究する」
- see if「～かどうか確かめる」
- obtain「手に入れる」
- thin「薄い」
- slice「断片」
- thick「厚い」
- laboratory「研究所」
- latest「最新の」
- equipment「設備」
- incredible「信じられないほどの」
- breakthrough「大発見」
- cheap「安い」
- sticky「粘着性の」

第3段落

- describe「説明する」
- technique「手法」
- flake「薄片」
- come off「はがれる」
- fold「折る」
- stick「貼り付ける」
- apart「離れて」
- split「割る」
- roughly「およそ」
- slightly「わずかに」
- procedure「工程」
- be left with「～が残される」
- attach to「～に貼り付ける」
- dissolve「溶かす」
- chemical「化学物質」
- solution「溶液」

第4段落

- flat「平らな」
- roll up「丸まる」
- conduct「伝導する」
- electricity「電気」
- a matter of「わずか～」
- atom「原子」
- universe「宇宙」
- dimensional「次元の」
- form「形成する」
- structure「構造」
- in addition「さらに」
- be excellent at「～に優れている」
- temperature「温度」
- lead to「～につながる」
- manufacturer「製造業者」
- invest「投資する」
- further「さらなる」
- last「持続する」

第5段落

- [ ] property「性質」
- [ ] close to「～に近い」
- [ ] totally「完全に」
- [ ] transparent「透明な」
- [ ] pass through「～を通過する」
- [ ] dense「密な」
- [ ] molecule「分子」
- [ ] convert A into B「AをBに換える」
- [ ] steel「鉄鋼」
- [ ] by weight「重さで」
- [ ] weigh「～の重さがある」
- [ ] 形容詞 enough to do「～するほど十分に形容詞だ」
- [ ] hold「支える」
- [ ] quite simply「簡単に言えば」
- [ ] potential「可能性」
- [ ] revolutionize「革命を起こす」
- [ ] development「開発」

プレゼンテーションポスター用の下書き

- [ ] extremely「きわめて」
- [ ] isolate「分離する」
- [ ] advanced「最先端の」

設問と選択肢

- [ ] spot「見つける」
- [ ] error「誤り」
- [ ] section「部門」
- [ ] summarize「要約する」
- [ ] combination「組み合わせ」
- [ ] over and over again「何度も何度も」
- [ ] place A on B「AをBに置く」
- [ ] press down「圧迫する」
- [ ] efficient「効率のよい」
- [ ] gram for gram「同一重量で」
- [ ] resistant「耐性のある」
- [ ] particle「粒子」
- [ ] filter「ろ過する」
- [ ] strength「強さ」
- [ ] infer「推測する」
- [ ] reduce「減らす」
- [ ] production cost「製造費」
- [ ] be impressed by「～に感銘を受ける」
- [ ] lie「～のままである」
- [ ] hidden「隠れた」
- [ ] reveal「明らかにする」

B You are in a student group preparing a poster for a presentation contest. You have been using the following passage to create the poster.

A Brief History of Units of Length

Since ancient times, people have measured things. Measuring helps humans say how long, far, big, or heavy something is with some kind of accuracy. While weight and volume are important for the exchange of food, it can be argued that one of the most useful measurements is length because it is needed to calculate area, which helps in the exchange, protection, and taxation of property.

Measuring systems would often be based on or related to the human body. One of the earliest known measuring systems was the cubit, which was created around the 3rd millennium BC in Egypt and Mesopotamia. One cubit was the length of a man's forearm from the elbow to the tip of the middle finger, which according to one royal standard was 524 millimeters (mm). In addition, the old Roman foot (296 mm), which probably came from the Egyptians, was based on a human foot.

A unit of measurement known as the yard probably originated in Britain after the Roman occupation and it is said to be based on the double cubit. Whatever its origin, there were several different yards in use in Britain. Each one was a different length until the 12th century when the yard was standardized as the length from King Henry I's nose to his thumb on his outstretched arm. But it was not until the 14th century that official documents described the yard as being divided into three equal parts — three feet — with one foot consisting of 12 inches. While this description helped standardize the inch and foot, it wasn't until the late 15th century, when King Henry VII distributed official metal samples of feet and yards, that people knew for certain their true length. Over the years, a number of small adjustments were made until the International Yard and Pound Agreement of 1959 finally defined the standard inch, foot, and yard as 25.4 mm, 304.8 mm, and 914.4 mm respectively.

The use of the human body as a standard from which to develop a measuring system was not unique to western cultures. The traditional Chinese unit of length called *chi* — now one-third of a meter — was originally defined as the length from the tip of the thumb to the outstretched tip of the middle finger, which was around 200 mm. However, over the years it increased in length and became known as the Chinese foot. Interestingly, the Japanese *shaku,* which was based on the *chi,* is almost the same as one standard foot. It is only 1.8 mm shorter.

The connection between the human body and measurement can also be found in sailing. The fathom (6 feet), the best-known unit for measuring the depth of the sea in the English-speaking world, was historically an ancient Greek measurement. It was not a very accurate measurement as it was based on the length of rope a sailor could extend from open arm to open arm. Like many other British and American units, it was also standardized in 1959.

The metric system, first described in 1668 and officially adopted by the French government in 1799, has now become the dominant measuring system worldwide. This system has slowly been adopted by many countries as either their standard measuring system or as an alternative to their traditional system. While the metric system is mainly used by the scientific, medical, and industrial professions, traditional commercial activities still continue to use local traditional measuring systems. For example, in Japan, window widths are measured in *ken* (6 *shaku*).

Once, an understanding of the relationship between different measures was only something traders and tax officials needed to know. However, now that international online shopping has spread around the world, we all need to know a little about other countries' measuring systems so that we know how much, or how little, of something we are buying.

Your presentation poster draft:

Different Cultures, Different Measurements

1. The purposes of common units

Standard units are used for:

A. calculating how much tax people should pay

B. commercial purposes

C. comparing parts of the human body

D. measuring amounts of food

E. protecting the property of individuals

2. Origins and history of units of length

45

46

3. Comparison of units of length

Figure 1. Comparison of major units of length

47

4. Units today

48

問 1 When you were checking the statements under the first poster heading, everyone in the group agreed that one suggestion did not fit well. Which of the following should you **not** include? [44]

① A
② B
③ C
④ D
⑤ E

問 2 Under the second poster heading, you need to write statements concerning units of length. Choose the two below which are most accurate. (The order does not matter.) [45] · [46]

① Inch and meter were defined by the 1959 International Yard and Pound Agreement.
② The *chi* began as a unit related to a hand and gradually became longer over time.
③ The cubit is one of the oldest units based on the length of a man's foot.
④ The length of the current standard yard was standardized by King Henry Ⅶ.
⑤ The origin of the fathom was from the distance between a man's open arms.
⑥ The origin of the Roman foot can be traced back to Great Britain.

問 3 Under the third poster heading, you want a graphic to visualize some of the units in the passage. Which graph best represents the different length of the units from short (at the top) to long (at the bottom)? [47]

①
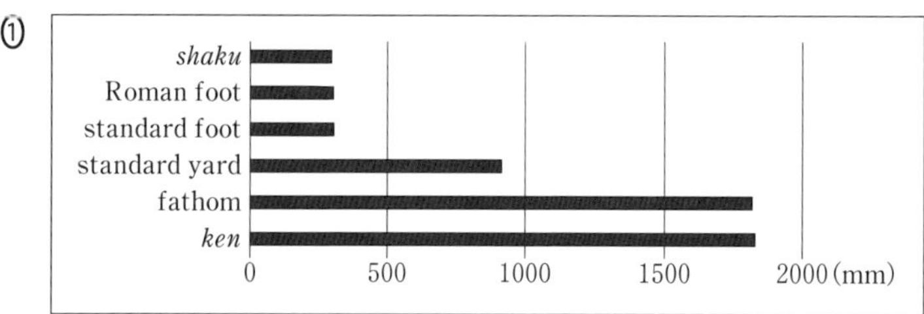

②
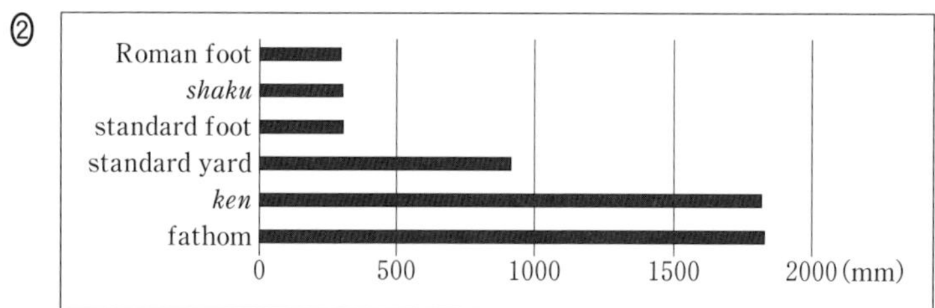

③
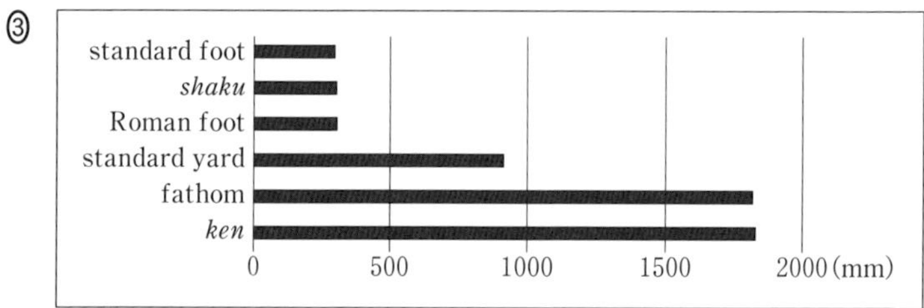

④
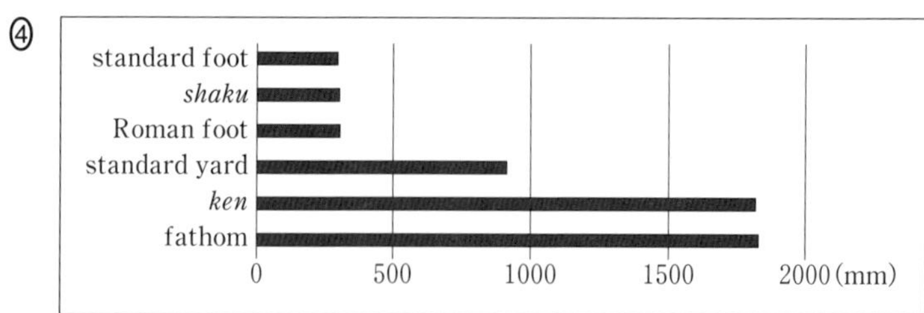

問 4　Under the last poster heading, your group wants to add a statement about today's units based on the passage. Which of the following is the most appropriate? [48]

① Although the metric system has become dominant worldwide, traditional measuring systems continue to play certain roles in local affairs.

② Science and medicine use traditional units today to maintain consistency despite the acceptance of a widespread standardized measurement system.

③ The increase in cross-border online shopping has made the metric system the world standard.

④ Today's units, such as the inch, foot, and yard, are based on the *chi*, whose origin is related to a part of the human body.

（令和4年度　追・再試験）

解答・解説 2

解説

問1 あなたがポスターの最初の見出しの下の説明を確認していると、そのグループの全員が、1つの項目案がうまく合わないという意見で一致した。次のうち、あなたが含めるべき**ではない**ものはどれか。 44 難

① A

*② B 間違いやすい選択肢！

③ **C**

④ D

⑤ E

解答の最短ルート

❶ 問題のfirst poster heading、one suggestion、not fitをチェックします

❷ ポスターの下書きの1.を見て、The purposes of common units「**共通単位の目的**」をチェックして、本文から該当箇所を探してA～Eと照らし合わせます。

問題の指示文から、**ポスターの最初の見出しにある項目から、1つだけ合わないものを選びなさい**という内容と理解します。いわゆる**NOT問題**なので、消去法で正解を導きます。ポスターの最初の見出しを見ると、The purposes of common units「共通単位の目的」なので、本文から「**共通単位が必要な目的**」を読み取ります。第1段落第3文から、Dが該当するので、正解の候補から外します。同じ文からA、Eも読み取れるので、正解の候補から外します。

残った選択肢はBとCになります。第2段落第1文に、Cに関連する表現がありますが、設問は「**共通単位の目的**」を尋ねています。一方で第2段落第1文は「計測方法は、人間の体を基にしていたり、関連したりしていることが多かった」で、**体の部位を基準とした計**

測方法のことを意味しています。よって、**C「人体の部位を比較する」は、「共通単位の目的」としては書かれていません。あくまで、「人体の部位を使った計測方法」と書かれているだけなので、Cが正解になります**。

Bを本文から読み取るのは難しいですが、**第1段落第3文 the exchange of food「食料の交換」、最終文の the exchange ~ of property「土地の交換」から、commercial「商業上の」と同意と判断して、正解の候補から外します**。商売の起源は、物々交換だったことから同意と判断します。

問2 ポスターの2番目の見出しの下に、あなたは長さの単位に関する説明を書く必要がある。下から、最も正確なものを2つ選びなさい。(順不同)

45 ・ 46

① インチとメートルは、1959年の国際ヤード・ポンド協定で定義された。

② チーは、手に関連する単位として始まったが、時が経つにつれて、徐々に長くなった。

③ キュービットは人の足の長さに基づいて作られた、最も古い単位の1つだ。

*④ 現在の標準ヤードの長さは、ヘンリー7世が規格化した。

間違いやすい選択肢！

⑤ ファゾムの起源は、人間の開いた両腕の間の距離から生まれた。

⑥ ローマフィートの起源は、イギリスにさかのぼることができる。

解答の最短ルート

❶ 問題のsecond poster heading、twoをチェックします。

❷ ポスターの2. Origins and history of units of length「長さの単位の起源と歴史」をチェックして、本文から該当箇所を探して、選択肢の正誤を判断します。第2段落を読んで選択肢をチェック、第3段落を読み終えて選択肢をチェックするという手順で解答しましょう。

設問から、ポスターの2番目の項目が問題になっていると判断して、ポスターの2.にとびます。2.は、「長さの単位の起源と歴史」とあるので、本文で該当箇所を探します。**②の*chi*は、第4段落第2文、第3文から正解**と判断します。**本文のfrom the tip of the thumb to the outstretched tip of the middle finger「親指の先端から、広げた中指の先端まで」から、②のa unit related to a hand「手に関連する単位」が正しい**とわかります。本文の表現を②で**抽象化**していることを理解しましょう。続いて、**本文のover the years it increased in length「何年も経つと、それは長さが伸びた」から、②のgradually became longer over time「時が経つにつれて、徐々に長くなった」が正しい**とわかります。

⑤は第5段落第3文から正解と判断します。**本文のit was based on the length of rope a sailor could extend from open arm to open arm「それ（ファゾム）は、船乗りが両手を広げて、片方の手からもう片方の手までのロープが届く長さに基づいていた」が、⑤のfrom the distance between a man's open arms「人間の開いた両腕の間の距離から」と合致する**ので、正解になります。

誤りの選択肢を見ていくと、①は、inchに関しては、第3段落最終文から、1959年の国際ヤード・ポンド協定で定義されたことがわかりますが、meterに関しては、「この協定で定義された」とは書かれていないので、正解にはなりません。③は、第2段落第3文の「1キュービットは、肘から中指の先端までの、人の前腕の長さ」に反するので、正解にはなりません。

④は、第3段落最終文の1959年の国際ヤード・ポンド協定がヤードを914.4mmと定義したという内容に反するので、正解にはなりません。**同段落第5文で「ヘンリー7世がフィートとヤードの公式の金属サンプルを配布した」とあるだけで、④のように「ヘンリー7世が現在の標準ヤードの長さを規格化した」とは書かれていませ**

ん。⑥は、第2段落最終文の「古代ローマフィートは、おそらくエジプトから生まれたもの」に反します。

問3 ポスターの3番目の見出しの下に、あなたはこの文章の単位のいくつかを可視化する図を入れたい。短いもの(一番上)から長いもの(一番下)へと、単位の異なる長さを最もよく表しているグラフはどれか。 47 やや難

①
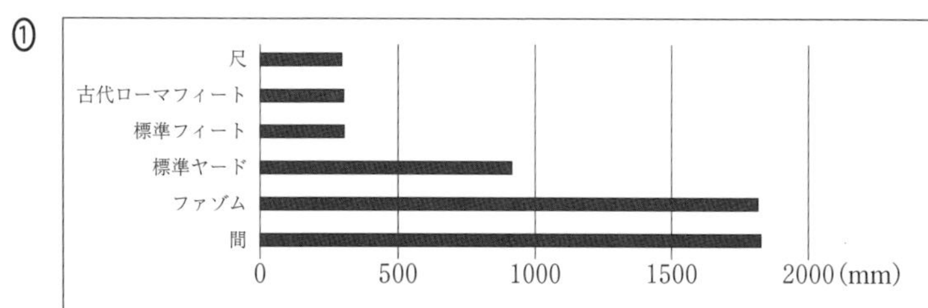

②
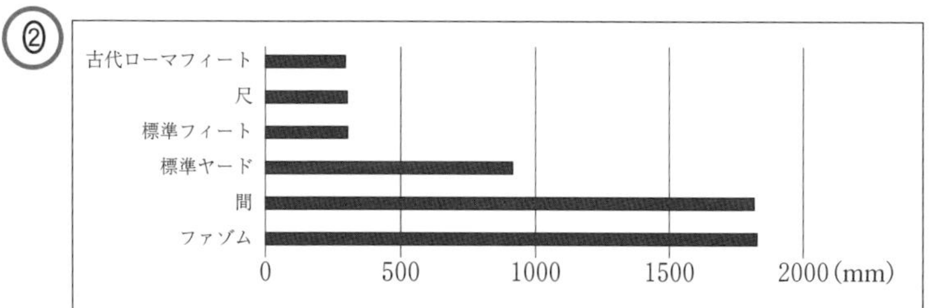

③
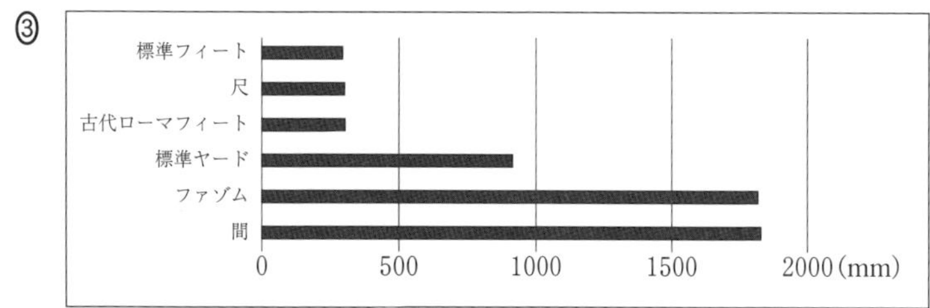

④
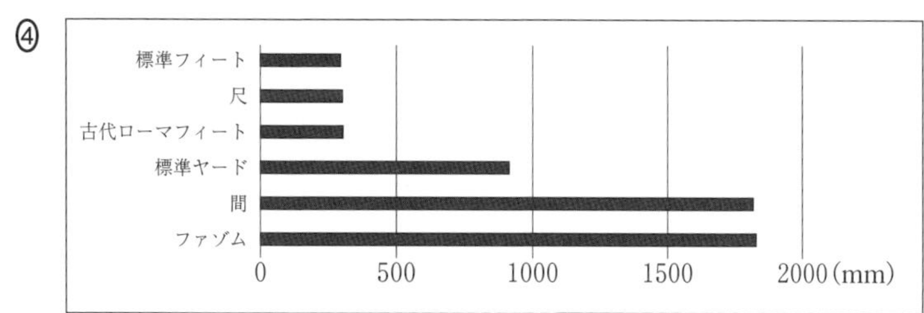

第6問 評論文問題

解答の
最短ルート

❶ 問題のfrom short(at the top)、to long(at the bottom)をチェックします。
❷ 本文中の各単位の比較表現をチェックして、選択肢を照らし合わせます。

本文で登場する単位の比較を示す表と判断します。第4段落第4文、最終文で、**「尺は～標準フィートとほぼ同じだ。それはほんの1.8mm短いだけだ」から、尺が標準フィートの上に来る①、②に正解の候補を絞ります**。そして、第5段落第2文から**ファゾムは6フィート**、第6段落最終文から、**間(ケン)は6尺**とわかります。第4段落最終文から「**尺は標準フィートより1.8mm短い**」ことがわかるので、**「間は6フィートより短く、ファゾムの方が間より少し長い」**とわかります。よって、**間の下にファゾムが来るとわかるので、②が正解**になります。

問4　ポスターの最後の見出しの下に、あなたのグループは、この文章に基づいた現在の単位に関する説明を加えたい。次のうち、最も適切なのはどれか。
48　標

① **メートル法は、世界的に主流だが、従来の計測システムが、地方の事業で一定の役割を果たし続けている。**

*② 広く標準化された計測方法が受け入れられているにもかかわらず、科学と医療は、現代でも従来の単位を使って、一貫性を維持している。
間違いやすい選択肢！

③ 国境を越えたネットショッピングが増えたおかげで、メートル法が世界基準となった。

④ インチ、フィート、ヤードのような現在の単位は、その起源が人体の一部に関係しているチーに基づいている。

解答の最短ルート

❶ 問題のlast poster headingをチェックします。
❷ ポスターを見ても周辺情報がないので、選択肢を最後の2段落と照らし合わせて、正誤を判断していきます。

ポスターの周辺情報は特にないので、選択肢を消去法と本文を根拠に判断していきます。**第6段落第1文、第3文から、①が正しいと判断します。** **第1文のThe metric system, ~, has now become the dominant measuring system worldwide.が、①のthe metric system has become dominant worldwide**に、**第3文のtraditional commercial activities still continue to use local traditional measuring systemsが、①のtraditional measuring systems continue to play certain roles in local affairsにパラフレーズされている**ことに注意しましょう。

誤りの選択肢を見ていくと、**②は第6段落の第3文で「メートル法は、主に科学、医学、そして産業の専門職に使用されている」に反します。「科学と医療が従来の単位を使っている」とは書かれていません。**③は、最終段落第2文で「ネットショッピングが世界中に広まったので、～他国の計測方法に関して少し知る必要がある」と書かれているだけで、③のように「ネットショッピングが増えたおかげで、メートル法が世界基準となった」とは書かれていません。

④は、第4段落第4文から、「日本の尺がチーに基づいている」とわかりますが、④のように「インチ、フィート、ヤードがチーに基づいている」とは書かれていないので、正解にはなりません。

解答

問1 ③　問2 ②・⑤　問3 ②　問4 ①

本文の訳

B　あなたはプレゼンテーション大会のポスターを準備している学生グループに所属している。あなたはポスターを作るのに、次の文章を使用している。

長さの単位の略歴

（第1段落）

古代から、人々はものを計測してきた。計測することで、人間は、あるものがどれほど長いか、遠いか、大きいか、重いかを、ある程度正確に言うことができる。重さと量が食料の交換に重要だけれども、長さは面積を測るのに必要で、それは土地の交換、保護、課税に役立つので、最も役に立つ計測方法の1つと言うことができる。

（第2段落）

計測方法は、人間の体を基にしていたり、関連したりしていることが多かった。知られている中で最も初期の計測方法の1つは、キュービットで、エジプトやメソポタミアで、紀元前3000年紀ごろに作られたものだ。1キュービットは、肘から中指の先端までの、人の前腕の長さで、それはある王朝の基準によると、524ミリメートルだった。さらに、古代ローマフィート（296ミリメートル）はおそらくエジプトから生まれたもので、人間の足に基づいていた。

（第3段落）

ヤードとして知られている計測単位は、おそらくローマ人の征服のあとにイギリスで始まり、キュービットの2倍に基づいていると言われている。その起源が何であれ、イギリスではいくつかの異なるヤードが使用されていた。ヤードが、ヘンリー1世の鼻から伸ばした腕の親指までの長さに規定された12世紀まで、それぞれ異なる長さだった。しかし、公的な文書にヤードが三等分される、すなわち、3フィートであり、1フィートが12インチから成ると記載されたのは、14世紀になってからだ。この説明はインチとフィートの基準として役立ったけれども、ヘンリー7世がフィートとヤードの公式の金属サンプルを配布した15世紀後半まで、人々はその真の長さをはっきりとは知らなかった。何年も経って、複数回の微調整が行われて、1959年の国際ヤード・ポンド協定が最終的に、標準インチ、フィート、ヤードを、それぞれ25.4mm、304.8mm、914.4mmと定義した。

（第4段落）

計測方法を発達させる基準として、人体を利用することは、西洋文化独自のものではなかった。伝統的な中国の長さの単位であるチーは、現在の単位では、3分の1メートルだが、もともと親指の先端から、広げた中指の先端までの長さと定義されており、およそ200mmだ。しかし、年月とともに、それは長さが伸びて、中国フィートとして知られるようになった。面白いことに、日本の尺はチーに基づいており、標準フィートとほぼ同じだ。それはほんの1.8mm短いだけだ。

（第5段落）

人体と計測方法の関係は、航海でも見ることができる。ファゾム（6フィート）は、英語圏で海の深さを測る最も有名な単位だが、歴史的には古代ギリシャの計測方法だった。それは、船乗りが両手を広げて、片方の手からもう片方の手までのロープが届く長さに基づいていたので、あまり正確な計測方法ではなかった。他の多くのイギリスやアメリカの単位のように、それも1959年に規格化された。

（第6段落）

メートル法は初めて1668年に記述されて、1799年にフランス政府に公式に採用されて、今や世界的に主流の計測方法となっている。この方法は、標準的な計測方法として、もしくは伝統的な方法の代案として、多くの国々にゆっくりと採用されてきている。メートル法は、主に科学、医学、そして産業の専門職に使用されているけれども、伝統的な商業活動では、いまだに地域の伝統的な計測方法を使い続けている。例えば日本では、窓の幅は間（6尺）で計測されている。

（第7段落）

かつて、異なる計測方法同士の関係の理解は、交易者や税関職員が知る必要のあるものにすぎなかった。しかし、今や国際的なネットショッピングが世界中に広がったので、私たちみんなが、自分の買おうとしているものがどれほど多いか、もしくは少ないかを知るために、他国の計測方法に関して少し知る必要がある。

あなたのプレゼンテーション用ポスターの下書き：

異なる文化、異なる計測方法

1. 共通単位の目的

基準となる単位は以下のために使われる：

A. 人がいくらの税金を払うべきかを計算する

B. 商業目的

C. 人体の部位を比較する

D. 食料の量を計測する

E. 個人の財産を守る

2. 長さの単位の起源と歴史

45

46

3. 長さの単位の比較

図1.長さの主要な単位の比較

47

4. 現代の単位

48

語彙リスト

タイトル・第1段落

□ brief「簡単な」 □ unit「単位」 □ length「長さ」
□ ancient「古代の」 □ times「時代」 □ measure「計測する」
□ help O do「Oが～するのを助ける」 □ with accuracy「正確に」
□ weight「重さ」 □ volume「量」 □ exchange「交換」
□ argue「主張する」 □ measurement「計測」 □ calculate「計算する」
□ area「面積」 □ protection「保護」 □ taxation「課税」
□ property「地所」

第2段落

□ would often「よく～した」
□ be based on「～に基づいている」
□ be related to「～に関係している」 □ around「およそ」
□ millennium「千年紀」 □ BC「紀元前」 □ forearm「前腕」
□ from A to B「AからBまで」 □ elbow「肘」
□ tip「先端」 □ according to「～によると」
□ royal「王室の」 □ standard「基準」 □ in addition「さらに」

第3段落

□ probably「おそらく」 □ originate in「～が起源である」
□ occupation「占領」 □ whatever「～は何であれ」
□ origin「起源」 □ standardize「標準化する」
□ thumb「親指」 □ outstretch「広げる」
□ It is not until A that B.「AしてはじめてBする」 □ official「公式の」
□ document「文書」 □ describe A as B「AをBと説明する」
□ be divided into「～に分割される」 □ equal「平等な」
□ consist of「～から成る」 □ description「説明」 □ distribute「配布する」
□ metal「金属の」 □ sample「サンプル」
□ a number of「いくつかの～」 □ adjustment「調節」
□ define「定義する」 □ respectively「それぞれ」

第4段落

□ unique「独自の」 □ western「西洋の」 □ traditional「伝統的な」
□ originally「もともと」 □ interestingly「面白いことに」

第5段落

□ connection「関係」 □ sailing「航海」 □ depth「深さ」
□ historically「歴史的に」 □ accurate「正確な」 □ extend「広げる」

第6段落

- ☐ officially「公式に」
- ☐ adopt「採用する」
- ☐ government「政府」
- ☐ dominant「主要な」
- ☐ worldwide「世界規模で」
- ☐ alternative「代わり」
- ☐ medical「医学の」
- ☐ industrial「産業の」
- ☐ profession「専門職」
- ☐ commercial「商業上の」
- ☐ local「地域の」
- ☐ wldth「幅」

第7段落

- ☐ relationship「関係」
- ☐ trader「交易者」
- ☐ tax official「税関職員」
- ☐ now that ～「今や～なので」
- ☐ spread「広がる」

プレゼンテーション用ポスターの下書き

- ☐ draft「下書き」
- ☐ purpose「目的」
- ☐ common「共通の」
- ☐ comparison「比較」

設問と選択肢

- ☐ statement「説明」
- ☐ heading「見出し」
- ☐ suggestion「提案」
- ☐ fit「合う」
- ☐ include「含める」
- ☐ concerning「～に関する」
- ☐ current「現在の」
- ☐ be traced back to「～にさかのぼる」
- ☐ graphic「グラフ」
- ☐ visualize「視覚化する」
- ☐ represent「表す」
- ☐ bottom「一番下」
- ☐ add「加える」
- ☐ appropriate「適切な」
- ☐ certain「一定の」
- ☐ affairs「業務」
- ☐ maintain「維持する」
- ☐ consistency「一貫性」
- ☐ despite「～にもかかわらず」
- ☐ acceptance「受け入れること」
- ☐ widespread「広範囲の」
- ☐ cross-border「国境を越えた」

試作問題

内容整理・要約問題
論理把握・文章校正問題

A問題 ここで⃞きめる!

● 各人の意見の内容理解と、共通点を見抜く力が重要！！

B問題 ここで⃞きめる!

●文と文とのつながりを見抜く論理力が最重要！！

ここが問われる！

A問題は内容整理・要約問題、
B問題は論理把握・文章校正問題が出題される！！

ここできめる！

- A問題は各人の意見の内容理解と、共通点を見抜く力が重要‼
- B問題は文と文とのつながりを見抜く論理力が最重要‼

試作問題とは、どんな内容ですか？

試作問題とは、令和4年度に共通テストの作成機関である、大学入試センターがホームページ上で発表した問題です。いずれかの大問が取って代わられる可能性があります。大学入試センターのホームページ上の、「必ずしも今後この形式の問題が出題されるわけではない」という表現からは、**最低限の対策をしたうえで、本番でこの形式が出題されても、動じない心構えをしておく**ことが重要でしょう。

具体的に、どんな問題が出ますか？

今までの設問よりも、文量が多くなるので、必要な情報に絞って読む力が求められます。根本の英語の基礎知識に加えて、第A問では、内容理解能力、要約能力、2つの文章から共通項目を抜き出す力、文章と選択肢の内容の情報照合能力が求められます。

第Ｂ問では、文や接続表現の挿入問題などが出題されることから、前後のつながりを見抜く論理力、推測力などが求められます。

試作問題の配点と時間配分を教えてください。

ＡとＢの大問に分かれて、問題数はＡが5問、Ｂが4問です。Ａは3点の問題が6題で18点、Ｂは3点の問題が4題で計12点の合計30点です。試作問題は**20分で解く**とよいでしょう。Ａは15分、Ｂは5分で解答することをおすすめします。

試作問題を最短で解くには、どうしたらよいですか？

試作問題でも、**設問のキーワードからチェック**して、必要な情報に絞って、文章を限定して読むことが重要です。具体的に、次で**解答の最短ルート**を示すので、自分でも同じように解いてみてください。

試作問題のまとめ

- 試作問題は、共通テストの作成機関である、大学入試センターがホームページ上で発表した問題。本番で、この形式が出題されても、動じない心構えと、最低限の対策をすることが重要。
- 配点は30点で、**解答時間はＡが15分、Ｂが5分の計20分**を目安にする。
- 文量がとても多いので、**必要な情報に絞って本文を読む**ことが求められる。

A問題 内容整理・要約問題

STEP 1 解答の最短ルートを知る

第A問

You are working on an essay about whether high school students should be allowed to use their smartphones in class. You will follow the steps below.

Step 1: Read and understand various viewpoints about smartphone use.
Step 2: Take a position on high school students' use of their smartphones in
Step 3: Create an outline for an essay using additional sources.

[Step 1] Read various sources

Author A (Teacher)
My colleagues often question whether smartphones can help students develop life-long knowledge and skills. I believe that they can, as long as their use is carefully planned. Smartphones support various activities in class that can enhance learning. Some examples include making surveys for projects and sharing one's learning with others. Another advantage is that we do not have to provide students with devices; they can use their phones! Schools should take full advantage of students' powerful computing devices.

Author B (Psychologist)
It is a widespread opinion that smartphones can encourage student learning. Being believed by many, though, does not make an opinion correct. A recent study found that when high school students were allowed to use their smartphones in class, it was impossible for them to concentrate on learning. In fact, even if students were not using their own smartphones, seeing their classmates using smartphones was a distraction. It is clear that schools should make the classroom a place that is free from the interference of smartphones.

Author C (Parent)
I recently bought a smartphone for my son who is a high school student. This is because his school is located far from our town. He usually leaves home early and returns late. Now, he can contact me or access essential information if he has trouble. On the other hand, I sometimes see him walking while looking at his smartphone. If he is not careful, he could have an accident. Generally, I think that high school students are safer with smartphones, but parents still need to be aware of the risks. I also wonder how he is using it in class.

② 著者Aの内容を重要な箇所をチェックしながら読みます。

⑤ 著者Bの内容を重要な箇所をチェックしながら読んで、選択肢から正解を選びます。

＊番号の順に矢印(　　　)に沿ってチェックしましょう。

①②③＝問1の最短ルート　④⑤＝問2の最短ルート　⑥⑦＝問3の最短ルート

⑧⑨＝問4の最短ルート　⑩＝問5の最短ルート

③ 著者Dの内容を重要な箇所をチェックしながら読んで、選択肢から正解を選びます。

Author D (High school student)

At school, we are allowed to use our phones in class. It makes sense for our school to permit us to use them because most students have smartphones. During class, we make use of foreign language learning apps on our smartphones, which is really helpful to me. I am now more interested in learning than I used to be, and my test scores have improved. The other day, though, my teacher got mad at me when she caught me reading online comics in class. Occasionally these things happen, but overall, smartphones have improved my learning.

Author E (School principal)

Teachers at my school were initially skeptical of smartphones because they thought students would use them to socialize with friends during class. Thus, we banned them. As more educational apps became available, however, we started to think that smartphones could be utilized as learning aids in the classroom. Last year, we decided to allow smartphone use in class. Unfortunately, we did not have the results we wanted. We found that smartphones distracted students unless rules for their use were in place and students followed them. This was easier said than done, though.

① 著者A、Dの情報に絞って読んでいきます。

問1　Both Authors A and D mention that [1].

① apps for learning on smartphones can help students perform better on exams
② one reason to use smartphones as an educational tool is that most students possess one
③ smartphones can be used to support activities for learning both at school and at home
④ smartphones make it possible for students to share their ideas with classmates

問2　Author B implies that [2].

④ 著者Bの情報に絞って読んでいきます。

① having time away from digital devices interferes with students' motivation to learn
② sometimes commonly held beliefs can be different from the facts that research reveals
③ students who do not have smartphones are likely to consider themselves better learners
④ the classroom should be a place where students can learn without the interference of teachers

[Step 2] Take a position

問 3　Now that you understand the various viewpoints, you have taken a position on high school students' use of their smartphones in class, and have written it out as below. Choose the best options to complete [3], [4], and [5].

Your position: High school students should not be allowed to use their smartphones in class.

- Authors [3] and [4] support your position.
- The main argument of the two authors: [5].

本文へ

❻ your positionの内容を確認して、それと合致する著者を見つけます。

Options for [3] and [4] (The order does not ma

① A
② B
③ C
④ D
⑤ E

❼ ❻で絞り込んだ2人の著者の共通点を本文から見つけて、選択肢を選びます。

本文へ

Options for [5]

① Making practical rules for smartphone use in class is difficult for school teachers
② Smartphones may distract learning because the educational apps are difficult to use
③ Smartphones were designed for communication and not for classroom learning
④ Students cannot focus on studying as long as they have access to smartphones in class

[Step 3] Create an outline using Sources A and B

Outline of your essay:

Using smartphones in class is not a good idea

Introduction

Smartphones have become essential for modern life, but students should be prohibited from using their phones during class.

Body

Reason 1: [From Step 2]

Reason 2: [Based on Source A] ……… 6

Reason 3: [Based on Source B] ……… 7

Conclusion

High schools should not allow students to use their smartphones in class.

❾資料Aの重要な箇所をチェックしながら読んで、選択肢に戻って正解を選びます。

Source A

Mobile devices offer advantages for learning. For example, one study showed that university students learned psychology better when using their interactive mobile apps compared with their digital textbooks. Although the information was the same, extra features in the apps, such as 3D images, enhanced students' learning. It is important to note, however, that digital devices are not all equally effective. Another study found that students understand content better using their laptop computers rather than their smartphones because of the larger screen size. Schools must select the type of digital device that will maximize students' learning, and there is a strong argument for schools to provide computers or tablets rather than to have students use their smartphones. If all students are provided with computers or tablets with the same apps installed, there will be fewer technical problems and it will be easier for teachers to conduct class. This also enables students without their own smartphones to participate in all class activities.

Source B

A study conducted in the U.S. found that numerous teenagers are addicted to their smartphones. The study surveyed about 1,000 students between the ages of 13 and 18. The graph below shows the percentages of students who agreed with the statements about their smartphone use.

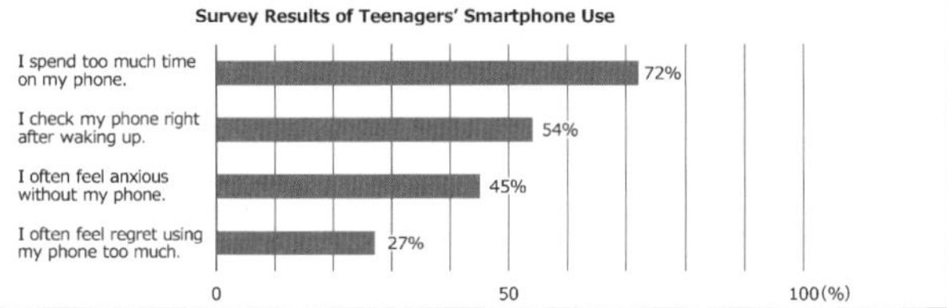

Survey Results of Teenagers' Smartphone Use

I spend too much time on my phone.	72%
I check my phone right after waking up.	54%
I often feel anxious without my phone.	45%
I often feel regret using my phone too much.	27%

(Axis: 0, 50, 100(%))

❾へ！

❽ 資料Aの内容を確認して、それと合致する選択肢を見つけます。

問 4　Based on Source A, which of the following is the most appropriate for Reason 2? [6]

① Apps that display 3D images are essential for learning, but not all students have these apps on their smartphones.

② Certain kinds of digital devices can enhance educational effectiveness, but smartphones are not the best.

③ Students should obtain digital skills not only on smartphones but also on other devices to prepare for university.

④ We should stick to textbooks because psychology studies have not shown the positive effects of digital devices on learning.

❿ 資料Bの内容を確認して、それと合致する選択肢を見つけます。

問 5　For Reason 3, you have decided to write, "Young students are facing the danger of smartphone addiction." Based on Source B, which option best supports this statement? [7]

① Although more than half of teenagers reported using their smartphones too much, less than a quarter actually feel regret about it. This may indicate unawareness of a dependency problem.

② Close to three in four teenagers spend too much time on their phones. In fact, over 50% check their phones immediately after waking. Many teenagers cannot resist using their phones.

③ Over 70% of teenagers think they spend too much time on their phones, and more than half feel anxious without them. This kind of dependence can negatively impact their daily lives.

④ Teenagers are always using smartphones. In fact, more than three-quarters admit to using their phones too much. Their lives are controlled by smartphones from morning to night.

＊それでは、次のページから実際に問題を解いてみましょう！

STEP 2 問題を解く

制限時間 15 分

第A問

You are working on an essay about whether high school students should be allowed to use their smartphones in class. You will follow the steps below.

Step 1: Read and understand various viewpoints about smartphone use.
Step 2: Take a position on high school students' use of their smartphones in class.
Step 3: Create an outline for an essay using additional sources.

[Step 1] Read various sources

Author A (Teacher)
My colleagues often question whether smartphones can help students develop life-long knowledge and skills. I believe that they can, as long as their use is carefully planned. Smartphones support various activities in class that can enhance learning. Some examples include making surveys for projects and sharing one's learning with others. Another advantage is that we do not have to provide students with devices; they can use their phones! Schools should take full advantage of students' powerful computing devices.

Author B (Psychologist)
It is a widespread opinion that smartphones can encourage student learning. Being believed by many, though, does not make an opinion correct. A recent study found that when high school students were allowed to use their smartphones in class, it was impossible for them to concentrate on learning. In fact, even if students were not using their own smartphones, seeing their classmates using smartphones was a distraction. It is clear that schools should make the classroom a place that is free from the interference of smartphones.

Author C (Parent)
I recently bought a smartphone for my son who is a high school student. This is because his school is located far from our town. He usually leaves home early and returns late. Now, he can contact me or access essential information if he has trouble. On the other hand, I sometimes see him walking while looking at his smartphone. If he is not careful, he could have an accident. Generally, I think that high school students are safer with smartphones, but parents still need to be aware of the risks. I also wonder how he is using it in class.

Author D (High school student)

At school, we are allowed to use our phones in class. It makes sense for our school to permit us to use them because most students have smartphones. During class, we make use of foreign language learning apps on our smartphones, which is really helpful to me. I am now more interested in learning than I used to be, and my test scores have improved. The other day, though, my teacher got mad at me when she caught me reading online comics in class. Occasionally these things happen, but overall, smartphones have improved my learning.

Author E (School principal)

Teachers at my school were initially skeptical of smartphones because they thought students would use them to socialize with friends during class. Thus, we banned them. As more educational apps became available, however, we started to think that smartphones could be utilized as learning aids in the classroom. Last year, we decided to allow smartphone use in class. Unfortunately, we did not have the results we wanted. We found that smartphones distracted students unless rules for their use were in place and students followed them. This was easier said than done, though.

問 1　Both Authors A and D mention that [1].

① apps for learning on smartphones can help students perform better on exams
② one reason to use smartphones as an educational tool is that most students possess one
③ smartphones can be used to support activities for learning both at school and at home
④ smartphones make it possible for students to share their ideas with classmates

問 2　Author B implies that [2].

① having time away from digital devices interferes with students' motivation to learn
② sometimes commonly held beliefs can be different from the facts that research reveals
③ students who do not have smartphones are likely to consider themselves better learners
④ the classroom should be a place where students can learn without the interference of teachers

[Step 2] Take a position

問 3　Now that you understand the various viewpoints, you have taken a position on high school students' use of their smartphones in class, and have written it out as below. Choose the best options to complete [3], [4], and [5].

Your position: High school students should not be allowed to use their smartphones in class.

- Authors [3] and [4] support your position.
- The main argument of the two authors: [5].

Options for [3] and [4] (The order does not matter.)

① A
② B
③ C
④ D
⑤ E

Options for [5]

① Making practical rules for smartphone use in class is difficult for school teachers
② Smartphones may distract learning because the educational apps are difficult to use
③ Smartphones were designed for communication and not for classroom learning
④ Students cannot focus on studying as long as they have access to smartphones in class

[Step 3] Create an outline using Sources A and B

Outline of your essay:

Using smartphones in class is not a good idea

Introduction

Smartphones have become essential for modern life, but students should be prohibited from using their phones during class.

Body

Reason 1: [From Step 2]

Reason 2: [Based on Source A] ……… 6

Reason 3: [Based on Source B] ……… 7

Conclusion

High schools should not allow students to use their smartphones in class.

Source A

Mobile devices offer advantages for learning. For example, one study showed that university students learned psychology better when using their interactive mobile apps compared with their digital textbooks. Although the information was the same, extra features in the apps, such as 3D images, enhanced students' learning. It is important to note, however, that digital devices are not all equally effective. Another study found that students understand content better using their laptop computers rather than their smartphones because of the larger screen size. Schools must select the type of digital device that will maximize students' learning, and there is a strong argument for schools to provide computers or tablets rather than to have students use their smartphones. If all students are provided with computers or tablets with the same apps installed, there will be fewer technical problems and it will be easier for teachers to conduct class. This also enables students without their own smartphones to participate in all class activities.

Source B

A study conducted in the U.S. found that numerous teenagers are addicted to their smartphones. The study surveyed about 1,000 students between the ages of 13 and 18. The graph below shows the percentages of students who agreed with the statements about their smartphone use.

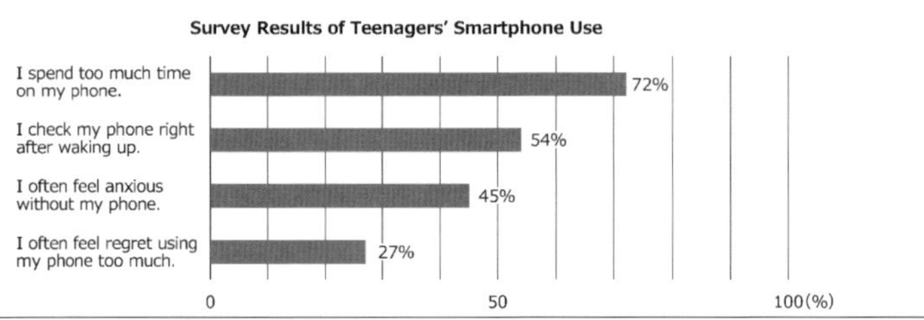
Survey Results of Teenagers' Smartphone Use
I spend too much time on my phone.
72%
I check my phone right after waking up.
54%
I often feel anxious without my phone.
45%
I often feel regret using my phone too much.
27%
0
50
100(%)

問 4 Based on Source A, which of the following is the most appropriate for Reason 2? [6]

① Apps that display 3D images are essential for learning, but not all students have these apps on their smartphones.

② Certain kinds of digital devices can enhance educational effectiveness, but smartphones are not the best.

③ Students should obtain digital skills not only on smartphones but also on other devices to prepare for university.

④ We should stick to textbooks because psychology studies have not shown the positive effects of digital devices on learning.

問 5 For Reason 3, you have decided to write, "Young students are facing the danger of smartphone addiction." Based on Source B, which option best supports this statement? [7]

① Although more than half of teenagers reported using their smartphones too much, less than a quarter actually feel regret about it. This may indicate unawareness of a dependency problem.

② Close to three in four teenagers spend too much time on their phones. In fact, over 50% check their phones immediately after waking. Many teenagers cannot resist using their phones.

③ Over 70% of teenagers think they spend too much time on their phones, and more than half feel anxious without them. This kind of dependence can negatively impact their daily lives.

④ Teenagers are always using smartphones. In fact, more than three-quarters admit to using their phones too much. Their lives are controlled by smartphones from morning to night.

STEP 3 解答のプロセスを理解する

解答　問1　②　　問2　②　　問3　②—⑤／④
問4　②　　問5　②

解説

問1　AとDの両方の著者とも［ 1 ］と述べている。　標

① スマートフォンの学習用アプリは、生徒が試験でよりよい成績を取るのに役立つ可能性がある

② **スマートフォンを学習ツールとして使う１つの理由は、ほとんどの生徒がそれを所有しているからだ**

③ 学校と家庭の両方の学習を支援するのに、スマートフォンを使用することができる

④ スマートフォンのおかげで、生徒はアイデアをクラスメイトと共有できる

AとDの両方の著者に共通する考えを選ぶので、A、Dの主張を理解していきます。Aは、第2文から「スマートフォンの使用を注意深く計画すれば、学習に役立つ」と主張していると理解します。さらに、第5文では、**生徒が自分のスマートフォンを使うから、学校が機器を提供する必要がないこと**を追加の利点で挙げています。続いて、Dでは、第2文「**ほとんどの生徒がスマートフォンを持っているから、私たちの学校がその使用を許可するのは理にかなっている**」に着目します。Aの第5文と合わせて、**②が正解**とわかります。

誤りの選択肢を見ていくと、**①は、Dの第3文、第4文後半から「スマートフォンの外国語学習アプリのおかげで、テストの点数がよくなった」ことがわかりますが、Aにはそういった記述がない**ので、正解にはなりません。③は、Aの第3文で「スマートフォンは授業内のさまざまな活動をサポートする」とありますが、家庭内の学習への貢献の記述はありません。Dの記述でも、第3文で「授業中に外国語学習アプリを利用しており、本当に役立っている」とあるだけで、家庭内の学習への記述がないので、正解にはなりません。

④は、Aの第3文で「スマートフォンは学習の向上につながる、授業内のさまざまな活動をサポートする」とあり、第4文で「自分の学習を他人と共有する」とあることから、Aには当てはまるとわかります。一方で、**Dにはスマートフォンのおかげで、「自分のアイデアをクラスメイトと共有できる」といった記述はない**ので、正解にはなりません。

問2 Bの著者は [2] と示唆する。 標

① デジタル機器から離れた時間を持つことは、生徒の学習意欲を妨げる

② 広く信じられている考えが、研究が明らかにする事実と異なることがときどきありうる

③ スマートフォンを持っていない生徒は、自分を優れた学習者とみなすことがある

*④ 教室は、生徒が教師に妨げられずに学習できる場所であるべきだ

間違いやすい選択肢！

Bの著者が述べている内容を見ていきます。第1文と第2文の**widespread opinion ⇒ though**に着目すると、**一般論 ⇒ 逆接 ⇒ 筆者の主張の論理展開**に気づきます。「スマートフォンが学習を促進できると一般的には信じられているけど、多くの人が信じていることが、その意見を正しいものにするわけではない」で、第3文で述べられる「**授業中のスマートフォンの使用を認めると、生徒は学習に集中できなくなる**」という筆者の主張をつかみます。

選択肢を見ていくと、**②「広く信じられている考えが、研究が明らかにする事実と異なることがときどきありうる」が、上で説明した一般論 ⇒ 逆接 ⇒ 主張で紹介した第1文～第3文の内容と一致する**ので、正解です。**本文の第1文widespread opinionが②のcommonly held beliefs**にパラフレーズされていることを理解しましょう。Bの第3文「最近の研究によると、高校生が授業中にスマートフォンの使用が許されると、学習に集中できなくなることがわかった」から、**第1文の「スマートフォンが学習を促進する」と**

いう考えを研究によって否定しているので、②の「研究が明らかにする事実と異なる」も正しいとわかります。

誤りの選択肢を見ていくと、①、③に関連する記述は、Bの中にはありません。④「教室は、生徒が教師に妨げられずに学習できる場所であるべきだ」は、Bの記述の第5文「学校が、教室をスマートフォンに妨げられない場所にすべきことは明らかだ」に反します。本文はfree from the interference of smartphonesで、④がwithout the interference of teachersとなっていることに注意しましょう。

問3 今や、あなたはさまざまな観点を理解したので、高校生が授業中にスマートフォンを使用することに関して、立場を決めて、下記のようにそれを書いた。[3]、[4]、[5]を完成させるのに、最も よく当てはまる選択肢を選びなさい。 標

あなたの立場：高校生は授業中にスマートフォンを使用することが許されるべきではない。

- [3]と[4]の著者があなたの立場を支持する。
- 2人の著者の主な主張：[5]。

[3]と[4]に入る選択肢（順不同）

① A
② B
③ C
④ D
⑤ E

[3]、[4]には、「授業内のスマートフォン使用を認めるべきではない」立場に賛同する著者が入ることを確認します。問1、2から、AとDはスマートフォンの使用に賛成派、Bは反対派とわかるので、[3]に② Bが入るとわかります。残りのC、Eの内容を見ていくと、Cは、第7文「一般的に、高校生はスマートフォン

を持つ方が安全だが、親がそのリスクを意識する必要があると、私は思う」から、**スマートフォンの使用に賛成派**とわかります。消去法でも **4** **に⑤ Eが入る**とわかりますが、著者Eの記述も見ていきましょう。

第4文、5文で「スマートフォンの使用を認めたが、残念ながら望んだ結果を得られなかった」とあります。第7文で「これ（スマートフォンの使用のルールを決めて、生徒がそれに従うこと）は、言うのは簡単で、実行するのは難しかった」とあることから、**スマートフォンの使用には反対だとわかる**ので、やはり**⑤Eが** **4** **に入る**と特定できます。

5 に入る選択肢

① 授業内でのスマートフォン使用の実践的なルールを作ることは、学校の教師には難しい
② 学習アプリは使いづらいので、スマートフォンは学習の妨げになるかもしれない
③ スマートフォンはコミュニケーションのために設計されており、教室で学習するために設計されていなかった
④ 生徒は授業中にスマートフォンを使用できる限り、勉強に集中できない

5 には、2人の著者に共通する主張が入るとわかります。BとEの記述はすでに見たので、選択肢を見ると、④「生徒は授業中にスマートフォンを使用できる限り、勉強に集中できない」は、**Bの第3文「高校生が授業中にスマートフォンの使用が許されると、学習に集中できなくなる」、Eの第6文「スマートフォンの使用のルールを決めて、生徒がそれに従わない限り、それは生徒の気を散らしてしまう」と合致**します。Eの第7文で「これ（ルールを決めて生徒がそれに従うこと）は言うのは簡単で、実行するのは難しかった」とあることから、やはり**スマートフォンの授業中の使用は学習を妨げる**という意見と判断できるので、**④が正解**になります。

誤りの選択肢を見ていくと、①は上で見たように、Eの意見ですが、Bでは触れられていないので、正解にはなりません。②はbecauseの手前まではBとEの意見で正しいですが、because以下の情報がどちらにも書かれていません。③は、どちらの意見にも書かれていません。

本文の訳

A　あなたは高校生が授業中にスマートフォンを使うことが許されるべきかどうかに関するエッセイに取り組んでいる。あなたは以下のステップを踏むことになっている。

ステップ1：スマートフォンの使用に関して、さまざまな観点を読んで理解する。
ステップ2：高校生が授業中スマートフォンを使用することに対する立場を決める。
ステップ3：追加資料を使って、エッセイの概要を作る。

［ステップ1］さまざまな資料を読む

著者A（教師）
私の同僚たちは、スマートフォンが、生徒が一生使える知識や技術を身につけるのに役立つかどうかを疑問視することが多い。その使用を注意深く計画していれば、それらは役立つと私は思う。スマートフォンは学習の向上につながる、授業内のさまざまな活動をサポートする。例えば、計画の調査を行うことや自分の学習を他人と共有することが挙げられる。もうひとつの利点は、私たちが生徒に機器を与えなくてもよいことだ。彼らは自分のスマートフォンを使えばいいのだ！　学校は、生徒の持つ高度なコンピューター機器を十分に利用するべきだ。

著者B（心理学者）
スマートフォンが生徒の学習を促進することができるというのは、広く知られた意見だ。もっとも、多くの人が信じているからといって、その意見が正しくなるわけではない。最近の研究によると、高校生が授業中にスマートフォンの使用が許されると、学習に集中できなくなることがわかった。実際に、たとえ生徒が自分のスマートフォンを使用していなくても、クラスメイトがスマートフォンを使用しているのを見ることで、気が散ってしまった。学校が、教室をスマートフォンに妨げられない場所にすべきことは明らかだ。

著者C（親）
私は、最近高校生の息子にスマートフォンを買った。これは、彼の学校が私たちの街から遠くにあるからだ。彼は、ふだん早くに家を出て、遅くに帰って来る。今や、彼は問題が生じたら、私に連絡したり、必要な情報を入手したりできる。一方で、私はときどき彼がスマートフォンを見ながら歩いているのを目撃する。気をつけないと、事故にあうかもしれない。一般的に、高校生はスマートフォンを持つ方が安全だが、親がそのリスクを意識する必要があると、私は思う。私はまた、彼が授業中それをどのように使っているのだろうかと思う。

著者D（高校生）
学校では、授業中携帯電話の使用が許されている。ほとんどの生徒がスマートフォンを持っているから、私たちの学校がその使用を許可するのは理にかなっている。授業中、私たちはスマートフォンの外国語学習アプリを利用しており、私には本当に役立っている。私は、以前より今の方が学習に興味があるし、テストの点数はよくなった。もっとも、先日、私が授業中ネットで漫画を読んでいるのを先生が見つけて、とても怒った。ときどきこうしたことが起こるが、全般的に、スマートフォンは私の学習を向上させている。

著者E（校長）
私の学校の教師たちは、生徒が授業中スマートフォンを使用して友人と連絡すると思っていたので、当初はスマートフォンに懐疑的だった。したがって、私たちはスマートフォンを禁止した。しかし、より多くの学習アプリが利用できるようになるにつれて、私たちはスマートフォンが教室で、学習サポートとして利用できると考え始めた。昨年、私たちは授業中のスマートフォンの使用を認めることに決めた。残念ながら、私たちは望んだ結果を得られなかった。私たちは、スマートフォンの使用のルールを決めて、生徒がそれに従わない限り、それは生徒の気を散らしてしまうとわかった。もっとも、これは言うのは簡単で、実行するのは難しかった。

[ステップ2]　立場を決める
（問3訳 p.442参照）

解説

問4 資料Aによると、次のうち、理由2に入るのに最も適切なものはどれか。

6 やや難

① 3D画像を映すアプリは、学習に不可欠だが、すべての生徒が、スマートフォンにこうしたアプリを持っているわけではない。

② ある種のデジタル機器が教育効果を高める可能性はあるが、スマートフォンが最善ではない。

*③ 生徒は、大学への準備のために、スマートフォンだけでなく他の機器でもデジタル技術を身につけるべきだ。 間違いやすい選択肢！

④ 心理学の研究によると、デジタル機器は学習にプラスの効果を示さないので、私たちは教科書を使い続けるべきだ。

資料Aと合致する選択肢を選ぶ問題なので、まずは資料Aの内容を理解します。第1～第3文までは、**携帯機器の学習上の利点**を提示しています。第4文のhoweverに着目すると、「**デジタル機器がすべて同様の効果があるわけではない**」と話題を転換しています。次の文から、その主張を補強するために、「より大きな画面サイズのおかげで、**スマートフォンよりもノートパソコンの方がより学習内容を理解できる**」と情報が続きます。その次の文でも「**学校は、生徒の学習を最大化するだろうデジタル機器の種類を選ばなければならない**」とあります。

以上から、**②が正解**と判断できます。②のCertain ～ effectivenessは、資料Aの第1文～第3文までの内容と合致します。②のbut smartphones are not the bestは、資料Aの第4文、第5文と合致します。

誤りの選択肢を見ていくと、①は3D imagesに着目すると、本文中の該当箇所がすぐにわかります。資料Aに第3文で「情報が同じでも、3D画像のようなアプリの特別な機能が、生徒の学習を改善した」とあるだけで、①のように「学習に不可欠だ」とまでは言っていないので、正解にはなりません。いわゆる**言い過ぎの選択肢**です。

③は、間違えやすい選択肢です。もっとも、本文では資料Aの第5文に加えて、第6文でもthere is a strong argument **for schools to provide computers or tablets rather than to have students use their smartphones**「学校が生徒に**スマートフォンを使わせるのではなく、コンピューターやタブレットを提供すべきだ**という強い主張がある」とあるので、**スマートフォンよりも、ノートパソコンやタブレットを推奨している**とわかります。よって、③の「生徒は、大学への準備のために、スマートフォンだけでなく他の機器でもデジタル技術を身につけるべきだ」は誤りだとわかります。

④は、資料Aでは紙の教科書を推奨していないし、心理学の研究がデジタル機器の学習へのプラスの効果を示していないとも書かれていないので、正解にはなりません。

問5 理由3には、あなたは「若い生徒は、スマートフォン中毒の危機に直面している」と書くことに決めた。資料Bに基づいて、どの選択肢がこの説明を最もよく裏付けるか。 7 標

① ティーンエイジャーの半分以上がスマートフォンを使いすぎていると報告したけれども、実際にそのことを後悔しているのは4分の1以下だ。このことは、依存問題の無自覚を意味するかもしれない。

② **ティーンエイジャーの4人中3人近くが、スマートフォンにあまりに多くの時間を使っている。実際に、50%以上が、目覚めた直後に、自分のスマートフォンをチェックする。多くのティーンエイジャーは自分のスマートフォンを使うのを我慢できない。**

③ ティーンエイジャーの70%以上が、スマートフォンにあまりに多くの時間を使っていると考えており、半分以上が、それがないと不安に感じる。この種の依存は、彼らの日常生活にマイナスの影響を与える可能性がある。

④ ティーンエイジャーはいつもスマートフォンを使ってばかりいる。実際に、4分の3以上が、スマートフォンを使いすぎていると認める。彼らの生活は、朝から晩までスマートフォンに支配されている。

資料Bの内容と、選択肢を照らし合わせていきます。棒グラフの1番目「**あまりに多くの時間をスマートフォンに費やしている」が72%**いて、棒グラフの上から2番目「**起床直後にスマートフォンを確認する」が54%いる**ことがわかります。よって、**②が正解**と判断できます。②の**Close to three in fourは「ほぼ4人中3人」という意味ですが、パーセンテージで表すと、ほぼ75%なので、棒グラフの1番目と合致する**とわかります。

誤りの選択肢を見ていくと、①の前半は「ティーンエイジャーの半分以上がスマートフォンを使いすぎていると報告した」とあります。これはグラフの1番目の項目の「スマートフォンの使いすぎ」を表しますが、72%なので一致しているとわかります。一方で、①の後半のless than a quarter actually feel regret about it「実際にそのことを後悔しているのは4分の1以下だ」は、グラフの4番目が「スマートフォンの使いすぎへの後悔」を表しますが、27%であることから、4分の1以下ではないので、合致しないとわかります。

③も第1文前半は棒グラフの1番目と合致しますが、同じ文の後半部分である「半分以上が、スマートフォンがないと不安に感じる」は、棒グラフの上から3番目の「スマートフォンがないと不安に感じる」の45%に合致しないので、正解にはなりません。④は第2文の「4分の3以上が使いすぎていると認める」が、棒グラフの1番目の72%に一致しないので、正解にはなりません。4分の3は75%になるので、おさえておきましょう。

本文の訳

[ステップ3]　資料AとBを使って、概要を作る

あなたのエッセイの概要：

授業中にスマートフォンを使うことはよい考えではない

導入

スマートフォンは現代の生活には不可欠になっているが、生徒は授業中のスマートフォンの使用は禁止されるべきだ。

本文

理由1：[ステップ2から]

理由2：[資料Aに基づいて]　……　6

理由3：[資料Bに基づいて]　……　7

結論

高校は、生徒が授業中にスマートフォンを使うことを許可するべきではない。

資料A

携帯機器は、学習に利点をもたらすものだ。例えば、ある研究によると、大学生は、デジタル教科書に比べ、双方向性の携帯アプリを使うと、心理学をもっとしっかりと学習することがわかっている。情報が同じでも、3D画像のようなアプリの特別な機能が、学生の学習を改善した。しかし、デジタル機器は、すべて同様の効果があるわけではないことに注目するのが重要だ。もうひとつの研究によると、生徒がより大きな画面サイズのおかげで、自分たちのスマートフォンよりむしろ、ノートパソコンを使うと、より内容が理解できるとわかった。学校は、生徒の学習を最大化するだろうデジタル機器の種類を選ばなければならないので、学校が生徒にスマートフォンを使わせるのではなく、コンピューターやタブレットを提供すべきだという強い主張がある。もしすべての生徒に、同じアプリがインストールされたコンピューターやタブレットが提供されるなら、技術的な問題が少なくなるし、教師が授業を行うのがより簡単になるだろう。これはまた、自分のスマートフォンがない生徒が、すべての授業の活動に参加することも可能にする。

資料B

アメリカで行われた研究によると、多数のティーンエイジャーが、スマートフォン中毒であることがわかった。その研究は、13歳から18歳のおよそ1000人の生徒を調査した。下のグラフは、スマートフォンの使用に関して述べられた内容に「はい」と答えた生徒の割合を示す。

ティーンエイジャーのスマートフォン使用の調査結果

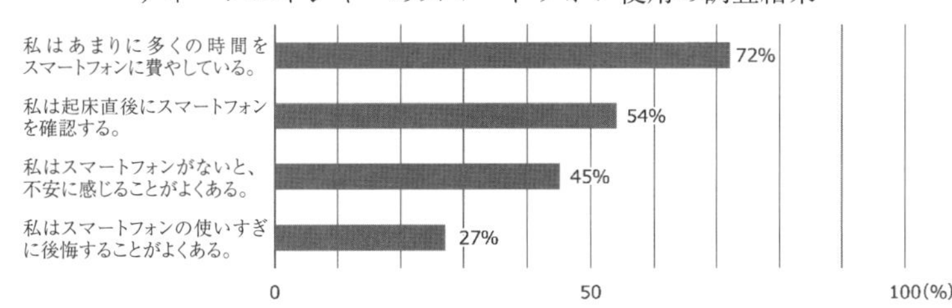
私はあまりに多くの時間をスマートフォンに費やしている。
72%
私は起床直後にスマートフォンを確認する。
54%
私はスマートフォンがないと、不安に感じることがよくある。
45%
私はスマートフォンの使いすぎに後悔することがよくある。
27%
0
50
100(%)

語彙リスト

序文

□work on「～に取り組む」 □follow「たどる」 □below「下の」
□viewpoint「観点」 □take a position「立場を決める」
□outline「概略」 □additional「追加の」 □source「資料」

ステップ1　さまざまな資料を読む

著者A（教師）

□colleague「同僚」 □question「疑う」 □life-long「一生の」
□as long as「～する限り」 □support「支援する」 □enhance「向上させる」
□include「含んでいる」 □share A with B「AをBと共有する」
□advantage「利点」 □provide A with B「AにBを提供する」
□device「機器」 □take advantage of「～を利用する」

著者B（心理学者）

□widespread「広まった」 □encourage「促進する」 □correct「正しい」
□concentrate on「～に集中する」 □even if「たとえ～でも」
□distraction「気が散ること」 □free from「～がない」
□interference「妨げ」

著者C（親）

□be located「位置している」 □contact「連絡する」 □access「入手する」
□essential「不可欠な」 □on the other hand「一方で」
□generally「一般的に」 □wonder「疑問に思う」

著者D（高校生）

□make sense「理にかなう」 □permit O to do「Oが～するのを許す」

□make use of「～を利用する」□the other day「先日」□get mad「ひどく怒る」
□catch O doing「Oが～しているのを見つける」□occasionally「ときどき」
□overall「全般的に」

著者E（校長）

□principal「校長」□initially「当初は」□skeptical「懐疑的な」
□socialize with「～と交流する」□thus「したがって」
□ban「禁止する」□available「利用できる」□utilize「利用する」
□aid「援助」□unfortunately「残念ながら」
□distract「気を散らす」□unless「～しない限り」□in place「整備されて」
□be easier said than done「言うは易し行うは難し」

ステップ3　資料AとBを使って、概要を作る

（あなたのエッセイの概略）

□introduction「導入」□prohibit「禁止する」□body「本文」
□conclusion「結論」
□（資料A）
□mobile device「携帯機器」□psychology「心理学」□interactive「双方向の」
□compared with「～と比べると」□extra「特別の、追加の」
□feature「機能、特徴」□note「注目する」□equally「等しく」
□effective「効果的な」□content「内容」
□laptop computer「ノートパソコン」□maximize「最大化する」
□argument「主張」□B rather than A「AよりむしろB」
□install「インストールする」□conduct「行う」
□enable O to do「Oが～するのを可能にする」□participate in「～に参加する」

（資料B）

□numerous「多数の」□be addicted to「～中毒である」
□percentage「割合」□statement「記述」

設問と選択肢

□mention「述べる」□perform「やり遂げる」□tool「道具」
□possess「所有する」□imply「示す」□interfere with「～を妨げる」
□reveal「明らかにする」□consider O C「OをCとみなす」
□now that「今や～なので」□practical「実践的な」□design「設計する」
□focus on「～に集中する」□have access to「～を利用する」
□display「映す」□certain「ある種の」□effectiveness「効果」
□obtain「獲得する」□prepare for「～の準備をする」□stick to「～を続ける」
□positive「プラスの」□addiction「中毒」□quarter「4分の1」
□regret「後悔」□indicate「示す」□unawareness「無認識」
□dependency「依存」□close to「ほぼ～」□immediately「すぐに」
□resist「抵抗する」□admit「認める」

B 問題

論理把握・文章校正問題

STEP 1 解答の最短ルートを知る

第B問

In English class you are writing an essay on a social issue you are interested in. This most recent draft. You are now working on revisions based on comments from your

Eco-friendly Action with Fashion	Commen
Many people love fashion. Clothes are important for self-expression, but fashion can be harmful to the environment. In Japan, about 480,000 tons of clothes are said to be thrown away every year. This is equal to about 130 large trucks a day. We need to change our "throw-away" behavior. This essay will highlight three ways to be more sustainable.	
First, when shopping, avoid making unplanned purchases. According to a government survey, approximately 64% of shoppers do not think about what is already in their closet. (1)∧So, try to plan your choices carefully when you are shopping.	(1) You are missing something here. Add more information between the tw sentences to co them.
In addition, purchase high-quality clothes which usually last longer. Even though the price might be higher, it is good value when an item can be worn for several years. (2)∧Cheaper fabrics can lose their color or start to look old quickly, so they need to be thrown away sooner.	(2) Insert a connecting expr here.
Finally, (3)<u>think about your clothes</u>. For example, sell them to used clothing stores. That way other people can enjoy wearing them. You could also donate clothes to a charity for people who need them. Another way is to find a new purpose for them. There are many ways to transform outfits into useful items such as quilts or bags.	(3) This topic sentence doesn really match th paragraph. Rew
In conclusion, it is time for a lifestyle change. From now on, check your closet before you go shopping, (4)<u>select better things</u>, and lastly, give your clothes a second life. In this way, we can all become more sustainable with fashion.	(4) The underli phrase doesn't summarize your content enough Change it.

Overall Comment:
Your essay is getting better. Keep up the good work. (Have you checked your own closet? I have checked mine! ☺)

2「(1)に、適切な情報を追加しなさい」という指示を理解して、前後の文を読んで選択肢に戻って正解を選びます。

4「(2)に、適切な表現を追加しなさい」という指示を理解して、前後の文を読んで選択肢に戻って正解を選びます。

6 (3)の後ろの情報を理解して、選択肢に戻って適切なものを選びます。

8 (4)の内容を前後関係から理解して、選択肢に戻って適切なものを選びます。

＊番号の順に矢印(　　　)に沿ってチェックしましょう。

1 2 ＝問1の最短ルート　3 4 ＝問2の最短ルート　5 6 ＝問3の最短ルート

7 8 ＝問4の最短ルート

1 コメント(1)をチェックします。

問 1　Based on comment (1), which is the best sentence to add? [1]

① As a result, people buy many similar items they do not need.
② Because of this, customers cannot enjoy clothes shopping.
③ Due to this, shop clerks want to know what customers need.
④ In this situation, consumers tend to avoid going shopping.

3 コメント(2)をチェックします。

問 2　Based on comment (2), which is the best expression to add? [2]

① for instance
② in contrast
③ nevertheless
④ therefore

5 コメント(3)をチェックします。

問 3　Based on comment (3), which is the most appropriate way to rewrite the topic sente
[3]

① buy fewer new clothes
② dispose of old clothes
③ find ways to reuse clothes
④ give unwanted clothes away

7 コメント(4)をチェックします。

問 4　Based on comment (4), which is the best replacement? [4]

① buy items that maintain their condition
② choose inexpensive fashionable clothes
③ pick items that can be transformed
④ purchase clothes that are second-hand

＊それでは、次のページから実際に問題を解いてみましょう！

STEP 2 問題を解く

制限時間 5分

第B問

In English class you are writing an essay on a social issue you are interested in. This is your most recent draft. You are now working on revisions based on comments from your teacher.

Eco-friendly Action with Fashion	**Comments**
Many people love fashion. Clothes are important for self-expression, but fashion can be harmful to the environment. In Japan, about 480,000 tons of clothes are said to be thrown away every year. This is equal to about 130 large trucks a day. We need to change our "throw-away" behavior. This essay will highlight three ways to be more sustainable.	
First, when shopping, avoid making unplanned purchases. According to a government survey, approximately 64% of shoppers do not think about what is already in their closet. (1)∧So, try to plan your choices carefully when you are shopping.	*(1) You are missing something here. Add more information between the two sentences to connect them.*
In addition, purchase high-quality clothes which usually last longer. Even though the price might be higher, it is good value when an item can be worn for several years. (2)∧Cheaper fabrics can lose their color or start to look old quickly, so they need to be thrown away sooner.	*(2) Insert a connecting expression here.*
Finally, (3) <u>think about your clothes</u>. For example, sell them to used clothing stores. That way other people can enjoy wearing them. You could also donate clothes to a charity for people who need them. Another way is to find a new purpose for them. There are many ways to transform outfits into useful items such as quilts or bags.	*(3) This topic sentence doesn't really match this paragraph. Rewrite it.*
In conclusion, it is time for a lifestyle change. From now on, check your closet before you go shopping, (4) <u>select better things</u>, and lastly, give your clothes a second life. In this way, we can all become more sustainable with fashion.	*(4) The underlined phrase doesn't summarize your essay content enough. Change it.*
<u>Overall Comment:</u> *Your essay is getting better. Keep up the good work. (Have you checked your own closet? I have checked mine! ☺)*	

問 1　Based on comment (1), which is the best sentence to add? [1]

① As a result, people buy many similar items they do not need.
② Because of this, customers cannot enjoy clothes shopping.
③ Due to this, shop clerks want to know what customers need.
④ In this situation, consumers tend to avoid going shopping.

問 2　Based on comment (2), which is the best expression to add? [2]

① for instance
② in contrast
③ nevertheless
④ therefore

問 3　Based on comment (3), which is the most appropriate way to rewrite the topic sentence? [3]

① buy fewer new clothes
② dispose of old clothes
③ find ways to reuse clothes
④ give unwanted clothes away

問 4　Based on comment (4), which is the best replacement? [4]

① buy items that maintain their condition
② choose inexpensive fashionable clothes
③ pick items that can be transformed
④ purchase clothes that are second-hand

STEP 3 解答のプロセスを理解する

解答　問1 ①　問2 ②　問3 ③　問4 ①

解説

問1 コメント(1)を基にすると、追加するのに最も ふさわしい文はどれか。 1 　標

① **結果として、人は自分に必要のない、似たようなものを多く買ってしまう。**
② これが原因で、客は服の買い物を楽しむことができない。
③ このため、店員は、客が必要なものを知りたがる。
④ この状況では、客が買い物に行くのを避ける傾向がある。

(1)のコメントを見ると、**前後の文をつなげるのにふさわしい文を入れなさい**ということなので、前後関係を把握します。前文は「**買い物客のおよそ64%が、自分たちのクローゼットにすでにあるものについて考えていない**」で、後ろの文は「**だから買い物をするときに、注意深くあなたの選択を計画してみよう**」になります。①のAs a resultは前後に因果関係を作る接続語です。「**およそ64%の買い物客が、自分のクローゼットにあるものについて考えていない。結果として、人は必要のない、似たようなものを多く買ってしまう**」と、因果関係が成立するので、**①が正解**です。

誤りの選択肢を見ていくと、②はthisが前文の「買い物客のおよそ64%が自分たちのクローゼットにすでにあるものについて考えていない」を指しますが、それが原因で②のように「客が服の買い物を楽しめない」とはなりません。③のthisも前文を指しますが、それが原因で「店員が、客が必要なものを知りたがる」とはなりません。④は「客が買い物に行くのを避ける傾向にある」のに、後ろの文の「買い物をするときに、注意深く自分の選択を計画しよう」とはなりません。

問2 コメント(2)を基にすると、追加するのに最も ふさわしい表現はどれか。 2 標

① 例えば
② **対照的に**
③ それにもかかわらず
④ それゆえ

コメントの（2）は、**接続表現を挿入しなさい**という指示なので、前後の文を見ます。前文が「値段はより高いかもしれないけれども、1つの商品を数年着ることができるので、十分な価値がある」で、後ろの文が「より安い繊維は、色あせたり、すぐに古く見え始めたりするので、より早く捨てる必要がある」になります。すると、**「値段の高い商品は長く着られる」と「より安い繊維の服はすぐに捨てる必要がある」が対比になっている**ので、**②が正解**とわかります。①は具体例、③は逆接、④は因果関係を作るので、いずれもこの文脈では使えません。

問3 コメント(3)を基にすると、トピックセンテンスを書き直すのに最もふさわしい方法は、どれか。 3 標

① 新しい服を買う数を減らそう
② 古い服を処分しよう
③ **服を再利用する方法を見つけよう**
④ 不要な服を譲ろう

（3）の**トピックセンテンスを書き直しなさい**という問題ですが、後ろの文のFor exampleに着目します。具体例を表すので、「服を古着店に売る」、「服を寄付する」、「服に新しい目的を見つける」の抽象表現が（3）に入るとわかります。選択肢を見ると、**③のways to reuse clothes「服を再利用する方法」が上記の具体例の抽象表現と言える**ので、**③が正解**とわかります。その他の選択肢では、上記の具体例すべてが具体例にならないので、正解になりません。

問4　コメント(4)に基づくと、入れ替えるのに最も適切なのはどれか。

4　標

① **状態が保たれる品物を買う**
② 安くておしゃれな服を選ぶ
③ 作り変えられる品物を選ぶ
④ 古着を買う

(4) の前後を見ると、前のcheck your closet before you go shoppingは、第2段落の内容を指しており、後ろのgive your clothes a second lifeは、第4段落の内容を指しているとわかります。そこから、**(4) は第3段落の内容を指している**と判断します。第3段落は「**長持ちする高い品質の服を買いなさい**」ということなので、**①が正解**と判断します。

②は第3段落に書いていないので、正解にはなりません。③、④は第4段落に関連する内容になるので、正解にはなりません。

本文の訳

B　英語の授業で、あなたは、興味のある社会問題に関するエッセイを書いている。これが、あなたの直近の原稿だ。あなたは、教師からのコメントに基づいて、現在修正に取り組んでいる。

ファッションに関する環境にやさしい行動	コメント
（第1段落） 多くの人は、ファッションが大好きだ。服は自己表現に重要だが、ファッションは環境に害になる可能性がある。日本では、およそ48万トンの服が、毎年捨てられていると言われている。これは、1日につきおよそ130台の大型トラックに相当する。私たちは、自分たちの「廃棄」行動を変える必要がある。このエッセイでは、もっと持続可能になるための3つの方法に焦点を当てるつもりだ。	
（第2段落） 第一に、買い物をするとき、無計画な買い物を避けることだ。政府の調査によると、買い物客のおよそ64%が、自分たちのクローゼットにすでにあるものについて考えていない。(1)∧だから買い物をするときには、選ぶものを注意深く計画してみよう。	**(1) ここに何かが欠けている。2つの文をつなげる追加の情報を間に入れなさい。**
（第3段落） さらに、通常はより長持ちする高い品質の服を買うことだ。値段はより高いかもしれないけれども、1つの商品を数年着ることができるので、十分な価値がある (2)∧より安い繊維は、色あせたり、すぐに古く見え始めたりすることがあるので、より早く捨てる必要がある。	**(2) 接続表現をここに挿入しなさい。**
（第4段落） 最後に、(3)あなたの服を考えること。例えば、それらを古着屋に売りなさい。そうすると、他の人がそれらを着て楽しむことができる。あなたはまた、服を、それが必要な人のために慈善団体に寄付することができる。もうひとつの方法は、それらに新しい目的を見つけることだ。服を、キルトやバッグのような役に立つ品物に変える多くの方法がある。	**(3) このトピックセンテンスはこの段落とあまり合っていない。それを書き直しなさい。**

（第5段落） まとめると、今こそライフスタイルを変えるときだ。これからは、買い物に行く前に、クローゼットを確認して、(4)もっとよいものを選んで、最後に、あなたの服に第2の人生を与えよう。このようにして、私たちみんながファッションをもっと持続可能にできる。	**(4) 下線の表現は、あなたのエッセイを十分には要約していない。それを変更しなさい。**
総評： あなたのエッセイはよくなっています。その調子で頑張ってください。（あなたは自分のクローゼットを確認しましたか？　私は自分のクローゼットを確認しました！☺）	

語彙リスト

序文

☐essay「エッセイ」 ☐issue「問題」 ☐draft「原稿」
☐work on「～に取り組む」 ☐revision「修正」 ☐based on「～に基づいて」
☐comment「コメント」

タイトル・第1段落

☐eco-friendly「環境にやさしい」 ☐self-expression「自己表現」
☐harmful「害のある」 ☐throw away「捨てる」 ☐be equal to「～に相当する」
☐highlight「強調する」 ☐sustainable「持続可能な」

第2段落

☐unplanned「無計画の」 ☐purchase「買い物」 ☐survey「調査」
☐approximately「およそ」 ☐shopper「買い物客」 ☐carefully「注意深く」

第3段落

☐in addition「さらに」 ☐high-quality「質の高い」 ☐last「長持ちする」
☐good value「お買い得品」 ☐cheap「安い」 ☐fabric「繊維」

第4段落

☐used「中古の」 ☐donate「寄付する」 ☐charity「慈善団体」
☐purpose「目的」 ☐transform A into B「AをBに変形させる」
☐outfit「衣服」

第5段落

☐in conclusion「要するに」 ☐from now on「今から」 ☐select「選ぶ」
☐lastly「最後に」

コメント

☐add「加える」 ☐sentence「文」 ☐connect「つなげる」

□insert「挿入する」 □match「合う」 □paragraph「段落」
□underlined「下線部の引かれた」 □summarize「要約する」
□overall「全体の」 □Keep up the work.「その調子で頑張って」

設問と選択肢

□as a result「結果として」 □similar「似たような」 □due to「～が原因で」
□shop clerk「店の店員」 □situation「状況」 □in contrast「対照的に」
□nevertheless「それにもかかわらず」 □therefore「それゆえに」
□appropriate「適切な」 □dispose of「～を処分する」 □reuse「再利用する」
□give～away「～を捨てる」 □replacement「代わりのもの」
□maintain「維持する」 □second-hand「中古の」

［著者］

肘井　学　Hijii Gaku

慶應義塾大学文学部英米文学専攻卒業。さまざまな予備校の教壇に立ち、現在はリクルート主催のネット講義サービス「スタディサプリ」に出講。その授業は、高校生から英語を学び直す社会人まで、圧倒的な満足度を誇る。特に、「英文読解」の講座は年間約25万人が受講する盛況ぶり。また、全国各地の高校で講演活動も行う。著書に、『大学入試 肘井学の 読解のための英文法が面白いほどわかる本』『10代のきみに読んでほしい人生の教科書』(以上、KADOKAWA)などがある。

きめる！　共通テスト　英語リーディング　改訂版

編集協力　日本アイアール株式会社
カバーデザイン　野条友史（buku）
カバーイラスト　杉山真依子
本文デザイン　宮嶋章文
本文イラスト　ハザマチヒロ
校正　挙市玲子
株式会社かえでプロダクション
英文校閲　Andrew McAllister
印刷所　TOPPAN株式会社
データ制作　株式会社ユニックス

Gakken

きめる! KIMERU SERIES

[別冊]

英語リーディング 改訂版
English Reading

直前まで役立つ!
完全対策BOOK

この別冊は取り外せます。矢印の方向にゆっくり引っぱってください。→

きめる! KIMERU SERIES

別冊の特長

別冊では、本冊で取り上げた各大問の特徴をまとめて、共通テスト英語リーディング全体の特徴として整理しました。また、本冊で紹介した得点力アップのPOINTも一覧にしてまとめました。いずれのPOINTも知っておくと、共通テスト英語リーディングの得点アップにつながるものばかりなので、本冊を終えたあとから、模擬試験や共通テスト本番直前まで、この別冊を使って確認してください。

もくじ

きめる! KIMERU SERIES

共通テスト英語リーディングの全体像をつかむ

共通テスト英語リーディング全体の時間配分を教えてください。

あくまで目安になりますが、以下がおおよその時間配分になります。前後2、3分の時間は、年度によって変わるものと思ってください。**これを目安にして、自分に最適な時間配分に調整してください。**第6問のBが難問なので、そこにできる限りの時間をかけた構成になっています。

大問	目安の時間配分
第1問A	3分
第1問B	5分
第2問A	7分
第2問B	6分
第3問A	4分
第3問B	6分
第4問	10分
第5問	12分
第6問A	12分
第6問B	**15分**

共通テスト英語リーディングでは、どんな力が必要とされますか？

第1問～第6問を通して、**情報検索能力**といって、設問を解く情報がどこに書かれているかを探す力、そして、本文と選択肢の言い換えを見抜く**パラフレーズの知識**が重要になります。それから、**fact-opinion問題、NOT問題、時系列把握問題などに対する解答力**も重要です。後ろに行くほど、**設問の先読み、選択肢を処理する際の消去法、最後の2つの選択肢の比較などの解答力**も必要になります。もっとも、**一番重要なのは読解力**で、**筆者の主張を見抜く力**であることを忘れないようにしましょう。

共通テスト英語リーディングを時間内に解くには、どうしたらよいですか？

まずは、**時間内に解くのが大変厳しい試験**であることを自覚しましょう。そのうえで、**大問ごとの時間配分**を必ず行って、**一定の時間が来たら、そのときにできる最善の判断をして、先に進みます。設問の先読みを行ったり、正解の確信度の高い問題は、他の選択肢を見ずに次の問題に進んだり**などの工夫ができるとよいでしょう。

共通テスト英語リーディングで高得点を取るには、どうすればよいですか？

速く読む力と同様に、**速く解く力が重要**になります。よって、共通テストの過去問や問題集で、速く解く訓練をするとよいでしょう。同一形式の問題であれば、解き方も同じなので、本番に向けて、解答の精度を高めることができます。同時に、本冊で解説する**正解の根拠と、不正解の根拠も判断できるようになると、正答率を上げる**ことができます。

共通テスト英語リーディングのまとめ

- 共通テスト英語リーディングは、**大問ごとの時間配分**を必ず用意しておく。
- 共通テスト英語リーディングには、**情報検索能力、パラフレーズの知識、解答力**が必要で、**筆者の主張を見抜く読解力**が最も重要になる。
- 時間内に問題を解くには、**大問ごとの時間配分、設問の先読み、正解の確信度の高い問題は他の選択肢を読まずに先に進む**などの工夫が重要になる。
- 高得点を取るには、**正解の根拠を理解すること、紛らわしい選択肢の不正解の根拠も理解すること**が重要になる。

きめる!
KIMERU SERIES
読むだけで点数アップ！
得点力アップの
POINT集

POINT 1 2語熟語のパラフレーズ

共通テストのリーディングで、第1問～第6問までのすべてにおいて重要な力が**パラフレーズ**（言い換え）に気づく力です。本文の表現をそのまま選択肢にすると誰しも正解するので、選択肢では本文の表現を言い換えていることが多いです。**2語の熟語を別の表現に置き換えるパラフレーズの表現**を紹介するので、おさえておきましょう。

2語の熟語	意味	同義語
fill in	記入する	complete ／ fill out
hand in	提出する	submit
turn down	拒絶する	reject ／ refuse
participate in	参加する	join ／ take part in
look into	調査する	investigate
get over	克服する	overcome

POINT 2 表現の抽象化に気づく！

これまで紹介してきた**パラフレーズ**は、本文の単語を言い換えて選択肢を作る手法でした。他に本文を言い換える手法に、**抽象化**と言われる技術が存在します。簡単に言うと、**長い表現を短くまとめる手法**ですが、**これに気づくことで、正解を確実に選ぶことができる**ので、おさえておきましょう。

POINT 3 広告・掲示問題の英語表現

「広告・掲示」関連	
advertisement「広告」	*flyer（flier）「チラシ」
notice「掲示」	note「メモ」
handout「プリント」	website「ウェブサイト」
post「投稿する」	

*その昔、セスナのような小型機でチラシをまいていたことから、fly「飛ばす」＋-er「～するもの」＝「飛ばすもの」＝「チラシ」の意味になりました。

「申し込み」関連	
application form「申込用紙・フォーム」	
enrollment「登録」	register「登録する」
sign up for「～の登録をする」	lottery「抽選」
finalist「最終選考に残った者」	participant「参加者」
*on a first-come, first-served basis「先着順で」	
fill in ／ fill out ／ complete「記入する」	
hand in ／ submit「提出する」	

*on a ~ basis「～な基準で」に first-come, first-served「最初に来た者が最初にサービスを受ける」が合わさって「最初に来た者が最初にサービスを受けられるという基準で」＝「先着順で」になりました。

「締め切り」関連	
valid「（切符などが）有効な」	expiration date「有効期限」
due date「締め切り」	deadline「締め切り」

「お金」関連	
admission fee「入場料」	membership fee「会費」
tuition fee「授業料」	

「情報」関連	
for more information「詳細につきましては」	
details「詳細」	in advance「前もって」

「その他」	
hands-on experience「実地体験」	*round-trip ticket「往復切符」

*round「一周の」という意味からround-trip「一周移動する」＝「往復の」という意味になります。

POINT 4 学校関連の英語表現

保育園	nursery school
幼稚園	kindergarten
小学校	elementary school（アメリカ英語） primary school（イギリス英語）
中学校	junior high school
高校	senior high school
大学	単科大学 college ／ 総合大学 university 大学院 graduate school
学期 term ／ 科目 subject ／ 成績 grade ／ 学年 grade 児童 pupil ／ 教授 professor ⇒ 教授陣 faculty ／ 校長 principal 個人指導（家庭教師）をする tutor	

POINT 5 能動態から受動態へのパラフレーズ

本文の英語表現をパラフレーズして、選択肢に作り替える技術ですが、能動態の文が受動態の文にパラフレーズされることもあります。その際には、能動態から受動態への書き換えパターンの基本をおさえておけば、パラフレーズに気づけるようになるでしょう。

（能動態）SVO ⇒（受動態）O' be p.p. (by S').

受動態でのby以下は省略されることが多いので、おさえておきましょう。

POINT 6 英語の時間帯の具体的な時間

時間帯	意味	具体的な時間
morning	朝 ／ 午前中	日の出から正午までの時間帯
afternoon	午後	正午から日没あたりまでの時間帯
evening	夕方 ／ 晩	日没から就寝時くらいまでの時間帯
night	夜	日没から日の出までの時間帯

基本動詞のパラフレーズをおさえる

基本動詞	意味	パラフレーズ
get	手にする	receive ／ obtain ／ acquire
buy	買う	purchase ／ get
run	経営する	manage ／ own ／ have
answer	返事する	respond to ／ reply to
teach	教える	instruct
think	考える	consider
join	参加する	take part in ／ participate in
understand	理解する	grasp ／ make out
fix	修理する	repair ／ mend
keep	維持する	maintain ／ preserve ／ sustain ／ retain
try	試みる	attempt

POINT 8 一部合致・一部間違いの選択肢に注意する！

間違いの選択肢を作る際に、**一部は合っているけれど、一部が間違っているという選択肢の作り方**があります。これは、簡単な問題から難しい問題にまで使われる技術なので、**一部が正しいからと言って、安易にその選択肢を正解に選ばない**ようにしましょう。その意識があるだけで、誤りの選択肢にギリギリで気づき、正解の選択肢を選べることがあります。

POINT 9 アメリカ英語とイギリス英語のスペリングの違い

アメリカ英語	意味	イギリス英語
color（colorful）	色（色彩豊かな）	colour（colourful）
favor（favorite）	好意（大好きな）	favour（favourite）
theater	劇場	theatre
center	中心	centre
realize	気づく	realise
recognize	認識する	recognise
analyze	分析する	analyse
traveled	旅行した	travelled
program	プログラム	programme

共通テストでは、現在国際的に広く使用されているアメリカ英語以外に、イギリス英語が使用されることもあります。よって、イギリス英語の知識もおさえておく必要があります。

例えば、アメリカ英語で-orになるものが、イギリス英語では-ourとなる単語に、color／**colour**やfavor（favorite）／**favour**（**favourite**）などがあります。

続いて、アメリカ英語では-er、イギリス英語では-reとなる「劇場」を意味するtheater／**theatre**やcenter／**centre**などがあります。そして、アメリカ英語では-ize(yze)、イギリス英語では-ise(yse)となる単語として、「気づく」を意味するrealize／**realise**や「認識する」のrecognize／**recognise**や「分析する」を意味するanalyze／**analyse**などがあります。

最後に、lやmが1つや2つになる単語があります。アメリカ英語ではtraveled、イギリス英語では**travelled**で、アメリカ英語ではprogram、イギリス英語では**programme**になります。

fact-opinion問題の解き方

① 選択肢をfactかopinionかで分ける

factとは「**客観的事実**」なので、**客観的表現か否か**で判断します。opinionは「**主観的意見**」なので、その表現が**主観的表現か否か**で判断します。**特にopinionは形容詞が使われるのが多いこと**に注目します。**判断がつかない場合は、一時的に保留**します。

② 該当する選択肢の正誤を本文で判断する

アメリカ英語とイギリス英語の「階」の違い

アメリカ英語	意味	イギリス英語
first floor	1階	ground floor
second floor	2階	first floor
third floor	3階	second floor

アメリカ英語が、一般的なfirst floor「1階」、second floor「2階」、third floor「3階」の発想になります。一方で、イギリス英語がイレギュラーで、**ground floorが「1階」**で、**「2階」がfirst floor、「3階」がsecond floor**になります。イギリスでエレベーターに乗ると、Gというマークがありますが、これはGround floorで「1階」を意味しています。

POINT 12 NOT問題の解法⇒ 消去法で解く！

NOT問題といって「～ではない」ものを選びなさいというタイプの問題は、選択肢を1つずつ消去法で確認するしかありません。

POINT 13 注意すべき疑問文！

❶ **How come ~?**「なぜ～？」
・**How come** she is crying?「**なぜ**彼女は泣いているんだ？」
❷ **What ~ for?**「なぜ～？」
・**What** do you work **for**?「**なぜ**あなたは働いているの？」

❶ **How come ~?**で「なぜ～？」という意味になります。もともと、**How** did it **come** about that ～?「～はどういう経緯で生じたの？」だったのが、did it、about thatが省略されて、**How come ~?**になりました。上の例文でも、彼女が泣いている経緯を聞いている疑問文だとわかります。

一方で、❷ **What ~ for?**も「なぜ～？」と理由を聞いている疑問文です。これはもともと、**What** do you work **for**?「あなたは**何のために**働いているの？」と**働く目的を尋ねている疑問文**です。❶が**物事の経緯**を尋ねている疑問文であるのに対して、❷は同じ「なぜ」でも、**目的を尋ねている疑問文**だと理解しておきましょう。

POINT 14 意外なもうひとつの意味を持つ単語

選択肢で長文内の単語がパラフレーズされる際、元の単語がよく知られている意味以外に意外な意味を持つ単語である場合、言い換えを見抜く難易度が上がります。普段から以下に挙げるような「意外なもうひとつの意味を持つ単語」を意識して単語学習をするのが重要です。

	基本の意味	意外な意味
① produce	動 生産する	名 農作物
② book	名 本	動 予約する
③ novel	名 小説	形 斬新(ざんしん)な
④ fine	形 晴れた、元気な	名 罰金
⑤ story	名 話	名 階

POINT 15 筆者の主張をつかむ（その1）

長文を短時間で理解するには、設問を先にチェックすることに加えて、**素早く筆者の主張をつかむこと**が重要になります。筆者の主張の提示の仕方の1つとして、相手の主張をいったん認める**譲歩⇒逆接⇒筆者の主張**という流れがあります。譲歩の目印としては、助動詞のmay(might)、of course「もちろん」、It is true that ～.「確かに～」などがあります。逆接には、but、howeverなどがあるのをおさえておきましょう。当然、but、howeverなどの表現の後ろに重要な筆者の主張がきます。

▼譲歩の目印になる表現 may（might）／ of course ／ It is true that ～.
▼逆接の目印になる表現 but ／ however

POINT 16 筆者の主張をつかむ（その2）

得点力アップのPOINT 15で紹介したように、長文を短時間で理解するには、素早く筆者の主張をつかむことが重要です。筆者の主張は、**段落の第1文に現れることが多く、その主張を具体化していく流れ**をおさえておくと、英文の内容を理解できることに役立ちます。特に**段落第1文付近に現れる複数名詞に着目**すると、抽象表現の目印になることがあります。

POINT 17 時の対比に気づく！

現在時制の文にあえてnowを使うときは、特別な意味が込められていることがあります。**「（昔と違って）今は」**という**時の対比**のニュアンスが込められていることがあるので、それに気づくと、英文の理解にとても役立ちます。以下の**時の対比の目印になる表現**をおさえておきましょう。

時の対比の目印になる表現
in the past「その昔」／used to do「以前は～だった（今は違う）」
now「現在では」／currently「現在は」／nowadays「今日では（昔と違って）」

POINT 18 上位概念のパラフレーズ

パラフレーズの問題で、いわゆる上位概念の用語というものが存在します。内容一致問題では頻出で、**上位概念の用語**の一覧をまとめるので、おさえておきましょう。

下位概念の語	上位概念の語
grain「穀物」、vegetable「野菜」、fruit「果物」	crop「作物」
car「車」、bus「バス」、bicycle「自転車」	vehicle「乗り物」
coffee「コーヒー」、tea「お茶」、milk「牛乳」	beverage「飲み物」
piano「ピアノ」、guitar「ギター」、violin「バイオリン」	instrument「楽器」
school「学校」、hospital「病院」、church「教会」	institution「施設」
desk「机」、chair「椅子」、table「テーブル」	furniture「家具」

POINT 19 100%ワードの選択肢に注意する!

選択肢に、all「すべての」、every「すべての」、always「いつも」、necessarily「必ず」という100%ワードを見つけたら、本当に例外がないのか、ツッコミを入れます。誤りの選択肢によく使われる**言い過ぎの表現**になる可能性を覚えておきましょう。

POINT 20 時系列把握問題の解法

この問題は、内容一致問題とは異なる形式で、選択肢を起こった順番で並び替えるものです。**本文を2段落程度読んで、選択肢をチェックすることを繰り返します。本文で登場した順番ではなくて、物事が起こった順番に並び替える**必要があります。**本文で最初に登場した出来事が必ずしも1番最初の選択肢にはならない**ことをおさえておきましょう。

POINT 21 数字問題は「1クッション入る」！

図表問題は、第1問、第2問でも出題されますが、その図表にある数字そのものが正解になることはまれだと思っておいてください。**図表から数字を読み取る問題は、たいてい下の注意書きなどで、数字が変更される可能性が高くなります**。よって、**「数字問題は1クッション入る！」**とおさえておきましょう。

POINT 22 タイトル問題の解法

タイトル問題は、共通テストのみならず、他の大学入試でも出題されますが、**消去法**を使って選択肢を絞り込みます。**本文と矛盾するもの、まったく言及されていないもの**を正解の候補から外すと、最終的に2つの選択肢に絞られることが多くなります。正解を選ぶ決め手は、**一部分だけの言及か、より広い範囲で本文に言及しているかで判断**します。

POINT 23 筆者の主張をつかむ（その3）

得点力アップのPOINT 15 では、**譲歩⇒逆接⇒筆者の主張**を紹介しましたが、ここでは**一般論⇒逆接⇒筆者の主張**を紹介します。一般論の目印として、例えば**Many（Most）people think（believe）～.**「多くの人が～と信じている。」が、「実は～」と主張が続く論理展開があります。他にも、generally「一般的に」などが一般論の目印で有名なので、おさえておきましょう。

一般論の目印になる表現
Many（Most）people think（believe）～. ／ generally「一般的に」 usually「ふつうは」

②